晏子春秋译注

（春秋）晏子 著　李新城 陈婷珠 译注

北京联合出版公司
Beijing United Publishing Co.,Ltd.

目录

前　言

《晏子春秋》是一部记录春秋时期齐国著名政治家、思想家和外交家晏婴言行的著作。

晏子（前578—前500），名婴，谥平仲。春秋末期齐国夷维（今山东高密）人。晏子从齐灵公二十六年（公元前556年）起，先后侍奉了齐灵公、齐庄公、齐景公三位齐君。在春秋末期齐国国势走向衰落，齐灵公、齐庄公、齐景公性情各异，又非明主的情况下，晏子通过自己的努力，使得齐国外无诸侯之忧，内无国家之患；兼以博闻强识，每每出使诸侯皆能随机应变，不辱使命。先秦与秦汉时期，大家对晏子都有着比较高的评价。孔子对晏子颇为推崇，说："晏平仲善与人交，久而敬之。"（《论语·公冶长》）孔子还将晏子与郑国子产并列，说："晏子于君为忠臣，而行为恭敏。故吾皆以兄事之，而加尊敬。"（《孔子家语·辨政》）司马迁将其与管仲相提并论，并且毫不掩饰地表达了自己对晏子的敬仰之情，说："假令晏子而在，余虽为之执鞭，所忻慕焉。"（《史记·管晏列传》）

《晏子春秋》的成书和其他先秦古籍一样，并非成于一人一时，而是有一个编缀、整理和形成定本的过程。张纯一先生在《晏子春秋校注序》中称："晏子书非晏子自作也。盖晏子殁后，传其学者，采缀晏子之言行而为之也。"说的就是这样一个情况。我们现在所见到的八篇二百一十五章的《晏子春秋》,是汉代刘向整理古籍时编定的。刘向在《晏子叙录》中说："所校中书《晏子》十一篇，臣向谨与长社尉臣参校雠，太史书五篇，臣向书一篇，参书十三篇，凡中外书三十篇，为八百三十八章。除重复二十二篇六百三十八章，定著八篇二百一十五章。外书无有三十六章，中书无有七十一章，中外皆有以相定。"《晏子春秋》分为内篇和外篇，这种分法始于刘向。刘向《晏子叙录》中所说"其书六篇，皆忠谏其君，文章可观，义理可法，皆合六经之义"，即今天所讲的内篇(《谏上》《谏下》《问上》《问下》《杂上》《杂下》六篇)；所说"又有重复，文辞颇异，不敢遗失，复列为一篇。又有颇不合经术，似非晏子言，疑后世辩士所为者，故亦不敢失，复以为一篇"，即今天所讲的外篇(《重而异者》《不合经术者》二篇)。

晏子所属学术流派，有儒家说(《七略》《汉书·艺文志》等)，有墨家说(柳宗元、《郡斋读书志》、《校雠通义》等)，有非儒非墨说(《四库全书简明目录》等)，有自成一家说(洪亮吉)等。这些分法皆是从各学派典型概念和主要主张出发，择取其中与之相符者而论之。春秋战国时期，随着社会秩序的急剧变动，大家开始尝试用各种主张和方法来寻找解释现实和解决问题的方法。无论是儒家的“仁”“礼”，还是墨家的“崇俭”“尚贤”“非攻”，都是当时社会上流行的思潮，也都是一部分人试图解决现实问题的努力。晏子作为三朝元老，面对性情各异的君主和随时变化的形势，更多的是从解决现实问题的角度出发，择其有效者而用之，并不会偏主一说。因此，个人认为，非要将其归入某一个学术流派，反而会有削足适履之感。

晏子的言行和当时人对他的评价也见于《论语》《左传》《礼记》《墨子》《孟子》《荀子》《韩非子》《列子》《孔子家语》《韩诗外传》《吕氏春秋》《史记》等典籍。吴则虞先生所著《晏子春秋集释》附录的《晏子春秋佚文》《晏子集语》《晏子事迹》《有关晏子学说学派讨论》《有关晏子春秋考辨》《晏子春秋重言重意篇目表》，于全面了解《晏子春秋》颇有助益，可以参阅。

本次注译以张纯一先生《晏子春秋校注》（上海书店影印世界书局版《诸子集成》）为底本，同时参考王更生先生《晏子春秋今注今译》（台湾商务印书馆，1987年）、骈宇骞先生《银雀山汉墓竹简·晏子春秋校释》（书目文献出版社，1988年）、孙彦林先生等《晏子春秋译注》（齐鲁书社，1991年）、李万寿先生《晏子春秋全译》（贵州人民出版社，1993年）、王思平先生《晏子春秋》（华夏出版社，2002年）、石磊先生《晏子春秋译注》（黑龙江人民出版社，2003年）、陶梅生先生《新译晏子春秋》（台湾三民书局，2009 年）、张景贤先生《晏子春秋》（中州古籍出版社，2010 年）、汤化先生《晏子春秋》（中华书局，2011 年），还有吴则虞先生编著，吴受琚、俞震校补的《晏子春秋集释》（增订本）（国家图书馆出版社，2011 年）以及卢守助先生《晏子春秋译注》（上海古籍出版社，2012 年）等，断句、注释、译文等参酌各家说法，断以己意，力求达意、简洁、通顺。文中常见的字词注释和通假字等用字现象，一般只在第一次出现时加以注释和说明，尽量避免重复。

由于本人学识有限，功力尚浅，虽尽力而为，亦难免会有不妥之处，尚祈方家不吝指正。

李新城

2014 年 1 月

卷一　内篇谏上第一

庄公矜勇力不顾行义晏子谏第一

庄公奋乎勇力[①]，不顾于行义[②]。勇力之士，无忌于国，贵戚不荐善[③]，逼迩不引过[④]，故晏子见公。公曰："古者亦有徒以勇力立于世者乎？"晏子对曰："婴闻之，轻死以行礼谓之勇，诛暴不避强谓之力。故勇力之立也，以行其礼义也。汤武用兵而不为逆，并国而不为贪，仁义之理也。诛暴不避强，替罪不避众[⑤]，勇力之行也。古之为勇力者，行礼义也。今上无仁义之理，下无替罪诛暴之行，而徒以勇力立于世，则诸侯行之以国危，匹夫行之以家残。昔夏之衰也，有推侈、大戏[⑥]；殷之衰也，有费仲、恶来[⑦]，足走千里，手裂兕虎，任之以力，凌轹天下，威戮无罪，崇尚勇力，不顾义理，是以桀纣以灭，殷夏以衰。今公自奋乎勇力，不顾乎行义，勇力之士，无忌于国，身立威强，行本淫暴，贵戚不荐善，逼迩不引过，反圣王之德，而循灭君之行，用此存者，婴未闻有也。"

注释

①庄公：齐庄公，春秋时期齐国君主，名光。公元

前553—前548年在位。因与大臣崔杼之妻私通，为崔杼所杀。奋：夸耀，崇尚。

②行义：施行仁义。一作“仁义”。

③荐善：进谏善言。

④逼迩：亲近之人。引过：指出过失。

⑤替罪：斩除，消除。

⑥推侈、大戏：夏桀时的两位勇力之士，商汤讨伐桀纣之时被擒。《墨子·明鬼下》：“昔夏王桀，贵为天子，富有天下，有勇力之人推侈、大戏，生列兕虎，指画杀人。”推侈，古籍或作推哆、推移、雅移等，都是形近之词。

⑦费仲、恶来：殷纣时的两位勇力之士，武王讨伐商纣时被擒。《墨子·明鬼下》：“故昔者殷王纣，贵为天子，富有天下，有勇力之人费中、恶来、崇侯虎，指画杀人。”

译文

齐庄公崇尚勇力，而不施行仁义。有勇力的人在国内肆无忌惮，贵戚不敢进谏善言，亲近之人不敢指出过失，因此晏子晋见齐庄公。庄公说：“古代也有仅凭勇力立国于世的人吗？”晏子回答说：“我听说，看轻生死以施行礼义的行为叫作勇，不避强力以诛除暴虐的行为叫作力。因此凭借勇力立国于世的人，都是为了施行礼义。商汤、周武兴兵诛除暴虐而不被视为叛逆，兼并方国而不被视为贪婪，因为这都符合仁义的道理。诛除暴虐而不避强力，斩除罪恶而不畏势众，才是勇力的行为。如今君主上无施行仁义的表现，下无斩除罪恶、诛除暴虐的行为，而欲仅凭勇力立国于世，诸侯这样做就会使国家危亡，个人这样做就会使家庭残破。以前夏衰落之时，有勇力之士推侈、大戏，商衰落之时，有勇力之士费仲、恶来，他们都拥有徒步行走千里，徒手撕裂兕虎的本领。桀、纣借助他们的勇力，凌虐天下，屠戮无辜，崇尚勇力之举，不施行仁义之事，于是桀、纣因此灭亡，夏、殷因此衰落。如今君主兀自崇尚勇力，不施行仁义，有勇力之人肆无忌惮，横行国内，以威强为立身之基，以淫暴为行动之本，以至于贵戚不敢进谏善言，亲近不敢指摘过失，违反圣明之主的德行，却遵循亡国之君的行为。以此能够存于世的，我没有听说过。”

景公饮酒酣愿诸大夫无为礼晏子谏第二

景公饮酒酣[①]，曰：“今日愿与诸大夫为乐饮，请无为礼。”晏子蹴然改容曰[②]：“君之言过矣！群臣固欲君之无礼也。力多足以胜其长，勇多足以弑其君，而礼不使也。禽兽以力为政，强者犯弱，故日易主。今君去礼，则是禽兽也。群臣以力为政，强者犯弱，而日易主，君将安立矣？凡人之所以贵于禽兽者，以有礼也。故《诗》曰：‘人而无礼，胡不遄死。’

礼不可无也。”公湎而不听[3]。少间，公出，晏子不起；公入，不起；交举则先饮[4]。公怒，色变，抑手疾视曰[5]：“向者夫子之教寡人无礼之不可也。寡人出入不起，交举则先饮，礼也？”晏子避席再拜稽首而请曰[6]：“婴敢与君言而忘之乎？臣以致无礼之实也。君若欲无礼，此是已！”公曰：“若是，孤之罪也。夫子就席，寡人闻命矣！”觞三行[7]，遂罢酒。盖是后也，饬法修礼以治国政[8]，而百姓肃也。

注释

①景公：齐景公。春秋时齐国君主，名杵臼。公元前547—前490年在位。

②蹴然：脸色陡变的样子。

③湎：当为“偭”字之误。偭，背向。

④交举：互相举杯敬酒。依照礼节，互相举杯，尊者先饮。

⑤抑手疾视：手按几案，怒目而视。

⑥稽首：古代最隆重的一种礼节，常为臣子拜见君王时所用。行礼时，施礼者屈膝跪地，左手按右手（掌心向内），拱手于地，头也缓缓至于地。头至地须停留一段时间，手在膝前，头在手后。《周礼·春官·大祝》贾公彦疏：“稽首，拜中最重，臣拜君之拜。”

⑦三行：三遍。《左传·宣公二年》：“臣侍君宴，过

三爵，非礼也。”按照古代礼节，臣子陪侍国君宴饮，以敬酒三次为度。

⑧饬：整顿。

译文

齐景公与群臣喝酒喝到兴头上时，说：“今天我要与诸位喝个痛快，请不要拘泥于君臣之礼。”晏子听后，脸色陡变，说：“您这话就不对了。臣子们本来就希望君主不讲礼节。这样，势力大的人就可以欺凌长官，勇猛的人就可以弑杀君主，正是礼仪的制约使他们不敢这样做。禽兽行事的标准就是力量，力量强的侵犯力量弱的，所以随时都在更换头领。如今君主您去除礼仪，那就是承认禽兽的做法了。如果臣子们也以力量作为行事准则，势力强的侵犯势力弱的，不断更换君主的话，那您还怎么安于君位呢？人之所以比禽兽高贵，就是因为有礼仪。所以《诗经》说：‘人而无礼，胡不遄死？’礼仪，不能没有啊！”景公扭过身去，不听从晏子的劝告。

过了一会儿，景公起身出去，晏子不依照礼仪起身相送；景公从外进来，晏子也不依照礼仪站起相迎；互相举杯敬酒的时候，晏子又违反礼仪抢先喝酒。景公大怒，脸色变了，手按着几案，愤怒地看着晏子说：“刚才，你还教导我说，人不可以没有礼仪。现在，寡人出入你都不起身，互相敬酒你却先喝，难道这些都符合礼仪吗？”晏子离开座位，行再拜稽首大礼，说：“晏婴我哪里敢和您讲礼仪而自己却忘记呢？我只是以这种方式告诉您不讲君臣之礼的实际情况啊。君主您如果想不拘礼仪的话，就是这个样子了！”景公说：“如果是这样的话，那就是我的错了。请您入席吧，我听从您的教诲。”君臣行酒三次，就结束了酒宴。从此之后，景公整顿法律，规范礼仪，以礼法治理国政，百姓们也恭敬守礼了。

景公饮酒酲三日而后发晏子谏第三

景公饮酒，酲①，三日而后发②。晏子见，曰：“君病酒乎？”公曰：“然。”晏子曰：“古之饮酒也，足以通气合好而已矣③。故男不群乐以妨事④，女不群乐以妨功⑤。男女群乐者，周觞五献⑥，过之者诛⑦。君身服之⑧，故外无怨治⑨，内无乱行。今一日饮酒，而三日寝之，国治怨乎外，左右乱乎内。以刑罚自防者⑩，劝乎为非⑪；以赏誉自劝者，惰乎为善。上离德行，民轻赏罚，失所以为国矣。愿君节之也。”

注释

①酲：酒醉而神志不清。

②发：清醒过来。

③通气：血脉通畅。合好：沟通感情。

④事：男子所做的农事等事情。

⑤功：妇女所做的纺织、缝纫、刺绣等事情。

⑥周觞五献：古代礼仪，宾客宴饮，各自敬酒以五次为限。

⑦诛：责罚，责备。

⑧服：实行。

⑨怨：应为“蕴”之异文，聚集，积压。

⑩自防：自我约束。

⑪劝：激励，勉励。

译文

景公喝酒喝得烂醉，神志不清，三天之后才清醒过来。晏子觐见，问道：“君主您喝醉了吗？”景公说：“是啊。”晏子说：“古时候喝酒，只要能够使血脉通畅，使感情融洽就可以了。所以男子不聚众行乐而妨碍农事，女子不聚众行乐而妨碍女红。男女一起聚众行乐，按照礼仪，互相敬酒以五次为限，有超过的就要受到责罚。君主严格实行这一礼仪，所以外无积压的政事，内无昏乱的行为。如今您一天喝酒，三天不醒，外则国家政事积压不理，内则左右亲近昏乱无礼。之前以刑罚自我约束的人，肆意地为非作歹；以奖赏和荣誉自我勉励的人，懒于实行善事。在上的君臣背离德行，在下的百姓看轻赏罚，这样就失去了治国理政的根本。希望君主您能够有所节制。”

景公饮酒七日不纳弦章之言晏子谏第四

景公饮酒，七日七夜不止。弦章谏曰："君饮酒七日七夜，章愿君废酒也[①]。不然，章赐死。"晏子入见，公曰："章谏吾曰：'愿君之废酒也。不然，章赐死。'如是而听之，则臣为制也；不听，又爱其死[②]。"晏子曰："幸矣！章遇君也。令章遇桀纣者，章死久矣！"于是公遂废酒。

注释

①废酒：停止喝酒。

②爱：可惜，舍不得。

译文

景公喝酒，喝了七天七夜还不停止。弦章进谏说："君主您已经喝酒喝了七天七夜了，我希望您停止喝酒。不然的话，请您赐我死吧！"晏子进宫拜见景公，景公说："弦章劝谏我说：'希望君王您停止喝酒。不然的话，请您赐我死吧！'如果就这样听从他的进谏，就为臣子所挟制了；如果不听从他的进谏，又舍不得他死。"晏子说："弦章遇到您真是幸运啊！假使弦章遇到桀、纣那样的君主，他早就死了！"从此之后，景公就不再无节制地饮酒了。

景公饮酒不恤天灾致能歌者晏子谏第五

景公之时，霖雨十有七日[①]。公饮酒，日夜相继。晏子请发粟于民，三请[②]，不见许。公命柏遽巡国，致能歌者。晏子闻之，不说[③]。遂分家粟于氓[④]，致任器于陌[⑤]，徒行见公曰："霖雨十有七日矣！坏室乡有数十[⑥]，饥氓里有数家[⑦]，百姓老弱，冻寒不得短褐[⑧]，饥饿不得糟糠，敝撤无走[⑨]，四顾无告。而君不衈[⑩]，日夜饮酒，令国致乐不已，马食府粟，狗餍刍豢[⑪]，三保之妾俱足粱肉[⑫]。狗马保妾，不已厚乎？民氓百姓，不亦薄乎？故里穷而无告，无乐有上矣；饥饿而无告，无乐有君矣。婴奉数之筴[⑬]，以随百官，使民饥饿穷约而无告，使上淫湎失本而不衈，婴之罪大矣。"再拜稽首，请身而去[⑭]，遂走而出[⑮]。

注释

①霖雨：连续三天以上的雨。

②三请：多次请求。三，在此处不是确指。

③说：通"悦"。

④家粟：大夫封地所收的粮食。

⑤任器：用于装载、搬运粮食的器具。

⑥乡：齐国当时的行政区域单位。根据《管子》记载，当时齐国，郊内的一乡大约两千家，郊外的

一乡大约三千家。

⑦里：齐国当时的行政区域单位。根据《管子》的记载，当时齐国，一里大约五十家。

⑧短褐：古代贫民穿的用粗布做成的短衣。

⑨敝撤：行走艰难的道路。敝，通“蹩”。撤，即“彻”。

⑩卹：同“恤”。

⑪刍豢：牛羊猪狗之类的家畜。泛指肉类食品。

⑫三保：当为“三室”。“保”字与“宝”音同，“宝”又与“室”形近，故误。粱肉：以粱为饭，以肉为肴。指精美的膳食。

⑬筴：当作“策”，作简册解。

⑭请身：辞去官职的委婉说法。

⑮走：跑。

译文

景公的时候，齐国连续下了十七天大雨，景公却依然日夜饮酒。晏子请求给老百姓发放粮食，多次请求，都没有得到景公的允许。景公命令柏遽巡视全国，征召擅长唱歌的人。晏子听说之后，很不高兴，于是就把自己家的粮食分给老百姓，把能够搬运粮食的器具放到路旁，步行去觐见景公。晏子说：“大雨连续下了十七天了！房屋毁坏，每个乡都有几十间，饥饿的百姓每个里都有几家，百姓老弱，忍寒受冻的连粗布短衣也穿不上，忍饥挨饿的连糟糠也吃不上，道路损坏，行走不得，百姓已四处奔走，无处求告。君主您却不体恤他们，日夜饮酒不止，命令国内进献善歌之人，马吃着府库里面的粮食，狗饱食牛羊猪肉，三宫的妻妾们不缺珍馐美味。马、狗、妻妾的待遇岂不是太优厚了吗？普通百姓的待遇岂不是太刻薄了吗？所以百姓们穷困潦倒却无处求告，忍饥挨饿却无处求助，就不会喜欢他们的各级官府和君主了。我手持简册，身居要职，却使百姓饥饿贫困而无处求助，君主沉湎酒乐丧失治国之本而无所匡助，我的罪过大了！”说完这些，晏子再拜，行稽首大礼，请求辞官离职，然后就快步离宫而去。

公从之，兼于涂而不能逮[①]，令趣驾追晏子[②]，其家，不及。粟米尽于氓，任器存于陌。公驱及之康内[③]。公下车从晏子曰：“寡人有罪。夫子倍弃不援[④]，寡人不足以有约也[⑤]，夫子不顾社稷百姓乎？愿夫子之幸存寡人，寡人请奉齐国之粟米财货，委之百姓，多寡轻重，惟夫子之令。”遂拜于途。晏子乃返，命禀巡氓，家有布缕之本而绝食者，使有终月之委；绝本之家，使有期年之食[⑥]；无委积之氓[⑦]，与之薪橑[⑧]，使足以毕霖雨。令柏巡氓，家室不能御者，予之金；巡求氓寡用财乏者，死。三日而毕，后者，若不用令之罪。公出舍，损肉撤酒，马不食府粟，狗不食饪肉[9]，辟拂嗛齐[10]，酒徒减赐。三日，吏告毕上：贫氓万七千家，用粟九十七万钟[11]，薪橑万三千乘；坏室二千七百家，用金三千。公然后就内退食，琴瑟不张，钟鼓不陈。晏子请左右与可令歌舞足以留思虞者退之，辟拂三千，谢于下陈[12]，人待三，士待四，出之关外也[13]。

注释

①兼于涂：快速赶路。涂，通“途”。

②趣：通“趋”，催促，赶紧。

③康内：大路。

④倍弃：抛弃。倍，通“背”。

⑤约：受委屈，屈驾。

⑥期年：一年。

⑦委积：积累，储备。

⑧薪橑：柴草。

⑨饪肉：肉粥。

⑩辟拂：指国君身边的侍妾、宫女、侍臣等人。辟，通“嬖”，嬖妾。拂，通“辅”，侍臣。嗛：不足，这里指减省。齐：通“资”，钱财。

⑪钟：古代的容量单位。春秋时齐国公室的公量，合六斛四斗。之后也有合八斛及十斛之制。

⑫下陈：古代殿堂下陈放礼品、站列婢妾的地方。借指后宫中地位低下的姬侍。

⑬关外：宫门之外。

译文

景公随后追出来，由于道路泥泞没能赶上晏子。于是赶紧命人驾车去追，追到晏子家，还是没有追上。景公看到，晏子家所有的粮食都分给了百姓，能够搬运粮食的器具都放在路旁。景公驾车一直追到大路上才赶上晏子。景公从车上下来，跟晏子说："寡人有罪过，先生您可以抛弃我而不帮助我，寡人是不值得您屈驾的，难道先生您就不顾国家和百姓吗？恳请先生您勉强保全寡人，寡人愿意把齐国所有的粮食、财货都分给百姓，需要多少，都听先生您的命令。"然后就在路上郑重地施礼致敬。晏子这才返回。晏子派稟巡视百姓，有从事农桑基础却绝粮的人家，发给他们一个月的粮食储备；失去从事农桑基础的人家，发给他们足够吃一年的粮食；没有积蓄柴草的人家，发给他们柴火，让他们可以度过霖雨之灾。晏子命令柏巡视百姓，房屋损坏不能抵御风雨的人家，发给他们钱用于房屋修缮；搜寻并统计缺衣少食的百姓，限期三天完成所有任务。如果有延后的人，处以不听命令之罪。景公不居住在宫室之内，减少肉食，停止酒宴，马不再吃府库中的粮食，狗不再吃拌了肉的食物，削减歌舞者的待遇，减少对酒徒的赏赐。三天之后，巡视的官吏完成任务上报情况：贫苦百姓一共一万七千家，发放粮食九十七万钟，发放柴草一万三千车；房屋损毁的一共二千七百家，发放钱三千金。景公这才返回宫内居住，减少膳食开支，吃饭时不再使用琴瑟钟鼓伴奏。晏子请求景公遣散左右近臣和善歌舞足以让人心生留恋的人，于是从后宫遣散侍女三千人，又把三名爱妾，四名侍臣，逐出宫门之外。

景公夜听新乐而不朝晏子谏第六

晏子朝，杜扃望羊待于朝①。晏子曰："君奚故不朝？"对曰："君夜发不可以朝②。"晏子曰："何故？"对曰："梁丘据入歌人虞③，变齐音④。"晏子退朝，命宗祝修礼而拘虞⑤。公闻之而怒曰："何故而拘虞？"晏子曰："以新乐淫君⑥。"公曰："诸侯之事，百官之政，寡人愿以请子。酒醴之味，金石之声，愿夫子无与焉。夫乐，何必夫故哉？"对曰："夫乐亡而礼从之，礼亡而政从之，政亡而国从之。国衰，臣惧君之逆政之行。有歌，纣作北里⑦，幽厉之声，故夫淫以鄙而偕亡⑧。君奚轻变夫故哉？"公曰："不幸有社稷之业，不择言而出之，请受命矣。"

注释

①杜扃：人名，齐景公侍臣。望羊：也作“望洋”“望佯”“望阳”，远望的样子。

②夜发：“发”读为“废”。整夜未眠。

③梁丘据：人名，齐景公侍臣。

④变齐音：改变齐国固有的乐曲。

⑤宗祝：负责祭祀的官职名。

⑥淫：迷乱。

⑦北里：商纣时创作的乐曲，后世代指靡靡之音。

⑧以：和。

译文

晏子上朝，看到杜扃待在朝堂上向远处望着。晏子问：“国君为什么不上朝？”杜扃回答说：“国君昨晚整夜未眠，所以不能上朝。”晏子问：“为什么？”杜扃回答说：“梁丘据进献了一个叫作虞的歌手，演奏了新的乐曲。”晏子退朝之后，命令宗祝按照立法规定拘捕那个叫作虞的歌手。景公听说后大怒，说：“为什么要拘捕虞？”晏子回答说：“因为他用新的乐曲迷乱君王。”景公说：“诸侯之间往来的事务，管理百官的政事，我都愿意托付给你。至于喝什么样的酒，听什么样的乐曲，希望你就不要管了。乐曲，何必一定要是传统的呢？”晏子说：“正统的音乐衰亡了，礼仪就会跟着衰亡；礼仪衰亡了，政治就会跟着衰亡；政治衰亡了，国家就会跟着衰亡。我担心您会有背离政治教化的行为。有关乐曲之事，商纣王时的乐曲《北里》，周幽王和周厉王时的新乐，都因为乐曲淫放鄙俗，相继身国俱灭。君王您为什么要轻易改变传统的乐曲呢？”景公说：“我承担着国家这份基业，却口无遮拦说出了那些话，我愿意接受您的教诲。”

景公燕赏无功而罪有司晏子谏第七

景公燕赏于国内[①]，万钟者三，千钟者五，令三出，而职计莫之从[②]。公怒，令免职计，令三出，而士师莫之从[③]。公不说。晏子见，公谓晏子曰：“寡人闻君国者，爱人则能利之，恶人则能疏之。今寡人爱人不能利，恶人不能疏，失君道矣。”晏子曰：“婴闻之，君正臣从谓之顺，君僻臣从谓之逆。今君赏谗谀之臣，而令吏必从[④]，则是使君失其道，臣失其守也。先王之立爱，以劝善也，其立恶，以禁暴也。昔者三代之兴也，利于国者爱之，害于国者恶之，故明所爱而贤良众，明所恶则邪僻灭，是以天下治平，百姓和集。及其衰也，行安简易，身安逸乐，顺于己者爱之，逆于己者恶之，故明所爱而邪僻繁，明所恶而贤良灭，离散百姓，危覆社稷。君上不度圣王之兴，而下不观惰君之衰，臣惧君之逆政之行，有司不敢争，以覆社稷，危宗庙。”公曰：“寡人不知也。请从士师之策。”国内之禄，所收者三也。

注释

①燕赏：设宴赏赐。燕，通“宴”，宴会。

②职计：官职名，掌管财物、会计。

③士师：官职名，掌禁令、刑狱。

④令吏：各级官吏。

译文

景公举行宴会，赏赐国内之人，赏赐万钟的有三个人，千钟的有五个人，命令发出多次，职计不遵从命令。景公大怒，命令免去职计的官职，命令发出多次，士师不遵从命令。景公非常不高兴。晏子觐见景公，景公对晏子说：“我听说统治国家的君主，喜欢谁就能让谁得利，厌恶谁就能疏远谁。现在寡人我喜欢一个人却不能让他得利，厌恶一个人却不能疏远他，有失为君之道啊。”晏子说：“我听说，君主行事端正而大臣听从叫作顺，君主行事乖张而大臣听从叫作逆。如今君主您赏赐谗佞阿谀之人，而大臣一定执行，那就是使君主有失为君之道，大臣有失为臣之责了。先王树立喜欢的标准，是为了勉励人们从善，树立厌恶的标准，是为了禁绝暴虐。以前，三代兴盛之时，君主喜欢那些有利于国家的人，厌恶那些有害于国家的人，所以表明喜欢的人是什么样子，贤良的人就众多，表明厌恶的人是什么样子，邪僻的人就消失了。因此，天下政治清明，百姓和睦安定。等到三代衰落的时候，君主行为安于轻率随意，身心安于放逸享乐，顺从自己的人就喜欢，不顺从自己的人就厌恶，因此表明喜欢的人是什么样子，邪僻之人就繁多，表明厌恶的人是什么样子，贤良之人就消失，以至于百姓离散，国家陷入危险颠覆之境。君主上不思考圣明的君王如何使国家兴亡，下不审查昏聩的君主如何使国家衰败，我担心君主有了违背正道的行为，各级官吏不敢抗争，以至于社稷倾覆，宗庙危亡。”景公说：“我不明智啊。请按照士师的意见做吧。”于是景公赏赐给国内的财物，收回了三成。

景公信用谗佞赏罚失中晏子谏第八

景公信用谗佞[①]，赏无功，罚不辜。晏子谏曰：“臣闻明君望圣人而信其教[②]，不闻听谗佞以诛赏。今与左右相说颂也[③]，曰：‘比死者勉为乐乎[④]！吾安能为仁而愈黥民耳矣[⑤]！’故内宠之妾，迫夺于国[⑥]，外宠之臣，矫夺于鄙[⑦]，执法之吏，并荷百姓[⑧]。民愁苦约病[⑨]，而奸驱尤佚，隐情奄恶[⑩]，蔽谗其上，故虽有至圣大贤，岂能胜若谗哉？是以忠臣常有灾伤也。臣闻古者之士，可与得之，不可与失之；可与进之，不可与退之。臣请逃之矣。”遂鞭马而出。公使韩子休追之，曰：“孤不仁，不能顺教，以至此极。夫子休国焉而往，寡人将从而后。”晏子遂鞭马而返。其仆曰："向之去何速？今之返又何速？"晏子曰："非子之所知也，公之言至矣。"

注释

①谗佞：善进谗言和巧言谄媚的人。

②望：敬仰，向往。

③说颂：取悦和宽容。说，通"悦"。颂，通"容"。

④比：将要。

⑤黥：古代的刑法之一，在人脸上刺字并涂墨。也叫墨刑。

⑥国：都城。

⑦鄙：边远的地方。此处与"国"相对，指地方。

⑧苛：通"苛"，苛扰，残虐。

⑨约：贫困。

⑩奄：通"掩"。

译文

景公信任和重用善进谗言与巧言谄媚的人，犒赏没有功劳的人，惩罚没有罪过的人。晏子进谏说："我听说过贤明的君主仰慕圣人的德行而遵从他们的教诲，没有听说过听信善进谗言和巧言谄媚的人来实行惩罚和赏赐。如今君王您和身边的人相互取悦和宽容，说：'将要死的人尚且尽力寻欢！我怎么可以为了仁义而生活得仅仅比犯人好一点点呢？’所以宫内受宠的姬妾在都城内强取豪夺，朝内受宠的大臣假托君主的命令在地方上搜刮抢夺，执法的官吏也一起苛扰残害百姓。百姓们困苦交加，而奸佞之徒更加猖狂。他们掩盖实情隐瞒罪恶，蒙蔽迷惑君主，所以即使有圣明和极为贤德的人，怎么能胜过他们那样的谗言啊。因此忠臣常会遭遇灾祸。我听说古代的士人，君主能够与其志同道合就能得到他们，不能志同道合就会失去他们；君主能够与其志同道合就愿意进身共事，不能与其志同道合就告退。我请求辞去官职，逃离此地。”说完，晏子就快马加鞭地离开了。景公让韩子休去追赶晏子，传话给晏子说：“我不仁义，不能顺从你的教诲，以至于事情发展到这种不可挽回的地步。先生您辞官离职不管走到哪里，寡人我也跟您到哪里。”晏子听说之后，快马加鞭地往回赶。他的仆人问：“您刚才离开的时候为什么那么急迫？现在返回又为什么那么急迫？”晏子回答说：“这不是你所能知道的。君主的话已经诚恳到极点了。”

景公爱嬖妾随其所欲晏子谏第九

翟王子羡臣于景公①，以重驾②，公观之而不说也。嬖人婴子欲观之③，公曰：“及晏子寝病也。”居圃中台上以观之④，婴子说之，因为之请曰：“厚禄之！”公许诺。晏子起病而见公⑤，公曰：“翟王子羡之驾，寡人甚说之，请使之示乎？”晏子曰：“驾御之事，臣无职焉。”公曰：“寡人一乐之，是欲禄之以万钟，其足乎？”对曰：“昔卫士东野之驾也，公说之，婴子不说，公因不说，遂不观。今翟王子羡之驾也，公不说，婴子说，公因说之；为请，公许之，则是妇人为制也。且不乐治人，而乐治马，不厚禄贤人，而厚禄御夫。昔者先君桓公之地狭于今，修法治，广政教，以霸诸侯。今君，一诸侯无能亲也，岁凶年饥[6]，道途死者相望也。君不此忧耻，而惟图耳目之乐，不修先君之功烈，而惟饰驾御之伎[7]，则公不顾民而忘国甚矣。且《诗》曰：‘载骖载驷，君子所届。[8]’夫驾八，固非制也。今又重此，其为非制也，不滋甚乎！且君苟美乐之，国必众为之，田猎则不便，道行致远则不可，然而用马数倍，此非御下之道也。淫于耳目，不当民务，此圣王之所禁也。君苟美乐之，诸侯必或效我，君无厚德善政以被诸侯[9]，而易之以僻，此非所以子民[10]、彰名、致远、亲邻国之道也。且贤良废灭，孤寡不振[11]，而听嬖妾以禄御夫以蓄怨，与民为仇之道也。《诗》曰：‘哲夫成城，哲妇倾城。[12]’今君不免成城之求，而惟倾城之务，国之亡日至矣。君其图之！”公曰：“善。”遂不复观，乃罢归翟王子羡，而疏嬖人婴子。

注释

①翟王子羡：人名。

②重驾：据下文，指用十六匹马驾车。

③嬖人：宠妾。

④囿：古代帝王畜养禽兽，以供观赏游玩的园林。

⑤起病：病愈。

⑥岁凶年饥：粮食收成不好，发生饥荒。

⑦伎：伎俩。

⑧载骖载驷，君子所届：此两句诗见于《诗经·小雅·采菽》。骖，驾三匹马的车。驷，驾四匹马的车。届，来到。

⑨被：同“披”，覆盖。

⑩子民：统治百姓。

⑪振：通“赈”，救济。

⑫哲夫成城，哲妇，倾城：此两句诗见于《诗经·大雅·瞻卬》。根据诗文，哲夫指才能见识高于普通人的人。哲妇，指幽王的宠妃褒姒。成城，指使国家兴盛。倾城，指使国家衰亡。

译文

翟王子羡做了景公的臣仆，用十六匹马驾车，景公看了之后不喜欢。景公的宠妾婴子想观看，景公说：“趁着现在晏子生病的时候去看看吧。”他们就在园林中的高台上观看，婴子非常喜欢，就替翟王子羡请求说：“给他丰厚的俸禄吧！”景公就答应了她。晏子病愈之后去见景公。景公说：“翟王子羡的驾车技术，我非常喜欢，要不要让他表演给你看看？”晏子说：“驾驭车马这样的事情，不在我的职责范围之内。”景公说：“我非常喜欢，想给他万钟的厚禄，你觉得够么？”晏子回答说：“以前卫国东野的驾车技术，您很喜欢，可是婴子不喜欢，因此您也跟着不喜欢，就不再看了。现在翟王子羡的驾车技术，您不喜欢，可是婴子喜欢，您就跟着喜欢，婴子为他请求厚禄，您也答应。这样就被妇人挟制了。况且您不喜欢治理百姓，却喜欢调治马匹；不给贤良之人厚禄，却给驾车的人厚禄。以前先王桓公的国土面积比现在的齐国小，却能修整法治，广施教化，因此称霸诸侯。可是如今，您不能让一个诸侯亲近齐国，又年岁不好发生饥荒，路上饿死的百姓一个接着一个。君主您不为此感到忧心和耻辱，却只贪图耳目之娱；不思继承先王的辉煌功业，却只追求驾驭的技术，您也太不顾百姓、不理国家了吧！况且《诗经》说：‘载骖载驷，君子所届。’一辆车驾八匹马，本来就不合制度，如今又马匹数加倍，岂不是更不合制度吗？况且如果君主喜欢，国内必然会有很多人这么做。再说这样的驾驭方式，田猎很不方便，走远路又不可行，用马匹的数量却成倍增长。这不是统治百姓的正道啊。过分沉湎于耳目之娱，不理百姓事务，这是圣明的君王所禁止的。您如果以此为美为乐，诸侯必然也有效仿您的。您没有深厚的德行和良好的政治来影响诸侯，却用邪僻的东西来取代它，这可不是统治百姓、彰显美名、招致远人，使邻国亲近的做法啊。况且，贤良之人被疏远和废弃，孤寡百姓又不救济，却听从宠妾的话给驾车的人厚禄，会积蓄百姓的怨气，这是与百姓为仇的做法。《诗经》说：‘哲夫成城，哲妇倾城。’如今君主您不想着怎么让国家兴盛，却做着会导致国家衰亡的事情，国家衰亡的日子就快到了！您好好想想吧！”景公说：“说得好！”于是不再观看翟王子羡驾车并将其辞退，同时也疏远了宠妾婴子。

景公敕五子之傅而失言晏子谏第十

景公有男子五人，所使傅之者[①]，皆有车百乘者也。晏子为一焉。公召其傅曰：“勉之！将以而所傅为子[②]。”及晏子，晏子辞曰：“君命其臣，据其肩以尽其力，臣敢不勉乎！今有车百乘之家，此一国之权臣也。人人以君命命之曰：‘将以而所傅为子’，此离树别党[③]，倾国之道也。婴不敢受命，愿君图之！”

注释

①傅：老师。

②子：继承君位的太子。

③离树别党：离间分裂，树立党羽。

译文

景公有五个儿子，给他们做老师的，都是有车百辆的卿大夫。晏子也是其中的一位。景公召见他们的老师，分别对他们说："好好教育他！我将把你教的那个人立为太子。"轮到晏子的时候，晏子推辞说："君主命令臣子，扶着他们的肩让他们尽力，臣子们怎么会不努力啊！如今有一百辆车的卿大夫，可都是手握权力的重臣。如果他们都以您的命令转告所教育的公子说：'将要把你教的那个人立为太子'，这是离间分裂公子关系，树立各自党羽，覆灭国家的做法啊。我不敢接受这样的命令。希望您想想吧。"

景公欲废適子阳生而立荼晏子谏第十一

淳于人纳女于景公①，生孺子荼②，景公爱之。诸臣谋欲废公子阳生而立荼③，公以告晏子。晏子曰："不可。夫以贱匹贵，国之害也；置大立少，乱之本也。夫阳生长而国人戴之，君其勿易！夫服位有等，故贱不陵贵；立子有礼，故孽不乱宗④。愿君教荼以礼而勿陷于邪，导之以义而勿湛于利。长少行其道，宗孽得其伦，夫阳生敢毋使荼餍粱肉之味，玩金石之声而有患乎？废长立少，不可以教下；尊孽卑宗，不可以利所爱。长少无等，宗孽无别，是设贼树奸之本也。君其图之！古之明君，非不知繁乐也，以为乐淫则哀；非不知立爱也，以为义失则忧。是故制乐以节，立子以道。若夫恃谄谀以事君者，不足以责信。今君用谗人之谋,听乱夫之言也。废长立少，臣恐后人之有因君之过以资其邪，废少而立长以成其利者。君其图之！”公不听。景公没，田氏杀君荼[⑤]，立阳生；杀阳生，立简公[⑥]；杀简公而取齐国。

注释

①淳于：春秋时国名。在今山东省安丘市东北。纳：进献。

②孺子：小孩子。荼：景公少子。公元前489年，景公死后被立为齐君，不到一年即被田乞所杀。《史记》称为“晏孺子”。

③阳生：齐景公子，即齐悼公。田乞所立。公元前488—前485年在位。后为齐大夫鲍息所杀。

④孽：庶子。宗：嫡长子。

⑤田氏：齐国大夫田乞。

⑥简公：齐悼公之子，名壬。公元前484—前481年在位。后被齐大夫田常所杀。

译文

淳于人进献了一个女子做景公的妾，生了一个儿子叫荼，景公非常喜欢他。一些臣子谋划想废掉太子阳生而立荼为太子。景公把这个事情告诉了晏子。晏子说："此事不可。地位卑贱的去匹敌地位尊贵的，是国家的祸害；弃置年长的而拥立年幼的，是祸乱的根本。阳生年长一些，国人都拥戴他，君主千万不要更立。每个人的服饰地位都有不同的等级，所以地位卑贱的人不能欺凌地位尊贵的人；立太子有一定的礼制，所以庶子不能扰乱宗子。希望您以礼法加以教育而不要让他陷入邪路，希望您用道义来引导而不要让他沉溺于私利。如果长幼行事有礼法，庶嫡相处有伦常，阳生敢不让荼饱食美食、纵情声乐而有忧患吗？废置年长的而拥立年幼的，就无法教导百姓；尊崇庶出而贬低嫡子，也无法有利于所喜欢的人。长幼没有等级，嫡庶没有差别，是预设国家祸乱、生养奸佞势力的根源。君主您想想吧！古代圣明的君主，不是不知道纵情享乐，而是知道过度享乐就会乐极生悲。不是不知道拥立自己喜欢的人，而是知道不合道义就会有隐忧。因此享乐要有节制，立太子要合道义。凭借进谗谄谀来侍奉君王的人，不能指望有什么可信的建议。现在君主您采用谗佞之人的建议，听从为乱之人的言语，准备废黜年长的而拥立年幼的，我担心今后会有人利用您的过错而滋生出邪念，利用废黜年幼的而拥立年长的来实现他们的私利。希望您再想想吧！"景公不听从晏子的意见。景公死后，田氏杀了国君荼，拥立阳生；后来又杀阳生，拥立简公；最后杀了简公，彻底取代齐国。

景公病久不愈欲诛祝史以谢晏子谏第十二

景公疥且虐，期年不已，召会谴、梁丘据、晏子而问焉。曰："寡人之病病矣[①]！使史固与祝佗巡山川宗庙[②]，牺牲珪璧莫不备具[③]，其数常多于先君桓公，桓公一则寡人再。病不已，滋甚。予欲杀二子者以说于上帝，其可乎？"会谴、梁丘据曰："可。"晏子不对。公曰："晏子何如？"晏子曰："君以祝为有益乎？"公曰："然。"晏子免冠曰："若以为有益，则诅亦有损也。君疏辅而远拂[④]，忠臣拥塞，谏言不出。臣闻之，近臣嘿[⑤]，远臣瘖，众口铄金。今自聊、摄以东[⑥]，姑、尤以西者[⑦]，此其人民众矣，百姓之咎怨诽谤，诅君于上帝者多矣。一国诅，两人祝，虽善祝者不能胜也。且夫祝直言情，则谤吾君也；隐匿过，则欺上帝也。上帝神，则不可欺；上帝不神，祝亦无益。愿君察之也。不然，刑无罪，夏商所以灭也。"公曰："善解予惑，加冠！"命会谴毋治齐国之政，梁丘据毋治宾客之事，兼属之乎晏子。晏子辞，不得命，受相退，把政改月而君病悛[⑧]。公曰："昔吾先君桓公，以管子为有力，邑狐与谷，以共宗庙之鲜[⑨]。赐其忠臣，则是多忠臣者。子，今忠臣也。寡人请赐子州款。"辞曰："管子有一美，婴不如也。

有一恶，婴不忍为也，其宗庙之养鲜也。”终辞而不受。

注释

①病病：第一个病指通常意义上的疾病。第二个病指加重、病情严重。

②史、祝：官职名称。史主要职掌祭祀和记事等。祝主要负责祭祀和祝祷。

③牺牲珪璧：祭祀用的牲畜和玉器。

④拂：同“弼”，与“辅”同义，辅佐。

⑤嘿：同“默”，不作声。

⑥聊、摄：齐国两座城邑的名字。

⑦姑、尤：齐国境内两条河流的名字。

⑧把政：主持政务。改月：过了一个月。悛：悔改，改过。此处指痊愈。

⑨共：通“供”。鲜：用于祭祀、贡献宗庙的飞禽走兽。

译文

景公得了疥癣和疟疾，过了一年也没有痊愈。于是，景公召见会谴、梁丘据和晏子，询问说：“我的病真的很严重了！我命令史官固和祝官佗遍祭山川宗庙，祭祀用的牺牲玉器没有不齐备的，牺牲玉器的数量比先君桓公时候还要多，桓公用一份，我用两份。可是并没有痊愈，反而加重了，我想杀掉这两个人来取悦上帝，可以吗？”会谴和梁丘据都说：“可以。”晏子不回答。景公问道：“晏子你觉得如何？”晏子回答说：“您认为向上帝祷告有好处吗？”景公说：“是啊！”晏子脱掉帽子说：“如果您认为祷告会有好处的话，那么诅咒也会有损害的。君主您疏远忠良的大臣，忠臣报国之路被堵塞，直言劝谏的话也就没有人说了。我听说，亲近的大臣都默而不语，疏远的大臣又知而不言，可是众口一词，力量足以熔化金属。如今齐国自聊、摄二城以东，姑、尤二水以西的地方，人口众多，百姓们怨恨诽谤，向上帝诅咒您的人非常多。一国之中那么多人诅咒你，却只有两个人为你祈福，即使他们再善于祷告也敌不过啊。再说了，祷告的人如果向上帝据实直言真实情况，那就是诽谤您；如果向上帝隐瞒真实情况，那就是欺骗上帝。如果上帝有神灵，那就不会被欺骗；如果上帝没有神灵，祷告也不会有好处。希望您能够明察。否则的话，滥杀无辜，可是导致夏、商灭亡的原因啊。”景公说：“晏子善于解除我的迷惑。戴上帽子吧！”景公下令会谴不再负责齐国的政务，梁丘据不再掌管齐国的外交，这两项都归晏子负责。晏子推辞不掉，只好接受国相之职，主持国政才一个月，景公的病就痊愈了。景公说：“以前齐国先君桓公，认为管仲功劳显赫，于是赐狐、谷为他的封邑，用来负责供给宗庙祭祀所用的祭品。赏赐忠臣，就是嘉奖和鼓励忠臣。先生你就是现在的功臣啊！请允许我把州款赏赐给你吧！”晏子辞谢说：“管子有一个长处，我比不上他；但是他有一个短处，我不忍心那样做，就是他接受封邑用来为宗庙祭祀豢养禽兽。”晏子最终还是辞谢了封邑而没有接受。

景公怒封人之祝不逊晏子谏第十三

景公游于麦丘①，问其封人曰②：“年几何矣？”对曰：“鄙人之年八十五矣。”公曰：“寿哉！子其祝我。”封人曰：“使君之年长于胡③，宜国家。”公曰：“善哉！子其复之。”封人曰：“使君之嗣，寿皆若鄙人之年。”公曰：“善哉！子其复之。”封人曰：“使君无得罪于民。”公曰：“诚有民得罪于君则可，安有君得罪于民者乎？”晏子谏曰：“君过矣！彼疏者有罪，戚者治之；贱者有罪，贵者治之；君得罪于民，谁将治之？敢问：桀、纣，君诛乎？民诛乎？”公曰：“寡人固也④。”于是赐封人麦丘以为邑。

注释

①麦丘：齐国城邑名。

②封人：职掌边界事务的官员。

③胡：长寿。疑为“胡耇”。胡耇，古代指长寿的人。

④固：见识短浅。

译文

景公出游到了麦丘，问这里负责边界事务的人说："你今年多大年纪了？"封人回答说："小人今年八十五岁了。"景公说："你真是长寿啊！请你为我祝福吧！"封人说："祝愿君主您比年纪最大的人还要长寿，有益于国家。"景公说："说得好啊！请再为我祝福吧！"封人说："祝愿君主您的子孙后代，年龄都能和我一样长。"景公说："说得好啊！请再为我祝福吧！"封人说："希望君主您不要得罪人民。"景公说："真的有人民得罪于君主也就罢了，怎么会有君主得罪于人民呢？"晏子进谏道："您这话就不对了！与君主疏远的人有了罪过，由与君主亲近的人来处置；地位卑贱的人有了罪过，由地位尊贵的人来处置；如果君主得罪了人民，那由谁来处置呢？请问：像桀、纣这样的君主，是被君主惩治了，还是被人民惩治了？"景公说："是我见识短浅了。"于是就把麦丘赐给封人作为封邑。

景公欲使楚巫致五帝以明德晏子谏第十四

楚巫微导裔款以见景公①，侍坐三日②，景公说之。楚巫曰："公，神明之主，帝王之君也。公即位十有七年矣，事未大济者，神明未至也。请致五帝，以明君德。"景公再拜稽首。楚巫曰："请巡国郊③，以观帝位。”至于牛山而不敢登[4]，曰：“五帝之位，在于国南，请斋而后登之[5]。”公命百官供斋具于楚巫之所，裔款视事[6]。晏子闻之而见于公曰：“公令楚巫斋牛山乎？”公曰：“然。致五帝以明寡人之德，神将降福于寡人，其有所济乎？”晏子曰：“君之言过矣！古之王者，德厚足以安世，行广足以容众。诸侯戴之，以为君长，百姓归之，以为父母。是故天地四时，和而不失，星辰日月，顺而不乱。德厚行广，配天象时，然后为帝王之君，神明之主。古者不慢行而繁祭，不轻身而恃巫。今政乱而行僻，而求五帝之明德也？弃贤而用巫，而求帝王之在身也？夫民不苟德，福不苟降，君之帝王，不亦难乎！惜夫君位之高，所论之卑也。”公曰：“裔款以楚巫命寡人曰：‘试尝见而观焉。’寡人见而说之，信其道，行其言。今夫子讥之，请逐楚巫而拘裔款。”晏子曰：“楚巫不可出。”公曰：“何故？”对曰：“楚巫出，诸侯必或受之。公信之，以过于内，不知[7]；出以易诸侯于外，不仁。请东楚巫而拘裔款。”公曰：“诺。”故曰：“送楚巫于东，而拘裔款于国也。”

注释

①导：由……引见。

②侍坐：在尊长身旁陪坐服侍。

③国郊：国都的郊外区域。

④牛山：山名，位于齐国都城南面的郊外。

⑤斋：斋戒，举行祭祀或典礼之前清心洁身，以表郑重和肃穆。

⑥视事：负责某件事情。

⑦知：通“智”，明智、聪明。

译文

楚国巫师微由裔款引见而与景公相见，陪景公共坐交谈了三天，景公非常喜欢。楚国巫师说：“您是一位英明神武，可以成就帝王之业的君主。您即位已经有十七年了，这件大事之所以没有大的进展，是因为神明未到。请您允许我邀请五帝之神，来彰显您的德行。”景公听了非常激动，行再拜稽首大礼。楚国巫师说：“请允许我遍查国都郊外之地，以确定五帝之神所处的方位。”楚国巫师到了牛山却没敢登山，回报说：“五帝之神的位置在国都的南方，请允许我斋戒之后再登山寻访。”景公下令百官准备斋戒所需的物品送到楚国巫师住的地方，并且命令裔款负责此事。晏子听说这件事后便去见景公，说：“您命令楚国巫师在牛山斋戒吗？”景公回答说：“是的。让他邀请五帝之神从而彰显我的德行，神将降福于我，这将对我成就帝王之业有所帮助。”晏子说：“您的话就不对了。古代能够称王天下的君主，德性深厚足以安定天下，德行广博足以容纳众人，所以诸侯们拥戴他，把他视为君长；百姓们归顺他，把他视为父母。因此天地四时运行和谐而不失序；日月星辰运行和顺而不杂乱。德行深厚广博，才顺乎天意，合乎时宜，然后才能成就帝王之业，成为英明神武的君主。古代的君主不会懈怠于政事而频繁地举行祭祀，不会看轻自身努力而依靠巫师。如今您政治混乱而行为乖张，抛弃贤良之人而依赖巫师，却还想祈求五帝之神而彰显德行，成就帝王之业吗？百姓不会轻易地称颂君主的德行，福祉也不会轻易地降临，您所求的帝王之业，岂不是太难了吗？可惜啊！您地位如此之高，言论却如此卑陋。”景公说：“这都是因为裔款把楚国巫师介绍给我说：‘试着见见，看看到底怎么样吧。’于是我就见了楚国巫师，很喜欢，相信了他所说的道理，然后就按照他说的去做了。如今先生您规劝我，那就让我把楚国巫师驱逐出境，把裔款拘捕起来吧。”晏子说：“不能把楚国巫师驱逐出境。”景公问：“这是为什么？”晏子说：“将楚国巫师驱逐出境，必定会有其他的诸侯收留和听信他。您听信他的话，因而在国内造成过错，是不明智；把他驱逐出境而嫁祸于其他诸侯，那就是不仁义。请您把楚国巫师流放到齐国东部滨海地带，把裔款拘捕起来。”景公说：“好的。”因此把楚国巫师流放到东部海滨，把裔款囚禁在国都。

景公欲祠灵山河伯以祷雨晏子谏第十五

齐大旱逾时[1]，景公召群臣问曰："天不雨久矣，民且有饥色。吾使人卜，云祟在高山广水[2]。寡人欲少赋敛以祠灵山[3]，可乎？"群臣莫对。晏子进曰："不可！祠此无益也。夫灵山固以石为身，以草木为发，天久不雨，发将焦，身将热，彼独不欲雨乎？祠之何益。"公曰："不然，吾欲祠河伯，可乎？"晏子曰："不可。河伯以水为国，以鱼鳖为民，天久不雨，水泉将下，百川将竭，国将亡，民将灭矣，彼独不欲雨乎？祠之何益？"景公曰："今为之奈何？"晏子曰："君诚避宫殿暴露，与灵山河伯共忧，其幸而雨乎！"于是景公出野居暴露，三日，天果大雨，民尽得种时[4]。景公曰："善哉！晏子之言，可无用乎！其维有德。"

注释

①时：适当的农时。

②祟：鬼神制造灾祸。此处指制造灾祸的鬼神。

③少：稍稍。

④时：通"莳"，种植。

译文

齐国大旱不雨，已经错过了农时，景公召见群臣问道："老天不下雨很长时间了，老百姓将要挨饿了！我让人去占卜，回报说作祟的在高山大水之中。我想稍稍征收一些赋税来祭祀灵山，这样做可以吗？"群臣都不回答。晏子进谏说："此事不可！祭祀它们也不会有什么好处！那些灵山以石头为身体，草木为毛发，老天长时间不下雨，它们的毛发就要焦了，身体就要受热了，难道不希望下雨吗？祭祀它们也没有什么好处！"景公说："这样不行的话，我想祭祀河伯，可以吗？"晏子说："此事也不行。河伯以水为国，以其中的鱼鳖等为人民，如果老天长时间不下雨的话，泉水水位将要降低，汇入其中的河流也将枯竭，那么他的国家就要灭亡，人民也要灭绝，难道不希望下雨吗？祭祀他有什么帮助？"景公说："如今可怎么办呢？"晏子说："君主您诚心诚意地暂离宫殿，露宿野外，与灵山和河伯同此忧愁，或许会下雨吧！"于是景公到野外，露宿在郊野中。过了三天，果然下起大雨，老百姓也都得以及时栽种。景公说："好啊！晏子的话，怎么可以不采用呀！他是一个有德行的人！"

景公贪长有国之乐晏子谏第十六

景公观于淄上[①]，与晏子闲立。公喟然叹曰："呜呼！使国可长保而传于子孙，岂不乐哉？"晏子对曰："婴闻明王不徒立，百姓不虚至。今君以政乱国，以行弃民久矣，而欲保之，不亦难乎！婴闻之，能长保国者，能终善者也。诸侯并立，能终善者为长；列士并学，能终善者为师。昔先君桓公[②]，方任贤而赞德之时，亡国恃以存，危国仰以安，是以民乐其政而世高其德，行远征暴，劳者不疾，驱海内使朝天子，而诸侯不怨。当是时也，盛君之行不能进焉。及其卒而衰，怠于德而并于乐，身溺于妇侍而谋因于竖刀[③]，是以民苦其政，而世非其行，故身死乎胡宫而不举[④]，虫出而不收。当是时也，桀纣之卒不能恶焉。诗曰：'靡不有初，鲜克有终。[⑤]'不能终善者，不遂其君。今君临民若寇雠，见善若避热，乱政而危贤，必逆于众，肆欲于民，而诛虐于下，恐及于身。婴之年老，不能待于君使矣，行不能革，则持节以没世耳[⑥]。"

注释

①淄上：淄水边。

②桓公：齐桓公，春秋时齐国君主，名小白，公元前685—前643年在位。在位时，任用管仲，国力强盛，提出"尊王攘夷"口号，曾率领各方诸侯朝见周天子，成为"春秋五霸"之首。晚年，任用竖刁等小人，政治混乱，最后在齐国内乱中饿死。

③竖刀：或作竖刁，齐桓公在位晚期信任的宦官。桓公病危时，竖刁作乱，堵塞宫门，禁绝外人进

入，结果把齐桓公活活饿死。桓公已死六十七天，寝室蛆虫遍地，尸臭熏天，方才下葬。

④胡宫：寝宫。

⑤靡不有初，鲜克有终：见于《诗经·大雅·荡》。意思是：做事都会有个好的开始，但很少有持之以恒、坚持到底的。

⑥行不能革，则持节以没世耳：张纯一《晏子春秋校注》："愿君改行，万一不能，亦当有节，持之以终身。"

译文

景公到淄水游玩，与晏子悠闲地站在一起。景公感慨地叹道："唉！如果能够长久地保有国家，并且传给子孙后代，岂不是很快乐的事情吗？"晏子回答说："我听说英明的君主不会毫无原因地立国于世，老百姓也不会无缘无故地自动归顺。如今您的施政措施使国家混乱不已，举止行为不顾及老百姓已经很长时间，却想保有国家，岂不是太难吗？我听说，能够长久保有国家的君主，都是能将善政坚持到底的君主。众多诸侯国并存于世，能够把善政坚持到底的君主才能成为君长；众多读书人一起学习，能够把善学坚持到底的人才能成为老师。以往我们的先君桓公，他任用贤能、赞赏德政的时候，将要灭亡的诸侯国保存下来，处境艰难的诸侯国安定下来，所以人民都乐于他的施政，天下都推崇他的德政。长途跋涉去征讨暴虐，将士们没有怨恨，统率各国诸侯朝见天子，众位诸侯也没有怨言。在那个时候，盛德之君的行为也不会超越他。等到后来他意志衰退的时候，怠慢不思德政却安于享乐，生活上沉溺于妇人的服侍，理国之政都听从竖刁，因此人民苦于他的政策，天下认为他的施政方式不对，因此死在胡宫却没人发丧，尸体上长了蛆虫也没人收尸。在那个时候，桀、纣这样的暴君的死也不会比他更惨。《诗经》上说：'靡不有初，鲜克有终。'不能将善政贯彻到最后的君主，不能长久地保持君位。如今君主您统治百姓像对待仇人一样，看见善政就像躲避烈火一样，政治混乱而贤臣处于危险境地，这样必定违背民心；对人民随心所欲，对臣下残暴诛杀，恐怕要危及自身。我年龄大了，不能再听候您的差遣，如果您不能彻底改变这种行为的话，那么希望您能有所节制直到终老吧。"

景公登牛山悲去国而死晏子谏第十七

景公游于牛山，北临其国城而流涕曰："若何滂滂去此而死乎[①]！"艾孔、梁丘据皆从而泣，晏子独笑于旁。公刷涕而顾晏子[②]，曰："寡人今日之游悲，孔与据皆从寡人而涕泣。子之独笑何也？"晏子对曰："使贤者常守之，则太公、桓公将常守之矣[③]。使勇者常守之，则灵公、庄公将常守之矣[④]。数君者将守之，则吾君安得此位而立焉？以其迭处之，迭去之，至于君也。而独为之流涕，是不仁也。不仁之君见一，谄谀之臣见二，此臣之所以独窃笑也⑤。”

注释

①滂滂：或作“堂堂”，显赫、雄伟、宏大的样子。

②刷涕：擦去眼泪。

③太公：即太公望，姜姓，吕尚。协助周武王灭商，受封于齐，是齐国第一代君主。

④灵公：春秋时齐国君主，名环。公元前581—前554年在位。在位期间战争不断，胜利不多。庄公：春秋时齐国君主，名购。公元前794—前731年在位。在位期间休养生息，稳定了之前齐国动荡不安的局面。

⑤窃：私下，暗中。多作谦词。

译文

景公到牛山游玩，向北眺望齐国都城，流着眼泪说：“为什么要离开这么雄伟的都城而死去啊！”艾孔、梁丘据听了景公的话，也跟着小声哭起来。晏子却在一旁独自发笑。景公擦去眼泪，回头看着晏子说：“我今天出游很悲伤，艾孔和梁丘据都跟着我一起哭泣。你却在一旁独自发笑，这是为什么？”晏子回答说：“如果贤能的君主能长久地保有国家，那么太公、桓公就会长久地保有国家；如果勇武的君主能长久地保有国家，那么庄公、灵公将长久地保有国家。如果这几位君主长久地保有国家，那么君主您怎么能得到这个位置而为国君呢？正是因为他们相继即位为君，又相继离开君位，才会到您这里啊。而您却独自为此而流泪，那就是不仁。我看到了一位不仁之君，也见识到二位阿谀奉承的臣子，这就是我独自偷偷发笑的原因啊。”

景公游公阜一日而三过言晏子谏第十八

景公出游于公阜，北面望，睹齐国曰：“呜呼！使古而无死，何如？”晏子曰：“昔者上帝以人之死为善，仁者息焉，不仁者伏焉[①]。若使古而无死，太公、丁公将有齐国[②]，桓、襄、文、武将皆相之[③]，君将戴笠衣褐[④]，执铫耨以蹲行畎亩之中[⑤]，孰暇患死！”公忿然作色，不说。无几何，而梁丘据御六马而来。公曰：“是谁也？”晏子曰：“据也。”公曰：“何以知之？”曰：“大暑而疾驰，甚者马死，薄者马伤，非据孰敢为之！”公曰：“据与我和者夫！”晏子曰：“此所谓同也。所谓和者，君甘则臣酸，君淡则臣咸。今据也，君甘亦甘，所谓同也，安得为和！”公忿然作色，不说。无几何，日暮，公西面望，睹彗星，召伯常骞使禳去之[⑥]。晏子曰：“不可！此天教也。日月之气，风雨不时，彗星之出，天为民之乱见之[⑦]，故诏之妖祥，以戒不敬。今君若设文而受谏，谒圣贤人，虽不去彗，星将自亡。今君嗜酒而并于乐，政不饰而宽于小人，近谗好优，恶文而疏圣贤人，何暇去彗！茀又将见矣[⑧]。”公忿然作色，不说。及晏子卒，公出屏而泣曰[⑨]：“呜呼！昔者从夫子而游公阜，夫子一日而三责我，今谁责寡人哉！”

注释

①仁者息焉，不仁者伏焉：“伏”当为“休”之误，与“息”同义。

②丁公：据《史记·齐太公世家》记载，为齐国第二代君主，名伋。

③桓、襄、文、武：齐国的四位君主，先后顺序是武、文、襄、桓。襄公，名诸儿。公元前698—前686年在位。文公，名赤，公元前815—前804年在位。武公，名寿，公元前850—前825年在位。

④衣：动词，穿着。褐：用粗毛或者粗麻制成的短衣，多为穷苦人所穿。

⑤铫：大锄。耨：小锄，用于除草的工具。

⑥伯常骞：人名，字伯常，名骞。禳：祭祀名，通过祈祷来消除灾祸。

⑦见xiàn：出现。

⑧茀：通“孛”，即孛星，彗星的一种。古人认为孛星带来的灾祸比彗星更严重。

⑨屏：照壁。

译文

景公出游到了公阜，向北眺望看到齐国都城，说："唉！如果自古人都可以长生不死的话，会怎么样啊！"晏子说："以前上帝将人死视为善事，仁德的人安息了，不仁的人也会停歇。假如自古人都可以长生不死的话，太公、丁公将长久地保有齐国，桓公、襄公、文公、武公等都将辅佐他们，您就只能戴着斗笠，穿着粗布短衣，拿着大锄小锄，弓着腰在田地里干活了，哪有闲工夫来忧虑死亡的事情！"景公听了之后生气而变了脸色，非常不高兴。

不一会儿，梁丘据驾着六匹马拉的车过来。景公问道："那来的人是谁？"晏子说："是梁丘据。"景公说："你怎么知道呢？"晏子说："这么大热的天，却驾着马疾奔，重则马会死掉，轻则马会受伤，不是梁丘据谁敢这么做？"景公说："梁丘据与我相处很和谐啊！"晏子说："这叫作同。我们所说的和，是指君主如果是甜的，那么臣子就是酸的；君主如果是淡的，那么臣子就是咸的。如今梁丘据所作所为，是君主是甜的，他也是甜的。这叫作同，哪里称得上是和？"景公听了非常生气，变了脸色。

又过了一会儿，天色将晚，景公往西面眺望，看到了彗星，于是召见伯常骞，命令他祈祷以消除灾祸。晏子说："不可以。这是上天的教诲。日月出现的不祥之气，风雨的不合时宜，彗星的出现，都是上天因为将要发生动乱才呈现的，以不祥之兆的形式告知人们，以警戒不恭敬的行为。如今君主您如果设立文教而采纳谏言，拜见圣明贤德之人，即使不去禳祭彗星，彗星也会自动消失。可是如今您嗜好饮酒还贪图享受，政教不整顿却纵容小人，亲近谗佞之人爱好倡优，憎恶文教而疏远圣明贤德之人，哪有工夫去攘除彗星啊！估计孛星又要出现了。"景公听后愤怒得变了脸色，非常不高兴。

等到晏子死了之后，景公走过照壁哭着说："唉！以前我和先生一起游览公阜的时候，先生一天三次批评我，如今谁来批评我啊！"

景公游寒途不恤死胔晏子谏第十九

景公出游于寒途[①]，睹死胔[②]，默然不问。晏子谏曰："昔吾先君桓公出游，睹饥者与之食，睹疾者与之财，使令不劳力，藉敛不费民。先君将游，百姓皆说曰[③]：'君当幸游吾乡乎？'今君游于寒途，据四十里之氓，殚财不足以奉敛，尽力不能以周役，民氓饥寒冻馁，死胔相望，而君不问，失君道矣。财屈力竭，下无以亲上；骄泰奢侈，上无以亲下。上下交离，君臣无亲，此三代之所以衰也。今君行之，婴惧公族之危，以为异姓之福也。"公曰："然！

为上而忘下，厚藉敛而忘民，吾罪大矣。”于是敛死胔，发粟于民。据四十里之氓不服政其年[4]。公三月不出游。

注释

①寒途：当为地名，今地不详。

②死胔 zì：腐烂的尸体。

③说：通“悦”。

④其年：当读为期年，一年。

译文

景公出游到了寒途，在路上看到了腐烂的死尸，却漠不关心，不加过问。晏子进谏说：“以前我们的先君桓公出游的时候，看到饥饿的人就给他们粮食，看到生病的人就给他们钱财，使用民力不使百姓过于劳苦，征收赋税不让百姓过于耗费。因此桓公每次出游的时候，老百姓都高兴地说：‘我们的国君出游应该会到我们这里来吧！’如今您出游到寒途，周边四十里的百姓，穷尽钱财也不够缴纳赋敛，用尽劳力也无法完全应付劳役，老百姓饥寒交迫，道路上腐烂的死尸一个接着一个，君主您却不予过问，这实在是有失为君之道啊。百姓们财力用尽，劳力用竭，就不会爱戴君主；君主们骄奢淫逸，就不会爱惜百姓。君主与百姓离心离德，君臣之间互不亲近，这就是三代衰亡的原因啊。如今君主您这样做，我担心公室地位会有危险，异姓却会将其当作福音啊。”景公说：“是啊！作为君主却忘记了下民，加重赋敛却忘记了百姓，我的罪过大了！”于是景公命人收敛死尸，给百姓发放粮食，寒途周边四十里的老百姓一年不用承担赋税劳役。景公三个月内不再出游。

景公衣狐白裘不知天寒晏子谏第二十

景公之时，雨雪三日而不霁[①]。公被狐白之裘[②]，坐于堂侧阶。晏子入见，立有间。公曰：“怪哉！雨雪三日而天不寒。”晏子对曰：“天不寒乎？”公笑。晏子曰：“婴闻古之贤君饱而知人之饥，温而知人之寒，逸而知人之劳。今君不知也。”公曰：“善！寡人闻命矣。”乃令出裘发粟，以与饥寒者。令所睹于涂者[③]，无问其乡；所睹于里者，无问其家；循国计数，无言其名。士既事者兼月[④]，疾者兼岁。孔子闻之，曰：“晏子能明其所欲，景公能行其所善也。”

注释

①雨雪：下雪。雨，动词，下。

②被：通“披”。

③涂：通“途”，道路。

④既事：已经有职事的。

译文

景公的时候，下雪下了三天也没有停止。景公披着白色狐皮做的皮衣，坐在前堂边的台阶上。晏子来觐见景公，站了一会儿，景公说："真奇怪啊！下雪下了三天，居然感觉不到天冷。"晏子回答说："天不冷吗？"景公笑了。晏子说："我听说古代圣贤之君，自己吃饱而能知道别人的饥饿，自己穿暖而能知道别人的寒冷，自己安逸而能知道别人的辛劳。现在君主您却不知道啊。"景公说："说得好！我听从你的教导。"于是下令给受寒的人发放皮衣，给受饿的人发放粮食。发放的时候，在路上看到的不用问他属于哪个乡，在某个里看到的不用问他是哪一家，巡视全国统计数目，不用登记受领人的名字。士大夫已经有职事的，发给两个月的粮食；生病的发给两年的粮食。孔子听说了这件事情，说："晏子能够表明他想做的事情，景公能够做他称许的事情。"

景公异荧惑守虚而不去晏子谏第二十一

景公之时，荧惑守于虚[①]，期年不去。公异之，召晏子而问曰："吾闻之，人行善者天赏之，行不善者天殃之。荧惑，天罚也。今留虚，其孰当之？"晏子曰："齐当之。"公不说，曰："天下大国十二[②]，皆曰诸侯，齐独何以当之？"晏子曰："虚，齐野也。

且天之下殃，固于富强，为善不用，出政不行，贤人使远，谗人反昌，百姓疾怨，自为祈祥。录录强食[③]，进死何伤！是以列舍无次[④]，变星有芒[⑤]，荧惑回逆[⑥]，孽星在旁[⑦]，有贤不用，安得不亡！”公曰：“可去乎？”对曰：“可致者可去，不可致者不可去。”公曰：“寡人为之若何？”对曰：“盍去冤聚之狱，使反田矣；散百官之财，施之民矣；振孤寡而敬老人矣[⑧]。夫若是者，百恶可去，何独是孽乎！”公曰：“善。”行之三月，而荧惑迁。

注释

①荧惑：火星，古人因为它出没不定，故名。古代人认为，火星出现在某个区域，是不祥之兆。《史记·天官书》：“礼失，罚出荧惑，荧惑失行是也。”虚：虚宿，二十八星宿之一。按照星宿的分野，对应的是齐国。

②大国十二：指当时主要的十二个诸侯国，即齐、晋、秦、楚、吴、越、鲁、卫、宋、郑、陈、蔡等。

③录录：同“碌碌”，平庸无能。强食：极力地掩盖过失。食，读为饰，掩饰。

④列舍：即列星，指二十八星宿。次：古人把想象中太阳周年运行的轨道叫作“黄道”，把黄道附近的一周天分为十二等分，叫作“十二次”，分别对应二十八星宿中的若干个星宿。

⑤变星：亮度时强时弱，时隐时现的星。

⑥回逆：倒行。

⑦孽星：预示不吉利的星宿。

⑧振：通“赈”，救济。

译文

景公的时候，荧惑处于虚宿的位置，一整年都没有离开。景公觉得很怪异，就召见晏子问道：“我听说，人如果行善的话，上天就会奖赏他；人如果行不善的话，上天就会惩罚他。荧惑，是上天惩罚的征兆。如今它停留在虚宿的位置，谁将承担上天的惩罚？”晏子说：“齐国将承担上天的惩罚。”景公很不高兴，说：“如今天下主要的大国有十二个，都属于诸侯之列，齐国为何要独自承受上天的惩罚呢？”晏子说：“虚宿，对应的分野是齐国。况且上天降下灾祸，本来就是针对富强的大国的。如今的齐国，行善之人不被使用，发布的政令得不到实施，贤能之人被疏远，谗佞小人却被重用。百姓痛苦怨恨，只能自己为自己祈祷。平庸无能却强掩过失，自投死路又有何悲伤。因此众星宿乱了次序，变星突然有了光芒，荧惑去而复返，灾星就在旁边。有贤能的人不被使用，国家怎么会不灭亡！”景公说：“能让它离开吗？”晏子回答说：“凡是人招致的都可以去除，不是人招致的就无法去除。”景公说：“我应该怎么做呢？”晏子回答说：“您何不平反冤案，让他们回归田园；散发百官的钱财，发给老百姓；救济孤寡之人，敬重年老之人。如果这么做的话，什么样的邪恶都可以去除，何况只是这个灾星呢？”景公说：“好！”这些措施执行了三个月，荧惑离开齐国的分野。

景公将伐宋瞢二丈夫立而怒晏子谏第二十二

景公举兵将伐宋，师过泰山，公瞢见二丈夫立而怒[①]，其怒甚盛。公恐，觉，辟门召占瞢者，至。公曰：“今夕吾瞢二丈夫立而怒，不知其所言，其怒甚盛，吾犹识其状，识其声。”占瞢者曰：“师过泰山而不用事[②]，故泰山之神怒也。请趣召祝史祠乎泰山则可[③]。”公曰：“诺。”明日，晏子朝见，公告之如占瞢之言也。公曰：“占瞢者之言曰：‘师过泰山而不用事，故泰山之神怒也。’今使人召祝史祠之。”晏子俯有间[④]，对曰：“占瞢者不识也，此非泰山之神，是宋之先汤与伊尹也。”公疑，以为泰山神。晏子曰：“公疑之，则婴请言汤、伊尹之状也。质皙而长[⑤]，颐以髯，兑上丰下[⑥]，倨身而扬声。”公曰：“然，是已。”“伊尹黑而短，蓬而髯，丰上兑下，偻身而下声。”公曰：“然，是已。今若何？”晏子曰：“夫汤、太甲、武丁、祖乙，天下之盛君也，不宜无后，今惟宋耳，而公伐之，故汤、伊尹怒。请散师以平宋。”景公不用，终伐宋。晏子曰：“公伐无罪之国，以怒明神，不易行以续蓄[⑦]，进师以近过，非婴所知也。师若果进，军必有殃。”军进再舍[⑧],鼓毁将殪[⑨]。公乃辞乎晏子，散师，不果伐宋。

注释

①瞢：通“梦”。

②用事：举行祭祀。

③趣：通“趋”，尽快，赶紧。

④俯：低头。

⑤质皙：皮肤白皙。

⑥兑：通“锐”，尖、窄。

⑦续：继续。蓄：好。

⑧舍：古代行军，以三十里为一舍。

⑨殪：死。

译文

景公发兵将要征讨宋国，军队经过泰山的时候，景公梦见两个男子站在面前发怒，而且怒气非常大。景公害怕，惊醒了，开门召见占梦的人。占梦的人到了，景公说：“今天晚上我梦见两个男子站在面前发怒，不知道他们在说些什么，他们的怒气非常大，我还记得他们的样子，还能辨别他们的声音。”占梦的人说：“军队经过泰山却不祭祀，因此泰山之神发怒。希望尽快让祝、史祭祀泰山之神就可以了。”景公说：“好的。”第二天，晏子来朝见，景公把占梦的人说的话告诉晏子。景公说："占梦的人说：'军队经过泰山却不祭祀，因此泰山之神发怒了。'现在派人召祝、史去祭祀泰山之神。"晏子低头想了一会儿，回答说："占梦的人不认识，这不是泰山之神，是宋国的先君商汤和名相伊尹。"景公不相信，依然认为梦见的是泰山之神。晏子说："您怀疑我的说法，那么请允许我说说商汤、伊尹的样子。商汤皮肤白，个子高，脸很长，胡须很多，脸上窄下宽，身体蜷曲，嗓音高亢。"景公说："是的，就是这个样子。"晏子又说："伊尹皮肤黑，个子矮，头发蓬乱，脸上宽下窄，驼背，嗓音低沉。"景公说："是的，就是这个样子。现在要怎么做呢？"晏子说："宋国的先君商汤、太甲、武丁、祖乙，都是天下盛德的君主，不应该没有后嗣，他们的后嗣如今就只有宋国了。而您却要攻打宋国，因此商汤、伊尹发怒了。希望您遣散军队，与宋国交好。"景公没有采用晏子的意见，最终还是决定攻打宋国。晏子说："讨伐无罪的国家，使神灵发怒，如果不改变这种行为以继续修好两国关系的话，军队继续前进就会发生祸事，这就不是我所能知道的了。军队如果真的继续前进，肯定会有灾祸。"军队继续前进了六十里，发生了战鼓损坏、将领死亡的事情。景公这才向晏子道歉，遣散军队，最终没有攻打宋国。

景公从畋十八日不返国晏子谏第二十三

景公畋于署梁[①]，十有八日而不返。晏子自国往见公。比至，衣冠不正，不革衣冠[②]，望游而驰[③]。公望见晏子，下车逆劳曰："夫子何为遽？国家得无有故乎？"晏子对曰："不亦急也！虽然，婴愿有复也。国人皆以君为安于野而不安于国，好兽而恶民，毋乃不可乎[④]？"公曰："何哉？吾为夫妇狱讼之不正乎？则泰士子牛存矣[⑤]；为社稷宗庙之不享乎？则泰祝子游存矣[⑥]；为诸侯宾客莫之应乎？则行人子羽存矣[⑦]；为田野之不辟，仓库之不实乎？则申田存焉；为国家之有余不足聘乎？则吾子存矣。寡人之有五子，犹心之有四支[⑧]，心有四支，故心得佚焉[⑨]。今寡人有五子，故寡人得佚焉，岂不可哉！"晏子对曰："婴闻之，与君言异。若乃心之有四支，而心得佚焉，则可；令四支无心，十有八日，不亦久乎！"公于是罢畋而归。

注释

①署梁：齐国地名。

②革：皮革带子，此处用为动词，系好。

③游：古代旌旗下边或边缘上悬垂的装饰品。

④毋乃：难道，岂非。

⑤泰士：官职名称，掌管诉讼。

⑥泰祝：官职名称，掌管祭祀。

⑦行人：官职名称，掌管朝觐聘问。

⑧支：通“肢”。

⑨佚：通“逸”。

译文

景公到署梁去打猎，去了十八天还不回宫。晏子从国都出发去见景公。晏子到的时候，衣冠不整，衣帽的带子也没有系好，朝着景公旌旗所在的地方疾奔。景公望见了晏子，下车迎接并慰问说：“先生您为何这么着急？国家没有发生什么变故吧？”晏子回答说：“没有发生什么急事。虽然是这样，我希望向您汇报一些事情。国人都认为君主您喜欢在野外而不喜欢在国都，喜欢野兽而厌恶人民，这样恐怕不可以吧？”景公说：“为什么呢？因为百姓案件处理不公正吗？那么有泰士子牛在呢。因为没有按时祭祀和供奉社稷宗庙吗？那么有泰祝子游在呢。因为诸侯往来宾客无人接待吗？那么有行人子羽在呢。因为田野荒废没有被开垦，仓库不充实吗？那么有申田在呢。因为国家治理方面有哪些做得过分，有哪些做得不够吗？那么有先生您在呢。我有这五位大臣，就好像心有了四肢，心有四肢的辅佐，心就可以安逸了。现在我有这五位大臣，所以我就可以安逸了，难道不可以吗？”晏子回答说：“我听说的，和您所说的不一样。如果心有了四肢，心就可以安逸，这是可以的；但是如果四肢没有心，十八天岂不是太久了吗？”景公于是停止打猎，返回都城。

景公欲诛骇鸟野人晏子谏第二十四

景公射鸟，野人骇之[①]，公怒，令吏诛之。晏子曰：“野人不知也。臣闻赏无功谓之乱，罪不知谓之虐。两者，先王之禁也；以飞鸟犯先王之禁，不可！今君不明先王之制，而无仁义之心，是以从欲而轻诛[②]。夫鸟兽，固人之养也。野人骇之，不亦宜乎！”公曰：“善！自今已后[③]，弛鸟兽之禁，无以苛民也。”

注释

①野人：乡野之人。骇：惊起，惊散。

②从：通“纵”。

③已：通“以”。

译文

景公正要射鸟，一个乡间百姓把鸟惊飞了。景公大怒，命令官吏杀了这个人。晏子说：“乡野之人不知道您要射鸟啊！我听说，奖赏无功的行为叫作乱，惩罚不知情的行为叫作虐。这两条，都是先王的禁令。如今您因为飞鸟这样的小事而触犯先王的禁令，不可以啊！如今君主您不清楚先王的制度，没有仁义之心，所以才会放纵欲望而随意杀人。鸟兽，本来就是人所养的。乡间百姓把它惊飞，不也是合乎情理的吗？”景公说：“说得好！从今以后，废除有关鸟兽的禁令，不要因此而苛扰人民。”

景公所爱马死欲诛圉人晏子谏第二十五

景公使圉人养所爱马[①]，暴病死。公怒，令人操刀解养马者。是时晏子侍前，左右执刀而进，晏子止之而问于公曰：“尧舜支解人，从何躯始[②]？”公惧然曰：“从寡人始。”遂不支解。公曰：“以属狱[③]。”晏子曰：“此不知其罪而死。臣请为君数之[④]，使自知其罪，然后属之狱。”公曰：“可。”晏子数之曰：“尔罪有三：公使汝养马而杀之，当死罪一也；又杀公之所最善马，当死罪二也；使公以一马之故而杀人，百姓闻之，必怨吾君，诸侯闻之，必轻吾国，汝一杀公马，使公怨积于百姓，兵弱于邻国，当死罪三也。今以属狱。”公喟然叹曰：“夫子释之！夫子释之！勿伤吾仁也。”

注释

①圉人：官名，掌管养马放牧等事。亦泛称养马的人。

②何躯：何人，什么人。

③属：交给。

④数：指责，责备，列举过错。

译文

景公命令圉人精心饲养他最喜欢的马，但是马却突然暴病而死。景公大怒，下令让人肢解养马的人。那个时候，晏子陪坐在景公身边，手下人奉命拿着刀正要上前，晏子制止了他们，说："尧舜肢解人，从什么人开始？"景公惊讶地看着晏子说："从我开始！"于是就不肢解养马人了。景公说："把他投进监狱吧！"晏子说："这样子的话，这个人不知道自己的罪行就死掉了。请让我替您来指责他，让他知道自己的罪行，然后再投进监狱。"景公说："可以。"晏子指责道："你的罪行有三条：君主让你养马你却把它养死了，这是第一条死罪；养死的又是君主最喜欢的马，这是第二条死罪；让君主因为一匹马的缘故而杀人，百姓听说了必定会怨恨我们的君主，诸侯听说了必定会看轻齐国，你养死了君主的一匹马，却让怨恨在百姓之中积累，军队比其他诸侯弱小，这是你的第三条死罪。现在把你投进监狱去。"景公感叹道："先生你放了他吧！先生你放了他吧！不要因此伤害了我的仁德。"

卷二　内篇谏下第二

景公藉重而狱多欲托晏子晏子谏第一

景公藉重而狱多[1]，拘者满圄[2]，怨者满朝。晏子谏，公不听。公谓晏子曰："夫狱，国之重官也。愿托之夫子。"晏子对曰："君将使婴敕其功乎[3]？则婴有一妾能书，足以治之矣。君将使婴敕其意乎？夫民无欲残其家室之生以奉暴上之僻者，则君使吏比而焚之而已矣。"景公不说，曰："敕其功，则使一妾；敕其意，则比而焚。如是，夫子无所谓能治国乎？"晏子曰："婴闻与君异。今夫胡狢戎狄之蓄狗也[4]，多者十有余，寡者五六，然不相害伤。今束鸡豚妄投之，其折骨决皮，可立见也。且夫上正其治，下审其论[5]，则贵贱不相逾越。今君举千钟爵禄，而妄投之于左右，左右争之，甚于胡狗，而公不知也。寸之管无当[6]，天下不能足之以粟。今齐国丈夫耕，女子织，夜以接日，不足以奉上。而君侧皆雕文刻镂之观，此无当之管也，而君终不知。五尺童子操寸之熛[7]，天下不能足之以薪。今君之左右，皆操熛之徒，而君终不知。钟鼓成肆，干戚成舞[8]，虽禹不能禁民之观。且夫饰民之欲[9]，而严其听，禁其心，圣人所难也。而况夺其财而饥之，劳其力而疲之，常致其苦，而严听其狱，痛诛其罪，非婴所知也。”

注释

①狱：官司、案件。

②圄：监狱。

③勑：“敕”之异体，通“饬”，治理，整顿。

④胡、狢、戎、狄：中国古代对北方少数民族的蔑称。

⑤论：通“伦”，伦常，伦理。

⑥当：底。

⑦熛：飞溅的火焰。此处指火种。

⑧干戚：此处指用作舞蹈道具的盾牌、斧钺等。干，盾牌。戚，类似于斧的兵器。

⑨饰：装饰。此处指助长。

译文

景公时，赋敛沉重，官司繁多，被拘捕的人塞满了监狱，心怀怨恨的人充满了朝野。晏子向景公进谏，景公不听。景公对晏子说：“职掌官司刑法，是国家重要的官职。我想将它委托给先生你。”晏子回答说：“您想让我整顿官司繁多这件事情吗？那么我有一个会写字的妇人，就足以做好这个事情了。您是想让我重整民心吗？老百姓不愿意破坏他们家室的生计来侍奉残暴君主的穷奢极欲，那么您命令官吏挨家挨户烧掉征收赋税的册簿就是了。”景公听了不高兴，说：“整顿刑狱，就用一个妇人；凝聚民心，则挨家挨户烧掉赋敛册簿。如果是这样的话，先生您谈不上是善于治理国家啊。”晏子说：“我听说的与您不一样。胡、狢、戎、狄人都养狗，多的养十几条，少的也养五六条，这些狗都不会互相伤害。如今把捆绑起来的鸡或者小猪随意扔过去，他们争抢得骨折皮裂的情形，马上就可以看到。况且，君主在上端正治国的措施，臣民在下知晓伦常等级，那么贵贱都会各安其分而不失秩序。如今您拿着优厚的爵位和俸禄，却随意地扔给左右臣下，他们互相争夺的样子，比胡人的狗还要厉害，可是您却不知道。一寸长的管子如果没有底，全天下的粮食也不能把它装满。现在齐国的男子耕种，女子纺织，日夜不停，也不足以供奉君主的赋敛，而君主身边却都是雕刻精美的景观，这就是没有底的管子，可是君主您一直不知道。五尺高的小孩儿，手里拿着一寸长的火种，全天下的柴火也不够他烧的。现在君主左右都是拿着火种的人，而君主您却一直都不知道。钟鼓成行演奏音乐，挥舞盾戚翩然起舞，即使是大禹也不能禁止民众观看。况且助长了民众的欲望，却又严格限制他们的视听，控制他们的思想，这是圣人也感到困难的事情。更何况剥夺了他们的财产让他们忍饥挨饿，经常过度劳役他们让他们困苦不堪，却严厉审判他们的案件，残酷惩罚他们的罪过，这就不是我所能理解的了。”

景公欲杀犯所爱之槐者晏子谏第二

景公有所爱槐，令吏谨守之，植木县之下[1]，令曰:“犯槐者刑，伤槐者死。”有不闻令，醉而犯之者。公闻之，曰:“是先犯我令。”使吏拘之，且加罪焉。其子往晏子之家说曰:“负郭之民贱妾[2]，请有道于相国，不胜其欲，愿得充数下陈[3]。”晏子闻之，笑曰:“婴其淫于色乎？何为老而见奔[4]？虽然，是必有故。”令内之[5]。女子入门，晏子望见之，曰:“怪哉！有深忧。”进而问焉，曰:“所忧何也？”对曰:“君树槐县令：犯之者刑，伤之者死。妾父不仁，不闻令，醉而犯之，吏将加罪焉。妾闻之，明君莅国立政，不损禄，不益刑。又不以私恚害公法，不为禽兽伤人民，不为草木伤禽兽，不为野草伤禾苗。吾君欲以树木之故杀妾父，孤妾身，此令行于民而法于国矣。虽然，妾闻之，勇士不以众强凌孤独，明惠之君不拂是以行其所欲[6]。此譬之，犹自治鱼鳖者也，去其腥臊者而已。昧墨而与人比居[7]，庾肆而教人危坐[8]。今君出令于民，苟可法于国而益善于后世，则父死亦当矣，妾为之收亦宜矣[9]。甚乎！今之令不享国，然以树木之故，罪法妾父，妾恐其伤察吏之法，而害明君之义也。邻国闻之，皆谓吾君爱树而贱人，其可乎？愿相国察妾言，以裁犯禁者。”晏子曰:“甚矣！吾将为子言之于君。”使人送之归。明日，早朝而复于公曰：“婴闻之，穷民财力，以供嗜欲，谓之暴。崇玩好，威严拟乎君[10]，谓之逆。刑杀不称，谓之贼。此三者，守国之大殃也。今君穷民财力，以美饮食之具，繁钟鼓之乐，极宫室之观，行暴之大者。崇玩好，县爱槐之令，载过者驰，步过者趋，威严拟乎君，逆民之明者。犯槐者刑，伤槐者死，刑杀不称，贼民之深者。君享国德行未见于众，而三辟著于国，婴恐其不可以莅国子民也[11]。”公曰：“微大夫教寡人，几有大罪，以累社稷。今子大夫教之，社稷之福，寡人受命矣。”晏子出，公令吏罢守槐之役，拔置县之木，废伤槐之法，出犯槐之囚。

注释

①县：通“悬”，悬挂。

②负郭：靠近城郭。贱妾：古代女子的谦称。

③下陈：本义是古代殿堂下陈放礼品、站列婢妾的地方。此处泛指姬妾。

④奔：私奔，淫奔。

⑤内：通“纳”，接纳。

⑥拂：违背。是：正确。

⑦昧墨：黑暗。

⑧庚肆：露天的集市。危坐：端正地坐着，表示严肃和恭敬。

⑨收：收尸。

⑩拟：比拟，比照。

⑪莅国子民：享有国家，统治人民。

译文

景公有一棵非常喜欢的槐树，命人小心地看守着，还在旁边立了一个木桩，上面悬挂令牌："触碰这棵槐树的人受刑。损伤这棵槐树的人处死。"有一个不知道命令的人，因为醉酒而触碰了这棵槐树。景公听说之后说："这个人首先触犯我的禁令。"派官吏拘捕了这个人，准备治他的罪。

这个人的女儿到晏子的家，托言说："我是一个靠近城郭居住的小女子，有话想转告给相国，我有一个强烈的愿望，希望能够成为相国的侍妾。"晏子听说这件事，笑着说："我是沉迷于女色的人吗？怎么会已经年老了，还有女子私奔于我？虽然是这样，这其中必定有原因。"下令让这个女子进来。女子进门的时候，晏子望见了她，说："奇怪啊！她有着很深的忧伤。"等女子进来之后问她说："你所忧伤的事情是什么呢？"女子回答说："君主种了一棵槐树，旁边还悬挂着令牌，触碰树的人受刑，损伤树的人受死。我的父亲不好，不知道这条禁令，因为喝醉酒而触犯命令，官吏要治他的罪。我听说，圣明的君主治理国家，制定法令，不会随便减损俸禄，不会肆意增加刑罚；也不会因为个人的私愤而损害国家法令，不会为了野兽而伤害人民，不会为了草木而伤害禽兽，不会为了野草而伤害禾苗。我们的君主打算因为一棵树的缘故，杀死我的父亲，使我孤单无依，这个命令已经实施于百姓，并成为国家法令了。虽然是这样，我听说，勇敢的人不会凭借人多势强而去欺凌孤单弱小的人，圣明的君主不会违逆正道而肆意妄为。打个比方，亲自烹煮鱼鳖的人，只是要去除鱼鳖的腥臊味道而已。又好比让人在黑暗中与陌生人并排而坐，在露天的集市里端正地坐着。现在君主对人民颁布命令，如果可以成为国家法令，并对后世有好处的话，那么我父亲受死也值得，我为他收尸也应该。如今的法令却不是这个样子，太过分了！因为一棵树的原因，就要治我父亲的罪，我担心这样做会伤害严明清廉的官吏所奉行的法令，损害英明仁德的君主所奉行的道义。如果邻国听说了这件事，都说我们的君主喜爱树木而轻视百姓，这样可以吗？希望相国能够明察我的话，正确地裁决触犯禁令的人。”晏子说：“这样太过分了！我会替你向君主说这件事情的。”然后命人把女子护送回家。

第二天早朝的时候，晏子禀告景公说：“我听说，耗尽百姓的财力来满足君主的嗜好欲望叫作暴；尊崇自己的玩好，使他们的威严类同于君主，叫作逆；罪行和刑罚不相称，叫作贼。这三样，是保有国家的大祸患。现在您耗尽百姓财力，使饮食用具极其精致，使钟鼓音乐极其丰富，使宫室建筑极其壮丽，这是最大的暴虐啊。

尊崇自己的玩好，悬挂令牌保护自己喜欢的槐树，驾车经过的要策马疾驰，步行经过的要小步快走，威严与君主相仿，这是明显的忤逆民意。触碰槐树的人要受刑，损伤槐树的人要受死，罪行和刑罚不相称，这是严重残害百姓的行为。您享有齐国，百姓没有见到您的仁德善行，而这三种乖僻的行为却在国内十分明显，我担心您这样是无法治理国家和统治民众的。”景公说：“如果不是先生您教导我，我几乎要犯下大罪，还会连累国家社稷啊。如今先生您教导我，这是国家的福分。我接受您的教导。”

晏子退朝，景公命令官吏停止看护槐树的差役，拔掉悬挂令牌的木桩，废除损伤槐树的法令，释放触犯槐树的囚犯。

景公逐得斩竹者囚之晏子谏第三

景公树竹，令吏谨守之。公出，过之，有斩竹者焉。公以车逐得而拘之，将加罪焉。晏子入见，曰：“君亦闻吾先君丁公乎？”公曰：“何如？”晏子曰：“丁公伐曲城[①]，胜之。止其财[②]，出其民，公日自莅之。有舆死人以出者[③]，公怪之，令吏视之，则其中有金与玉焉。吏请杀其人，收其金玉。公曰：‘以兵降城，以众图财，不仁。且吾闻之，君人者，宽惠慈众，不身传诛[④]。’令吏舍之。”公曰：“善。”晏子退，公令出斩竹之囚。

注释

①曲城：齐国地名。在今山东莱州东北。

②止：禁止外流。

③舆：用车装着。

④不身传诛：不亲自传下杀人的命令。

译文

景公种了一片竹子，命人小心地看着。景公外出，路过竹林的时候，发现有砍竹子的人。景公驾着车追上了砍竹子的人，把他拘捕起来，准备治他的罪。晏子觐见景公，说："君主您听说过先君丁公的事吗？"景公问："什么事？"晏子说："丁公征伐曲城，取得了胜利。下令禁止财物出城，迁出城中居民，丁公每天都亲自监督这个事儿。一天，丁公发现有用车拉着死人出城的人，觉得很奇怪，就命令官吏去检查，发现车中藏有金和玉。官吏请求杀了这个人，没收这些金和玉。丁公说：'用武力攻克城池，凭着人多谋求财物，这是不仁的行为。况且我听说，为人君主的人，应该宽厚仁慈，爱护民众，不亲自传下杀人的命令。'下令放了那个人。"景公说："说得好！"晏子退出，景公下令放了砍竹子的囚犯。

景公以抟治之兵未成功将杀之晏子谏第四

景公令兵抟治[①]，当臈冰月之间而寒[②]，民多冻馁[③]，而功不成。公怒曰："为我杀兵二人。"晏子曰："诺。"少间，晏子曰："昔者先君庄公之伐于晋也，其役杀兵四人。今令而杀兵二人，是杀师之半也。"公曰："诺。是寡人之过也。"令止之。

注释

①抟治：用泥土制砖。抟，用泥土制作器物。治，《广雅》："治，砖也。"

②臈：当为腊，农历十二月。冰月：农历十一月。

③冻馁：过分寒冷和饥饿，饥寒交迫。

译文

景公命令士兵制砖，时节正是农历十一月和十二月之间，天气很冷，士兵们饥寒交迫，所以任务没有完成。景公发怒道："给我杀两个干活儿的士兵。"晏子说："遵命。"过了一会儿，晏子说："以前先君庄公征伐晋国的时候，那场仗只损失了四个士兵。如今您下令杀掉两个士兵，可就是杀了军队的一半了。"景公是："嗯。这是我的过错。"下令不杀士兵了。

景公冬起大台之役晏子谏第五

晏子使于鲁。比其返也，景公使国人起大台之役，岁寒不已，冻馁者乡有焉。国人望晏子。晏子至，已复事，公延坐[①]，饮酒，乐。晏子曰："君若赐臣，臣请歌之。"歌曰："庶民之言曰：'冻水洗我若之何[②]？太上靡散我若之何[③]？'"歌终，喟然叹而流涕。公就止之曰："夫子曷为至此？殆为大台之役夫？寡人将速罢之。"晏子再拜，出而不言，遂如大台。执朴鞭其不务者[④]，曰："吾细人也[⑤]，皆有盖庐，以避燥湿。今君为一台而不速成，何以为役？"国人皆曰："晏子助天为虐。"晏子归未至，而君出令趣罢役，车驰而人趋。仲尼闻之，喟然叹曰："古之善为人臣者，声名归之君，祸灾归之身，入则切磋其君之不善[⑥]，出则高誉其君之德义。是以虽事惰君，能使垂衣裳[⑦]，朝诸侯，不敢伐其功[⑧]。当此道者，其晏子是耶？"

注释

①延坐：邀请入座。

②冻水：冰冷的水。

③太上：上天。靡散：摧残。

④朴：木棍。鞭：用作动词，鞭打。

⑤细人：地位低下的人。

⑥切磋：探讨，商讨。

⑦垂衣裳：称颂帝王无为而治。

⑧伐：夸耀。

译文

晏子出使鲁国。晏子快要回来的时候，景公开始差使国人服役修筑大台，天冷也不停下来，挨饿受冻的人每个乡都有。国人都期盼着晏子能够回来。晏子出使回来，汇报完事情，景公请他入座，一起喝酒，很开心。晏子说："君主您如果赏臣一个机会的话，我想为您唱一支歌。"晏子唱道："老百姓的话说：'冰冷的水冲刷着我怎么办啊？老天摧残我怎么办啊？'"唱完，晏子感叹不已，潸然泪下。景公靠近晏子劝止他说："先生怎么会伤心到这种地步呢？大概是为了筑造大台的事情吧！我将很快停止修筑大台。"

晏子行再拜之礼，退出之后也不说话，直接就到大台，他手拿木棍抽打不干活儿的人，说："我是地位低贱的人，也有房子可以躲避燥湿的侵扰，君主修筑一个大台却不能快快修好，你们都是怎么做的活儿！"国人都说："晏子这是帮助老天做坏事啊！"晏子返回，还没有到家，景公就下令赶紧停止大台之役，修筑大台的人们也驾车的驾车，跑路的跑路，很快就散了。

孔子听说了这件事，感叹道："古代善于为人臣子的人，把好的声名归之君主，把灾祸归之自己，入朝就规劝君主做得不对的地方，出外就赞扬君主的道德信义。因此，即使是侍奉懒惰的君主，也能使国君无为而治，让诸侯前来朝见，而不夸耀自己的功劳。能做到这个的，就是晏子啊！”

景公为长庲欲美之晏子谏第六

景公为长庲[①]，将欲美之[②]。有风雨作，公与晏子入坐，饮酒，致堂上之乐。酒酣，晏子作歌曰：“穗兮不得获，秋风至兮殚零落[③]。风雨之拂杀也。太上之靡弊也[④]。”歌终，顾而流涕，张躬而舞[⑤]。公就晏子而止之曰：“今日夫子为赐，而诫于寡人。是寡人之罪。”遂废酒罢役，不果成长庲。

注释

①长庲：台榭的名字。

②美：装饰。

③殚：都，全部。

④靡弊：亦即“靡敝”，残破，凋敝。

⑤躬：通“肱”，胳膊由肘到肩的部分。

译文

景公盖了长庲，准备把它装饰一番。有一天，风雨大作，景公和晏子进入长庲坐下，一起喝酒，演奏起堂上的音乐。喝酒喝到兴头上，晏子唱道：“庄稼啊无法收获，秋风来了啊都要凋落。这是风雨吹散、打落的啊，这是老天残破、凋敝的啊。”唱完，晏子回过头，流下了眼泪，起身张开双臂跳起舞来。景公靠近晏子劝止他说：“今天先生您这样做是赐教于我，为了规劝我啊。这是我的罪过。”于是就叫停酒宴，停止劳役，最终也没有完全修成长庲。

景公为邹之长涂晏子谏第七

景公筑路寝之台[①]，三年未息。又为长庲之役，二年未息。又为邹之长涂[②]。晏子谏曰：“百姓之力勤矣[③]。公不息乎？”公曰：“涂将成矣。请成而息之。”对曰：“君屈民财者不得其利，穷民力者不得其乐。昔者楚灵王作顷宫[④]，三年未息也。又为章华之台[⑤]，五年又不息也。乾溪之役[⑥]，八年，百姓之力不足而息也。灵王死于乾溪，而民不与归[⑦]。今君不遵明王之义，而循灵王之迹。婴惧君有暴民之行，而不睹长庲之乐也。不若息之。”公曰：“善。非夫子，寡人不知得罪于百姓深也。”于是令勿委坏[⑧]，余财勿收，斩板而去之[⑨]。

注释

①路寝：古代天子、诸侯处理政务的正殿。台：用

土石筑成的方形的高而平的建筑物。

②涂：通“途”，道路。

③勤：频繁，密集。

④楚灵王：春秋时楚国君主，名围，又名虔。公元前541—前529年在位。顷宫：高大巍峨的宫殿。

⑤章华之台：即章华台，楚国离宫名。

⑥乾溪：地名，在今安徽亳州东南。

⑦与：赞同，允许。

⑧勿委坏：已经筑成的路不要损坏。

⑨斩板：古人垒墙筑路，主要采用两边夹上木板并用绳子固定，然后在中间填土夯实的方式。斩板，应该是拆卸绳子，撤除夹板。

译文

景公修筑正殿宫室的高台，历时三年没有停止；又征发修筑长庲的劳役，两年没有停止；又打算修筑通往邹地的长途道路。晏子劝谏说：“百姓的劳役太频繁了！您不打算停止吗？”景公说：“道路就要修成了，还是等修成再停止吧！”晏子回答说：“君主您耗用百姓的财力，却得不到这样做的好处；耗尽百姓的劳力，却得不到这样做带来的快乐。以前楚灵王建造顷宫，持续三年没有停止；又建造章华台，持续五年没有停止；攻打吴国的乾溪之役，持续八年，最终因为百姓财力不足才停止。灵王死在了乾溪，可是百姓却不愿把他的尸体运回都城。如今君主您不遵从圣明君主的道义，却重蹈楚灵王的道路，我担心您有暴虐百姓的行为，却无法看到长庲造成后的欢乐啊。不如停止吧！”景公说：“说得好！如果不是夫子您，我不知道得罪百姓这么深啊！”于是下令不要损坏已经修好的部分，尚未征收的钱财不要再征收，砍断绳索撤除夹板，让服役的百姓离开工地回家。

景公春夏游猎兴役晏子谏第八

景公春夏游猎，又起大台之役。晏子谏曰：“春夏起役且游猎，夺民农时，国家空虚，不可。”景公曰：“吾闻相贤者国治，臣忠者主逸。吾年无几矣，欲遂吾所乐，卒吾所好。子其息矣。”晏子曰：“昔文王不敢盘游于田[①]，故国昌民安。楚灵王不废乾溪之役，起章华之台，而民叛之。今君不革，将危社稷而为诸侯笑。臣闻，忠不避死，谏不违罪[②]。君不听臣，臣将逝矣。”景公曰：“唯唯。将弛罢之。”未几，朝韦冏解役而归[③]。

注释

①盘游：游乐。

②违：躲避。

③朝：召。韦冏：人名。

译文

景公在春季和夏季游猎，还征发修筑大台的劳役。晏子劝谏说："春夏两季征发劳役，而且还游猎，将会侵夺百姓的农耕时节，会使国家府库空虚，这样做不可以啊。"景公说："我听说，相国贤能则国家大治，臣子忠心则君主安逸。我年龄已经很大了，想尽情享受我所喜欢的东西。你就不要再说了。"晏子说："以前周文王不敢流连于田猎，因此国家昌盛，人民安定。楚灵王不废止在乾溪的劳役，建造章华台，最终人民背叛了他。如今君主如果不改正的话，将使国家社稷有危险，被诸侯们嘲笑。我听说，忠臣不怕死，劝谏不避罪。您如果不听从我的话，我就要离开您了。"景公说："好吧好吧！我将停止游猎和徭役。"没过多久，召见韦囧停止劳役，百姓们也都回家去了。

景公猎休坐地晏子席而谏第九

景公猎，休，坐地而食。晏子后至，灭葭而席[①]。公不说，曰："寡人不席而坐地，二三子莫席，而子独搴草而坐之[②]，何也？"晏子对曰："臣闻介胄坐陈不席[③]，狱讼不席，尸坐堂上不席[④]，三者皆忧也。故不敢以忧侍坐。"公曰："善。"令人下席曰："大夫皆席，寡人亦席矣。"

注释

①葭：初生的芦苇。

②搴：拔取，拔掉。

③介胄：本意为铠甲和头盔，引申为武士。陈：通“阵”。

④尸：古代祭祀时，代表死者受祭的人。

译文

景公外出打猎，休息的时候，坐在地上吃东西。晏子后到，拔了一些芦苇当作席子才坐下来。景公看到了不高兴，说：“寡人没有铺席子就坐在地上，身边的人坐下也都没有铺席子，而你却独自拔了草当作席子才坐下，这是为什么？”晏子回答说：“我听说，武士在阵地上时不坐席子，打官司时不坐席子，坐在堂上代替死者受祭时不坐席子，这三种情况都是忧愁的事情。因此我不敢以表示忧愁的事情陪您坐。”景公说：“说得好。”命令人铺席子，说：“大夫们都坐席子吧，我也坐席子了。”

景公猎逢蛇虎以为不祥晏子谏第十

景公出猎，上山见虎，下泽见蛇。归，召晏子而问之曰：“今日寡人出猎，上山则见虎，下泽则见蛇，殆所谓不祥也[①]？”晏子对曰：“国有三不祥，是不与焉。夫有贤而不知，一不祥。知而不用，二不祥。用而不任，三不祥也。所谓不祥乃若此者。今上山见虎，虎之室也。下泽见蛇，蛇之穴也。如虎之室，如蛇之穴而见之[②]，曷为不祥也？”

注释

①殆：大概。

②如：到、往、去。

译文

景公外出打猎，上山的时候遇到了老虎，下沼泽的时候遇到了蛇。回来之后，召见晏子问道：“今天寡人外出打猎，上山的时候遇到老虎，下沼泽的时候遇到蛇，这大概是所谓的不祥之事吧？”晏子回答说：“国家有三种不祥之事，您今天的事情不在其列。国内有贤能之人却不知道，这是第一个不祥。知道有贤能之人却不任用，这是第二个不祥。贤能之人任用了却不信任，这是第三个不祥。所谓的不祥之事就是这些了。如今上山的时候遇到老虎，那是因为山是老虎的藏身之所。下沼泽的时候遇到蛇，那是因为沼泽是蛇的安身之处。到了老虎的藏身之所和蛇的安身之处遇到它们，怎么会是不祥之事呢？”

景公为台成又欲为钟晏子谏第十一

景公为台，台成，又欲为钟[①]。晏子谏曰："君国者，不乐民之哀。君不胜欲[②]，既筑台矣，今复为钟，是重敛于民，民必哀矣。夫敛民之哀而以为乐，不祥，非所以君国者。"公乃止。

注释

①钟：古代敲击乐器，用青铜铸成，多悬于架上。

②不胜：禁不住。

译文

景公修筑高台，筑成了，又想铸造大钟。晏子劝谏说："统治国家的君主，不以百姓的悲哀为乐。君主您禁不住自己的欲望，已经修筑了高台，如今又要铸造大钟，这是加重赋敛于百姓，百姓必定会非常悲哀。如此加重赋敛于百姓，来实现自己的快乐，不祥，这不是统治国家的君主所应该做的。"景公听了之后，就停止了铸造大钟的打算。

景公为泰吕成将以燕飨晏子谏第十二

景公为泰吕成[①]，谓晏子曰："吾欲与夫子燕[②]。"

对曰：“未祀先君而以燕，非礼也。”公曰：“何以礼为？”对曰：“夫礼者，民之纪也，纪乱则民失。乱纪失民，危道也。”公曰：“善。”乃以祀焉。

注释

①泰吕：即大吕，古代钟名。

②燕：通“宴”，宴饮。

译文

景公铸造大吕成功，对晏子说：“我想和先生您一起去宴饮庆祝一下。”晏子回答说：“还没有用它祭祀先君就用于宴饮，不符合礼仪啊。”景公说：“礼仪可以做什么呢？”晏子回答说：“礼仪，是治理百姓的纲纪。如果纲纪乱了，就会失去百姓。纲纪混乱，失去百姓，这是很危险的事情啊。”景公说：“说得好。”于是用大吕举行祭祀。

景公为履饰以金玉晏子谏第十三

景公为履，黄金之綦[①]，饰以银，连以珠，良玉之絇[②]，其长尺。冰月服之以听朝。晏子朝，公迎之，履重，仅能举足。问曰：“天寒乎？”晏子曰：“君奚问天之寒也？古圣人制衣服也，冬轻而暖，夏轻而清[③]。今金玉之履，冰月服之，是重寒也。履重不节，是过任也[4]，失生之情矣。故鲁工不知寒温之节，轻重之量，以害正生，其罪一也。作服不常，以笑诸侯，其罪二也。用财无功，以怨百姓，其罪三也。请拘而使吏度之[5]。”公曰：“鲁工苦，请释之。”晏子曰：“不可。婴闻之，苦身为善者，其赏厚；苦身为非者，其罪重。”公不对。晏子出，令吏拘鲁工，令人送之境，使不得入。公撤履，不复服也。

注释

①綦：鞋带。

②绚：古代鞋上的装饰品。

③轻：轻便。清：清凉，凉爽。

④过任：超过力所能及的负担。

⑤度：考量，计算。

译文

景公做了新的鞋子，黄金做的鞋带，上面还装饰了银子，连缀着珍珠；美玉做成的鞋上的装饰品，足有一尺长。冬天的时候，穿着这样的鞋子上朝听政。晏子上朝，景公起身相迎，可是鞋子太重，只能抬抬脚而已。景公问道：“天气冷吗？”晏子说：“君主怎么问起天气的寒冷了？古代的圣人做衣服，冬天的时候要求轻便而暖和，夏天的时候要求轻便而凉爽。如今您在冬天穿着装饰有金玉的鞋子，是加倍的寒冷啊。鞋子太重而不合适，是加重了脚的负担，这有失人之本性啊。因此鲁国的工匠不知道鞋子冷暖、轻重的适度，损害人的正常需求，这是第一条罪状；制作的衣服不合常规，惹得诸侯耻笑，这是第二条罪过；耗费财力而无功用，反而使百姓怨恨，这是第三条罪状。希望把工匠拘捕起来，交给官吏量刑治罪。”景公说：“鲁国工匠很辛苦，就放了他吧。”晏子说：“不可以。我听说，辛苦自己而行善的人，应该得到丰厚的奖赏；辛苦自己而做坏事的人，应该受到加重的惩罚。”晏子退朝出来后，命令官吏拘捕鲁国工匠，派人送到边境，不许他再进入齐国。景公换下这双鞋子，再也不穿了。

景公欲以圣王之居服而致诸侯晏子谏第十四

景公问晏子曰：“吾欲服圣王之服，居圣王之室，如此，则诸侯其至乎[①]？”晏子对曰：“法其节俭则可，法其服室无益也。三王不同服而王，非以服致诸侯也，诚于爱民，果于行善，天下怀其德而归其义，若其衣服节俭而众说也。夫冠足以修敬[②]，不务其饰；衣足以掩形，不务其美。衣无隅差之削[③]，冠无觚羸之理[④]，身服不杂彩，首服不镂刻。且古者尝有紩衣挛领而王天下者[⑤]，其政好生而恶杀，节上而羡下。天下不朝其服，而共归其义。古者尝有处橧巢窟穴而王天下者[⑥]，其政而不恶，予而不取。天下不朝其室，而共归其仁。及三代作服，为益敬也。首服足以修敬而不重也，身服足以行洁而不害于动作。服之轻重便于身，用财之费顺于民。其不为橧巢者，以避风也。其不为窟穴者，以避湿也。是故明堂之制[7]，下之润湿不能及也；上之寒暑不能入也。土事不文，木事不镂，示民知节也。及其衰也，衣服之侈，过足以敬；宫室之美，过避润湿。用力甚多，用财甚费，与民为雠[8]。今君欲法圣王之服室，不法其制。法其节俭也，则虽未成治，庶其有益也。今君穷台榭之高，极汙池之深而不止[9]，务于刻镂之巧、文章之观而不厌[10]，则亦与民为仇矣。若臣之虑，恐国之危而公不平也。公乃愿致诸侯，不亦难乎？公之言过矣。”

注释

①至：归附，归顺。

②修敬：表示敬意。

③隅差：衣服的斜角。削：剪裁。

④觚羸：觚，棱角，引申为方形的花纹。羸，即螺，引申为圆形的花纹。

⑤紩：缝补。挛：维系、牵系。引申为形制简陋的衣服。

⑥橧巢：用柴草搭成的像巢穴一样的住处。

⑦明堂：古代帝王宣明政教的地方。朝会、祭祀、庆赏、选士、养老、教学等国家大型典礼，都在

此举行。

⑧雠：通“仇”。

⑨汙池：小池塘。

⑩文章：错杂的色彩或花纹。

译文

景公问晏子说：“我想穿圣明的君王那样的服饰，居住圣明的君王那样的房子，这样的话，诸侯们会归附于我吗？”晏子回答说：“效法他们的节俭是可以的，效法他们的服饰和房子不会有什么帮助的。夏、商、周三代开国君王服饰不同却都统治天下，并不是以服饰招致诸侯的，而是真诚地爱护百姓，切实地推行善政，天下诸侯都是因为他们的道德和仁义而归附的，即使他们的服饰很节俭，老百姓也很喜欢他们。帽子只要足以表示尊敬即可，不去追求它的装饰；衣服只要足以遮掩身体、抵御寒冷即可，不去追求它的美观。衣服不追求剪裁出斜角等样式，帽子不追求或方或圆的花纹，身上的衣服没有多种色彩，帽子没有雕琢刻镂。况且古代曾经有穿着形制简陋的衣服却统治天下的君王，他们的治绩是爱好生灵而厌恶杀戮，在上的节俭而使在下的宽裕，天下诸侯朝见他们，不是因为他们的衣服，而是共同归附他们的仁义。古代曾经有住着柴草搭建的棚屋或者洞穴而统治天下的君王，他们的治绩是爱护人而不厌恶人，尽量给予百姓利益而不索取，天下诸侯朝见他们，不是因为他们的住处，而是共同归附他们的仁德。到了三代制作衣服，是为了增加尊重和敬意。帽子只要足以表示敬意即可，而不会过重；衣服只要足以便利行动和洁净即可，而不会妨碍身体行动。服装的轻重以便于身体行动为原则，制作服装的费用以顺于民心为原则。之所以不住柴草搭建的棚屋，是为了躲避风雨；之所以不住洞穴，是为了躲避潮湿。因此，明堂的形制，只要让地下的潮湿不能上来，天上的寒冷和酷热不能进来，土建部分不描绘纹饰，木建部分不加以雕镂，以此向百姓展示节俭。到了他们衰落的时候，衣服的奢侈超过了表示敬意的界限，宫室的美观超过了躲避潮湿的界限，耗费劳力很多，使用财物很浪费，却与百姓结为仇敌。如今君主您效法圣明君王的服饰和居室，却不效法他们的制度。如果您效法他们的节俭，即使没有做到天下大治，或许会有好处。如今君主您把高台楼榭修建得非常高，把水池修建得非常深还不停止，汲汲于刻镂的巧妙，纹饰的美观而不知满足，这样也是与百姓为仇啊。如果按照我的想法，恐怕国家将要危险，而您也将不得安宁。您还希望招致诸侯前来归附，不是太难吗！您的话不对啊。”

景公自矜冠裳游处之贵晏子谏第十五

景公为西曲潢[①]，其深灭轨[②]，高三仞[③]，横木龙蛇，立木鸟兽。公衣黼黻之衣[4]，素绣之裳，一衣而五采具焉。带球玉而冠且[5]，被发乱首，南面而立，傲然。晏子见。公曰："昔仲父之霸何如？"晏子抑首而不对。公又曰："昔仲父之霸何如？"晏子对曰："臣闻之，维翟人与龙蛇比[6]，今君横木龙蛇，立木鸟兽，亦室一就矣，何暇在霸哉？且公伐宫室之美，矜衣服之丽，一衣而五采具焉，带球玉而冠且，被发乱首，亦室一容矣，万乘之君而一心于邪，君之魂魄亡矣，以谁与图霸哉？"公下堂就晏子曰："梁丘据、裔款以室之成告寡人，是以窃袭此服，与据、款为笑。又使夫子及寡人。请改室易服而敬听命，其可乎？"晏子曰："夫二子营君以邪[7]，公安得知道哉？且伐木不自其根，则蘖又生也[8]。公何不去二子者，毋使耳目淫焉[9]？"

注释

①西曲潢：水池名。潢，积水池。

②灭轨：没过车轴。

③仞：古代长度单位，相当于周代的八尺和汉代的七尺。

④黼黻：泛指礼服上所绣的华美花纹。

⑤球玉：美玉。且：当为组，丝绳。

⑥翟：同"狄"，中国古代北方少数部族名。

⑦营：迷惑。

⑧蘖：树木砍去后从残存茎根上长出的新芽，泛指植物近根处长出的分枝。

⑨淫：迷惑。

译文

景公修成了西曲池，池深可以淹没车轴，水池边的宫室高达数丈，横木上雕绘着龙蛇纹饰，立木上雕绘着鸟兽纹饰。景公穿着绣有华美花纹的礼服上衣和素色绣有华丽花纹的下裳，一身衣服五彩齐备，衣带上缝缀着美玉，帽子上装饰着丝带，头发蓬乱地披散着，面朝南站着，一副高傲的样子。晏子朝见，景公问："当年仲父管仲协助桓公成就的霸业是什么样子？"晏子低着头不回答。景公又问："当年仲父管仲协助桓公成就的霸业是什么样子？"晏子回答说："我听说，只有狄人才和龙蛇为伍，如今君主您在宫室的横木上都雕绘着龙蛇纹饰，立木上都雕绘着鸟兽纹饰，也就是修成了一座宫室，哪儿有时间图谋霸业啊！而且您夸耀宫室的壮丽，夸耀衣服的华丽，一件衣服就五彩俱备，衣带上缝缀着美玉，帽子上装饰着丝绳，头发蓬乱地披散着，也就是在一座宫室中妆扮罢了。作为一个大国君主，一心追求邪僻的事情，君主您的魂魄已经丧失了，还要和谁一起图谋霸业啊！"景公走下堂靠近晏子说："梁丘据、裔款把宫室已经竣工的消息告诉了我，因此才私下穿上这样的衣服，和他们两个开玩笑，又让先生您碰上了。我这就改换宫室，换掉这身衣服，听从您的教导，这样可以吗？”晏子说：“这两个人用歪门邪道迷惑您，您怎么会知道治国之道呢？况且砍树不从根部砍起，那么不就会长出新的枝芽了吗？您何不远离这两个人，不要让自己的耳目受到迷惑呢？”

景公巨冠长衣以听朝晏子谏第十六

景公为巨冠长衣以听朝，疾视矜立[①]，日晏不罢。晏子进曰：“圣人之服中侻而不驵[②]，可以导众；其动作侻顺而不逆[③]，可以奉生[④]。是以下皆法其服，而民争学其容[⑤]。今君之服驵华，不可以导众；疾视矜立，不可以奉生。日晏矣，君不若脱服就燕。”公曰：“寡人受命。”退朝，遂去衣冠，不复服。

注释

①疾视：眼光快速地扫视。矜：骄傲，自大。

②侻 tuì：适宜。驵：粗大。

③侻顺：适宜而顺情。

④奉生：养生。

⑤容：仪容。

译文

景公戴着高大的帽子，穿着长长的衣服上朝听政，目光来回快速扫视，自傲地站着，天色晚了还不罢朝。晏子进谏说："圣人的衣服适宜而不肥大，这样可以引导众人；举动适宜顺情而不碍手碍脚，这样可以养生。因此臣下都效法其服饰，百姓都学习其仪容。如今君主您的衣服宽大华丽，不可以引导百姓；目光扫视迅速，自傲地站着，不利于养生。天色已经晚了，君主您不如退朝脱掉这样的衣服，休息休息吧。"景公说："我听你的。"退朝后，景公脱掉高帽长衣，不再穿了。

景公朝居严下不言晏子谏第十七

晏子朝，复于景公曰："朝居严乎[①]？"公曰："朝居严，则曷害于治国家哉？"晏子对曰："朝居严则下无言，下无言则上无闻矣。下无言，则吾谓之瘖[②]。上无闻，则吾谓之聋。聋瘖非害治国家如何也？且合升鼓之微[③]，以满仓廪；合疏缕之纬，以成帷幕。泰山之高，非一石也，累卑然后高。夫治天下者，非用一士之言也，固有受而不用，恶有拒而不受者哉？"

注释

①朝居：临朝听政。

②瘖：通"喑"，缄默，不说话。

③鼓：古代容量名。

译文

晏子入朝，禀告景公说："您临朝听政太严厉了吧？"景公说："临朝听政严厉，会有害于治国理政吗？"晏子回答说："临朝听政太严厉，下面的群臣就不敢说话，臣下不敢说话，君主就什么意见都听不到了。臣下不说话，我把它称作喑。君主听不到意见，我把它称作聋。又聋又喑，怎么会不有害于治国理政呢？况且把一升一鼓少量的粮食集中起来，可以装满粮仓；把一丝一缕稀疏的丝线汇合起来，可以做成帷幕。泰山的高大，不是一块儿石头能造成的，而是无数土石一点一点累积起来才那么高大。治理天下的君主，并不是只采用一个人的意见，固然可以听了意见而不采用，但怎能拒绝意见而不听呢？"

景公登路寝台不终不说晏子谏第十八

景公登路寝之台，不能终，而息乎陛，忿然而作色，不说，曰："孰为高台，病人之甚也[①]！"晏子曰："君欲节于身而勿高[②]，使人高之而勿罪也。今高从之以罪，卑亦从之以罪，敢问使人如此可乎？古者之为宫室也，足以便乎生，不以为奢侈也，故节于身，谓于民[③]。及夏之衰也，其王桀背弃德行，作为璿室玉门[④]。殷之衰也，其王纣作为倾宫灵台。卑狭者有罪，高大者有赏，是以身及焉。今君高亦有罪，卑亦有罪，甚于夏殷之王。民力殚乏矣，而不免于罪，婴恐国之流失，而公不得享也。”公曰：“善。寡人自知，诚费财劳民以为无功，又从而怨之，是寡人之罪也。非夫子之教，岂得守社稷哉？”遂下，再拜，不果登台。

注释

①病：劳累。

②节：节省。

③谓：银雀山汉简作“调”。调，和，不过分耗费百姓劳力。

④璿：同“璇”，美玉。

译文

景公登路寝台，不能一气登顶，中途坐在台阶上休息。景公气愤地变了脸色，不高兴地说：“这是谁筑了这么高的台子？太累人了！”晏子说：“您想节省体力而希望台子不要这么高，但您当初让人修这么高的台子，就不要怪罪筑台的工人。如今嫌台子高，要加之以罪；当初如果台子修矮了，也要加之以罪。请问，这样让人做事，可以吗？古代修筑宫室，只要足以方便生活即可，不会将它建成奢侈的地方，因此既节省体力，又不过分加重百姓劳役。到了夏朝衰亡的时候，夏王桀背弃了为君应有的德行，修建了用美玉装饰的奢华的璇宫玉门。商朝衰亡的时候，商纣王修建了高大壮丽的倾宫和灵台，修建得低矮狭小的有罪，修建得高大壮观的有赏，因此灾祸延及自身。如今您的台子修高了有罪，修矮了也有罪，比夏桀、商纣的做法还要过分啊。百姓的物力财力都快耗尽了，还不能避免有罪，我担心国家会灭亡，而您也无法享有齐国啊！”景公说：“说得好。我也知道真是劳民伤财做了无益的事情，又因此怪罪他们，这是我的罪过啊。没有先生您的教导，我哪里能守得住齐国啊？”于是就下了台子，对晏子拜了两拜，不再继续登台。

景公登路寝台望国而叹晏子谏第十九

景公与晏子登路寝之台而望国，公愀然而叹曰[①]：“使后嗣世世有此，岂不可哉？”晏子曰：“臣闻明君必务正其治，以事利民，然后子孙享之。《诗》云：‘武王岂不事，贻厥孙谋，以燕翼子。[②]’今君处佚怠，逆政害民有日矣，而犹出若言，不亦甚乎？”公曰：“然则后世孰将把齐国[③]？”对曰：“服牛死，夫妇哭，非骨肉之亲也，为其利之大也。欲知把齐国者，则其利之者邪？”公曰：“然。何以易之？”对曰：“移之以善政。今公之牛马老于阑牢，不胜服也[④]；车蠹于巨户[⑤]，不胜乘也；衣裘襦袴朽敝于藏[⑥]，不胜衣也；

醯醢腐[7]，不胜沽也；酒醴酸酢[8]，不胜饮也；菽粟郁积，不胜食也。又厚藉敛于百姓，而不以分馁民。夫藏财而不用，凶也。财苟失守，下，其报环至。其次，昧财之失守[9]，委而不以分人者，百姓必进自分也。故君人者，与其请于人，不如请于己也[10]。"

注释

①愀然：神色严肃或者忧伤的样子。

②武王岂不事，贻厥孙谋，以燕翼子：见于《诗经·大雅·文王有声》。意为：武王难道不为他的功业和后代尽力谋划吗？因此把安定天下的谋略传给后世，用来保护他的子孙。

③把：掌握。

④服：乘，用，驾驭。

⑤巨户：车棚，车库。

⑥襦：短衣，短袄。袴：古代指无裆的套裤。

⑦醯：醋。醢：用肉、鱼等做成的肉酱。

⑧醴：甜酒。酢：变酸。

⑨昧：糊涂，不明白。失：恐为"矢"字之误。

⑩请：求。

译文

景公和晏子一起登路寝的高台，眺望着繁华的国都，景公忧伤地感叹道："让我的后世子孙永远保有齐国，难道不可以吗？”晏子说：“我听说圣明的君主必定会努力使国家治理有道，凡事为百姓谋利，然后子孙能长久地享有国家。《诗经》上说：‘武王岂不事，贻厥孙谋，以燕翼子。’如今君主您处优安逸，政治怠懈，倒行逆施、残害百姓已经有些日子了，还说出这样的话，岂不是太过分了吗？”景公说：“如果是这样的话，以后谁将执掌齐国？”晏子回答说：“百姓家耕地的服牛死了，夫妇二人都会痛苦不已。这并不是因为他们和牛有骨肉亲情，而是因为牛带给他们的好处太大了。您如果想知道将来统治齐国的人，就应看看是哪个人让百姓得到利益和好处。”景公说：“是这样。用什么办法才可以改变这种情况呢？”晏子回答说：“只有施行善政才能改变这种情况。如今您的牛马多得老于圈栏，不能再用来驾车；车子多得在车库中都被虫蛀了，不能再乘坐；皮衣多得在箱子里腐朽破败，不能再穿；醋和肉酱多得都变质了，不能再卖；各种美酒多得都变酸了，不能再喝；各种粮食多得堆积在一起腐烂，不能再吃了。而您还对百姓征收重赋，不把这些东西分给饥饿的百姓。财物藏起来而不使用，是一件危险的事情。如果死死地守着这些财物，这是最坏的办法，恐怕百姓的抱怨会环绕而至；如果糊涂地继续死守这些钱财，堆积在一起而不分给百姓，百姓必定会冲进府库自己分掉这些东西。所以啊，为人君者，与其求助于别人，不如求助于自己。”

景公路寝台成逢于何愿合葬晏子谏而许第二十

景公成路寝之台，逢于何遭丧，遇晏子于途，再拜乎马前。晏子下车挹之曰[1]："子何以命婴也？"对曰："于何之母死，兆在路寝之台墉下[2]，愿请合骨[3]。"晏子曰："嘻！难哉！虽然，婴将为子复之。适为不得，子将若何？"对曰："夫君子则有以。如我者侪小人，吾将左手拥格[4]，右手梱心[5]，立饿枯槁而死，以告四方之士曰：'于何不能葬其母者也。'"晏子曰："诺。"遂入见公曰："有逢于何者，母死，兆在路寝当墉下，愿请合骨。"公作色不悦，曰："自古及今，子亦尝闻请合葬人主之宫者乎？"晏子对曰："古之人君，其宫室节，不侵生人之居；其台榭俭，不残死人之墓，故未尝闻请葬人主之宫者也。今君侈为宫室，夺人之居；广为台榭，残人之墓，是生者忧愁，不得安处；死者离易，不得合骨。丰乐侈游，兼傲生死，非仁君之行也；遂欲满求，不顾细民，非存之道也。且婴闻之，生者不得安，命之曰蓄忧，死者不得葬，命之曰蓄哀。蓄忧者怨，蓄哀者危，君不如许之。"公曰："诺。"晏子出。梁丘据曰："自古及今，未尝闻求葬公宫者也，若何许之？"公曰："削人之居，残人之墓，凌人之丧而禁其葬，是于生者无施，于死者无礼也。诗云：'谷则异室，死则同穴[6]。’吾敢不许乎？”逢于何遂葬其母于路寝之台墉下，解衰去绖[7]，布衣縢履[8]，玄冠茈武[9]，踊而不哭[10]，躃而不拜[11]，已乃涕洟而去[12]。

注释

①挹：同“揖”，古代的拱手礼。

②兆：墓地。

③合骨：合葬。

④格：通“辂”，古代车辕上用来挽车的横木。

⑤梱心：即拊心，拍着胸口，表示哀痛或者悲愤。

⑥谷则异室，死则同穴：见《诗经·王风·大车》。意为活着的时候不能同住一室，死了之后也要同葬一墓。

⑦衰：即“缞”，古代用粗麻布制成的丧服。绖：古代服丧时，束在头上或腰间的麻质的带子。

⑧縢履：用绳子编的鞋子。

⑨茈：当作“芘”，通“纰”，在衣冠或旗帜上镶边。武：通“帏”，系帽子的带子。

⑩踊：顿足的样子。

⑪躃：当为“擗”，捶胸。

⑫涕洟：眼泪和鼻涕。

译文

景公建成了路寝之台。正值逢于何母亲的丧事，在道上遇到了晏子，就在晏子的马前拜了两拜。晏子下车对他作揖问道："您有什么事情要吩咐我啊？"逢于何回答说："我的母亲死了，可是父亲的墓地在路寝之台的墙下，希望能够将母亲与父亲合葬。"晏子说："哎呀！难啊！虽然是这样，我还是会替你禀报这个事情。假如请求得不到允许，你将怎么办呢？"逢于何回答说："您一定会有办法的。我是地位低贱的普通百姓，我将左手挽着灵车车辕的横木，右手捶打着胸脯，站在那里绝食，直至干枯而死。并且用这样的方式告诉天下士人，我逢于何是不能埋葬自己母亲的人。"晏子说："好吧。"然后入宫见景公说："有个叫逢于何的人，他的母亲死了，父亲的墓地在路寝之台的墙下，他想请求将母亲与父亲合葬。"景公变了脸色，不高兴地说："从古至今，先生您曾经听说过请求将父母合葬在君主的宫里吗？"晏子回答说："古代的君主，他们修建的宫室很节俭，修建的台榭很俭朴，不会侵占活人的住所，不会破坏死人的坟墓，因此没有听说过请求在君主宫里埋葬死人的事情。如今您大规模地修建宫室，四处修建台榭，侵占了活人的住处，破坏了死人的坟墓，因此活着的人充满忧愁而无法安居，死了的人夫妻离散无法合葬。您却贪图享乐，游玩无度，不仅轻慢活人，而且轻慢死人，这不是为人君主所应该有的行为。为了满足自己的欲望和需求，不顾百姓的死活，这不是保有国家的做法。我还听说，活人不能安居，这叫作积累忧愁；死人不能安葬，这叫作积累哀怨。忧愁和哀怨积累多了，百姓们就会怨恨您，也会对您不利。您不如答应他的请求。”景公说：“好。”晏子出去之后，梁丘据说：“从古至今，没有听说过请求在君主宫中埋葬死人的事情，为什么要答应他呢？”景公说：“侵占活人的住所，残破死人的坟墓，侵犯人家的丧事而不许人家下葬，这样是对活人无恩，对死人无礼。《诗经》上说：‘谷则异室，死则同穴。’我哪里敢不答应啊。”逢于何终于把他的母亲与父亲合葬在路寝之台的墙下。然后他脱去丧服，解掉绖带，穿上粗布衣服和麻绳编成的鞋子，头戴黑色有镶边的帽子，顿足不已却不放声大哭，捶胸不已却不跪拜，最后一把眼泪一把鼻涕地离开了。

景公嬖妾死守之三日不敛晏子谏第二十一

景公之嬖妾婴子死，公守之，三日不食，肤著于席而不去。左右以复，而君无听焉。晏子入，复曰：“有术客与医俱言曰[①]，闻婴子病死，愿请治之。”公喜，遽起，曰：“病犹可为乎？”晏子曰：“客之道也，以为良医也，请尝试之。君请屏[②]，洁沐浴饮食，间病者之宫，彼亦将有鬼神之事焉。”公曰：“诺。”屏而沐浴。晏子令棺人入敛，已敛而复曰：“医不能治病，已敛矣，不敢不以闻。”公作色不说，曰：“夫子以医命寡人而不使视，将敛而不以闻，寡人为君，名而已矣。”晏子曰：“君独不知死者之不可以生邪？婴闻之，君正臣从谓之顺，君僻臣从谓之逆。今君不道顺而行僻，从逆者迩，导害者远[3]，谄谀萌通而贤良废灭[4]，是以谄谀繁于闲，邪行交于国也。昔吾先君桓公，用管仲而霸，嬖乎竖刀而灭。今君薄于贤人之礼，而厚嬖妾之哀。且古圣王，畜私不伤行[5]，敛死不失爱，送死不失哀。行伤则溺已，爱失则害生，哀失则害性，是故圣王节之也。死即毕敛，不以留生事；棺椁衣衾，不以害生养；哭泣处哀，不以害生道。今朽尸以留生，广爱以伤行，循哀以害性，君之失矣。故诸侯之宾客，惭入吾国；本朝之臣，惭守其职。崇君之行，不可以导民；从君之欲，不可以持国。且婴闻之，朽而不敛谓之僇尸[6]，臭而不收谓之陈胔[7]。反明王之性，行百姓之诽，而内嬖妾于僇胔，此之为不可。”公曰：“寡人不识，请因夫子而为之。”晏子复曰：“国之士大夫、诸侯四邻宾客皆在外，君其哭而节之。”仲尼闻之，曰：“星之昭昭，不若月之曀曀[8]。小事之成，不若大事之废。君子之非，贤于小人之是也。其晏子之谓欤？”

注释

①术客：方术之士。

②屏：回避。

③导害：当为“导善”之误。

④萌通：大行其道。

⑤畜私：疼爱私人喜欢的人或事。畜，通“蓄”。

⑥僇尸：羞辱尸体。

⑦陈胔：陈列腐烂的尸体。

⑧噎 yì 噎：阴暗的样子。

译文

景公的爱妾婴子死了，景公守着她，三天没有吃饭，婴子尸体的皮肉都要黏附在席子上了，景公还是不愿意离开。左右的人都劝景公，可是景公不听从。晏子进来，禀告说：“有方术之士和医生说，听说婴子因病死了，希望能来为她治疗。”景公大喜，马上站起来，说：“这个病还可以治吗？”晏子说：“这是方术之士的方法，应该是良医，请您允许他试试看。请您回避，去沐浴、吃饭，离开停放婴子尸体的宫室，方术之士将会在这里举行向鬼神祈福的事情。”景公说：“好。”景公离开并且去沐浴。晏子命令负责入殓的人马上将婴子的尸体入殓，入殓结束之后向景公禀告说：“那个医生没有办法，婴子的尸体已经收殓了，不敢不向您汇报这个事情。”景公变了脸色，很不高兴地说：“先生用医生的话让我离开，不让我看守，将要入殓的时候也不告诉我，我这个做君主的，只是徒有虚名了。”晏子说：“您真的不知道死者不可以复生吗？我听说，君主行事端正而大臣听从叫作顺，君主行事乖张而大臣听从叫作逆。如今君主您不行正道却走邪路，跟着您走邪路的人您就亲近，劝导您行善政的人您就疏远，谄媚阿谀之人官运亨通，而贤能之人却遭到罢黜，因此谄媚阿谀之风盛行于宫内，邪僻的行为大行于国内。以前我们的先君桓公任用管仲成就霸业，宠信竖刁造成衰败。现在君主您对待贤能之人的礼节轻薄，对爱妾的哀痛却很深厚。况且古代的圣明君主，有所私爱却不损伤君主德行，收殓死者不过于怜爱，送葬死者不过于哀痛。德行受损就会沉溺于私欲，怜惜过度就会伤害身体，哀痛过度就会损伤精神，因此圣明的君主都能有所节制。人死了就应该马上收殓，不因为留存尸体而妨害生者的事情；棺椁衣服的使用要有度，不能因此而妨害生者的生活；哭泣哀伤要节制，不能因此妨害养生之道。如今因为保留腐朽的尸体而妨害生者生活，因为过分怜惜而损伤德行，因为过于哀痛而损伤性情，这就是您的不对了。因此各位诸侯的宾客羞于出使我国，本国的臣子耻于坚守职位。尊崇您的这种行为，就无法劝导百姓；放纵您的欲望，就无法保有国家。而且我听说，尸体已经腐朽了还不入殓，叫作羞辱尸体；尸体已经发臭了而不收殓，叫作陈列腐肉。违反圣明君主的德性，做了让百姓非议的事情，却让自己的爱妾尸体已经腐朽还陈尸不收，这样做不可以啊。”景公说：“我不懂这些道理，请遵照先生的意思办吧。”晏子禀告说：“我国的士大夫和各位诸侯的使者都在外面呢，您哭的时候要有所节制。”孔子听说了这件事情，说：“群星即使光亮，也比不上被遮蔽的月亮；小事做得圆满，也比不上略有缺陷的大事；君子偶有过失，也好于小人常有正确。这大概说的就是晏子吧？”

景公欲厚葬梁丘据晏子谏第二十二

梁丘据死，景公召晏子而告之曰：“据忠且爱我，我欲丰厚其葬，高大其垄[①]。”晏子曰：“敢问据之忠与爱于君者，可得闻乎？”公曰：“吾有喜于玩好，有司未能我共也[②]，则据以其所有共我[③]，吾是以知其忠也。每有风雨，暮夜求之必存，吾是以知其爱也。”晏子曰：“婴对则为罪，不对则无以事君，敢不对乎？婴闻之，臣专其君，谓之不忠；子专其父，谓之不孝；妻专其夫，谓之嫉妒。事君之道，导君以亲于父兄，有礼于群臣，有惠于百姓，有信于诸侯，谓之忠。为子之道，导父以钟爱其兄弟，施行于诸父，慈惠于众子，诚信于朋友，谓之孝。为妻之道，使其众妾皆得欢忻于其夫[④]，谓之不嫉。今四封之民皆君之臣也[⑤]，而维据尽力以爱君，何爱者之少邪？四封之货皆君之有也，而维据也以其私财忠于君，何忠者之寡邪？据之防塞群臣，壅蔽君[⑥]，无乃甚乎？”公曰：“善哉！微子，寡人不知据之至于是也。”遂罢为垄之役，废厚葬之令。令有司据法而责，群臣陈过而谏，故官无废法，臣无隐忠，而百姓大说。

注释

①垄：坟墓。

②有司：有关官吏。古代设官分职，各有所司，故称。

③共：通“供”，供给。

④忻：通“欣”，欢欣，欢喜，喜欢。

⑤封：边境。

⑥壅蔽：多指用不正当手段故意隔绝和蒙蔽上级和长辈，使人不明真相。

译文

梁丘据死了，景公召见晏子告诉他说：“梁丘据对我既忠诚又爱戴，我想丰厚地安葬他，把他的墓修得高高大大的。”晏子说：“敢问梁丘据是如何对您忠诚又爱戴的，能够听听吗？”景公说：“我有喜欢的玩好，负责的官吏没能为我准备好，梁丘据就把自己的东西供我赏玩，我因此知道他对我的忠诚。每到风雨之日，即使晚上找他他也一定会来，我因此知道他对我的爱戴。”晏子说：“我回答您呢就会得罪你，如果不回答呢就没法侍奉君主，怎么敢不回答呢？我听说，臣子独揽君主的宠幸，叫作不忠；儿子独占父亲的疼爱，叫作不孝；妻子独享丈夫的宠爱，叫作嫉妒。侍奉君主的原则是，劝导君主对父兄要亲爱，对臣下要有礼仪，对百姓要有恩惠，对诸侯要有信用，这就叫作忠。做儿子的原则是，劝导父亲钟爱所有的兄弟，并用这种爱对待自己的伯父、叔父，慈爱他所有的儿子，以诚信对待朋友，这就叫作孝。做妻子的原则是，使所有的妻妾都能得到丈夫的宠幸，这叫作不嫉妒。如今齐国境内之民都是您的臣下，而唯独梁丘据竭尽己力以表现自己爱戴君主，为什么爱戴您的人那么少呢？齐国境内所有的货物都是归您所有，可是唯独梁丘据用自己的私财对您表示忠心，为什么对您忠心的人那么少呢？梁丘据如此堵塞群臣对您的尽忠之路，尽力阻隔和蒙蔽您，岂不是太过分了吗？”景公说：“说得好。如果没有先生您，我还不知道梁丘据的危害已经到这种地步。”于是停止为梁丘据修筑坟墓的劳役，废止厚葬梁丘据的诏令。命令官吏依法行事，群臣指出君主的过错进行劝谏，因此齐国官吏没有不遵守法律的，臣子没有隐藏忠心而不表露的，百姓都非常高兴。

景公欲以人礼葬走狗晏子谏第二十三

景公走狗死[①]，公令外共之棺[②]，内给之祭。晏子闻之，谏。公曰：“亦细物也[③]。特以与左右为笑耳。”晏子曰：“君过矣。夫厚藉敛不以反民，弃货财而笑左右，傲细民之忧而崇左右之笑[④]，则国亦无望已。且夫孤老冻馁而死狗有祭，鳏寡不恤而死狗有棺。行辟若此，百姓闻之，必怨吾君；诸侯闻之，必轻吾国。怨聚于百姓，而权轻于诸侯，而乃以为细物，君其图之。”公曰：“善。”趣庖治狗，以会朝属。

注释

①走狗：跑得很快的狗。此处应指猎犬。

②共：通“供”，供给。

③细物：小事。

④细民：平民百姓。

译文

景公非常喜欢的一只猎犬死了，景公命令宫内外为之提供棺椁和祭品。晏子听说了这件事，向景公进谏。景公说：“这只是一件小事儿。只不过借此与身边的人开个玩笑而已。”晏子说：“您这话就不对了。对百姓加重赋敛而不返利于民，却糟蹋财物与身边人开玩笑，轻视百姓的忧愁却看重和身边人的玩笑，这样国家就没有希望了。况且如今孤独无依的老人受冻挨饿没人管，一条死狗却有祭品；年龄很大的鳏夫和寡妇无人抚恤，一条死狗却有棺材，行为乖僻到这种地步，百姓听说了必定会怨恨君主您，诸侯听说了必定会看轻齐国。在百姓中聚集对您的怨恨，又被其他诸侯看轻，居然还认为是一件小事儿，君主您好好想想吧。”景公说：“说得好。”于是催促厨师将狗烹煮了，用来宴会群臣。

景公养勇士三人无君臣之义晏子谏第二十四

公孙接、田开疆、古冶子事景公，以勇力搏虎闻[①]。晏子过而趋，三子者不起。晏子入见公曰："臣闻明君之蓄勇力之士也，上有君臣之义，下有长率之伦[②]，内可以禁暴，外可以威敌。上利其功，下服其勇，故尊其位，重其禄。今君之蓄勇力之士也，上无君臣之义，下无长率之伦，内不可以禁暴，外不可以威敌，此危国之器也，不若去之。"公曰："三子者，搏之恐不得，刺之恐不中也。"晏子曰："此皆力攻勍敌之人也[③]，无长幼之礼。"因请公使人少馈之二桃[④]，曰："三子何不计功而食桃[⑤]？"公孙接仰天而叹曰："晏子，智人也。夫使公之计吾功者，不受桃，是无勇也。士众而桃寡，何不计功而食桃矣。接一搏特猏[⑥]，再搏乳虎[⑦]，若接之功，可以食桃而无与人同矣。"援桃而起。田开疆曰："吾仗兵而却三军者再，若开疆之功，亦可以食桃而无与人同矣。"援桃而起。古冶子曰："吾尝从君济于河，鼋衔左骖[⑧]，以入砥柱之中流[⑨]。当是时也，冶少不能游，潜行。逆流百步，顺流九里，得鼋而杀之。左操骖尾，右挈鼋头，鹤跃而出，津人皆曰河伯也，视之则大鼋之首也。若冶之功，亦可以食桃而无与同人矣。二子何不反桃？"抽剑而起。公孙接、田开疆曰：

"吾勇不子若，功不子逮，取桃不让，是贪也。然而不死，无勇也。"皆反其桃，挈领而死[10]。古冶子曰："二子死之，冶独生之，不仁。耻人以言，而夸其声，不义。恨乎所行，不死，无勇。虽然，二子同桃而节，冶专桃而宜。"亦反其桃，挈领而死。使者复曰："已死矣。"公殓之以服，葬之以士礼焉。

注释

①搏虎：打虎。

②长率之伦：长官和下属。

③勍 qíng 敌：强敌。

④馈：赠送。

⑤计功：计算功劳。

⑥特：三岁或者四岁的兽。猏 jiān：通"豣"，古代指三岁的猪，也泛指大猪、大兽。

⑦乳虎：哺乳期的母老虎。

⑧鼋：大鳖。

⑨砥柱：山名，在今河南三门峡以东黄河中流，形状像柱子。

⑩挈领：断颈，自刎。挈，通"契"，断。

译文

公孙接、田开疆、古冶子三位勇力之士侍奉景公，以勇猛有力可以打虎而闻名。有一次，晏子从他们面前经过的时候，小步快走表示尊敬，三个人都安然地坐着不起立还礼。晏子入见景公，说：“我听说贤明的君主蓄养勇力之士，对上则有君臣之义，对下要有尊卑伦常，对内可以禁止暴乱，对外可以威慑敌人。君主可以得利于他们的功绩，群臣佩服他们的勇力，因此尊崇他们的爵位，丰厚他们的俸禄。如今君主您蓄养的这几个勇力之士，对上没有君臣之义，对下没有尊卑伦常，对内不能禁止暴乱，对外不能威慑敌人，是危害国家的家伙，不如除掉他们。”景公说：“这三个人，拘捕他们恐怕抓不到，刺杀他们恐怕刺不中。”晏子说：“他们虽然都是些可以奋力攻击强敌的人，但是不懂得长幼谦让之礼。”晏子请景公赐给他们两个桃子，说：“你们三个何不用计算功劳的方式来决定谁吃桃子？”公孙接仰天长叹道：“晏子是个智慧的人啊。他让君主计算我们的功劳，没有吃到桃子的人，是没有勇力啊。我们人多而桃子少，为什么不计算功劳而决定谁能吃到桃子呢？我公孙接曾经搏击猛兽一次，搏击哺乳期的母老虎两次，像我这样的功劳，可以吃一个桃子而不和别人分享。”说完拿了一个桃子站了起来。田开疆说：“我曾经拿着兵器两次打退敌人三军，像我田开疆这样的功劳，可以吃一个桃子而不与他人分享。”说完也拿了一个桃子站了起来。古冶子说：“我曾经跟随景公渡黄河，一只大鳖突然咬住车子左边的马，把它拖进了砥柱山下的激流之中。在那个时候，我年轻还不会游泳，于是潜到水底逆流走了将近一百步，顺流走了九里，捉住了大鳖并把它杀掉。我左手拉着马尾巴，右手拎着大鳖的头，像鹤一样跳出水面，河上的船夫都说是河伯来了，仔细看了才知道是大鳖的头。想我古冶子这样的功劳，也是可以吃一个桃子而不与他人分享的。你们两个怎么还不把桃子还回来？”拔出剑，站了起来。公孙接、田开疆听了之后说：“我们的勇力比不上你，功劳也比不上你，却拿了桃子而不谦让，这是贪婪。这样子还不死，是没有勇气。”都把自己拿的桃子还了回来，刎颈而死。古冶子说：“他们两个都死了，我却独自活着，这是不仁。用言语羞辱他人，而夸耀自己的名声，这是不义。痛恨自己的所作所为而不死，是无勇。即使如此，他们两个分食一个桃子，我独自吃一个桃子还是合适的。”说完也返还了桃子，自刎而死。使者回报景公说：“他们都已经死了。”景公用相称的服装收殓他们，用葬士的礼仪埋葬了他们。

景公登射思得勇力士与之图国晏子谏第二十五

景公登射[①]，晏子修礼而侍[②]。公曰：“选射之礼[③]，寡人厌之矣。吾欲得天下勇士与之图国。”晏子对曰：“君子无礼，是庶人也。庶人无礼，是禽兽也。夫臣勇多则弑其君，子力多则弑其长，然而不敢者，维礼之谓也。礼者，所以御民也。辔者[④]，所以御马也。无礼而能治国家者，婴未之闻也。”景公曰：“善。”迺饬射[⑤]，更席以为上客，终日问礼。

注释

①登：齐国的发语词。射：射礼。古代重武习射，常举行射礼。射礼有大射、宾射、燕射、乡射四种。将祭择士为大射；诸侯来朝或诸侯相朝而射为宾射；宴饮之射为燕射；卿大夫举士后所行之射为乡射。此处当为大射。

②修礼：古代诸侯举行大射之前，会先举行燕礼，以表明君臣之义。此处应指准备举行燕礼和大射礼的各种礼仪。

③选射之礼：即诸侯举行的大射礼。《仪礼·大射仪》郑玄注：诸侯将有祭祀之事，与其群臣射，以观其礼。数中者得与于祭，不数中者不得与于祭。此种射礼，更重视合乎礼仪而非孔武有力。

④辔：驾驭牲口用的缰绳。

⑤饬：整备，预备，准备。

译文

景公举行大射之礼，晏子按照与之相关的各种礼仪，侍奉着景公。景公说：“选射之礼，我已经厌倦了。我想得到天下的勇猛之士，和他们一起图谋国家大事。”晏子回答说：“君子如果不遵守礼仪，那就等于是平民百姓。平民百姓如果不遵守礼仪，那就等于是禽兽。做臣子的如果勇力多了，就可能会弑杀君主；儿子如果力气大了，就可能会弑杀长辈。他们之所以不敢这么做的原因，就是礼仪约束着他们。礼仪，是用来统治百姓的；缰绳，是用来驾驭马的。不遵守礼仪而能够治理好国家的人，我没有听说过。”景公说："说得好。”于是准备大射礼的各种礼仪并更换席位，把晏子奉为上宾，整天向他请教礼仪的事情。

卷三　内篇问上第三

庄公问威当世服天下时邪晏子对以行也第一

庄公问晏子曰："威当世而服天下，时邪？"晏子对曰："行也。"公曰："何行？"对曰："能爱邦内之民者，能服境外之不善；重士民之死力者①，能禁暴国之邪逆；中听任贤者②，能威诸侯；安仁义而乐利世者，能服天下。不能爱邦内之民者，不能服境外之不善；轻士民之死力者，不能禁暴国之邪逆；愎谏傲贤者③，不能威诸侯；倍仁义而贪名实者④，不能服天下。威当世而服天下者，此其道也已。"而公不用。晏子退而穷处⑤。公任勇力之士而轻臣仆之死，用兵无休，国罢民害⑥。期年，百姓大乱，而身及崔氏祸。君子曰："尽忠而不豫交⑦，不用不怀禄⑧。晏子可谓廉矣。"

注释

①死力：最大的力量。

②中听：听从中正之言。

③愎谏：拒不纳谏。愎，固执，任性。

④倍：通"背"，背弃。

⑤穷处：隐居不仕。

⑥罢：通“疲”，疲敝，困苦穷乏。

⑦豫：预先。

⑧怀禄：贪恋俸禄。

译文

庄公问晏子说：“威震当世而使天下顺服，靠的是机遇吗？”晏子回答说：“靠的是实际行动。”景公说：“什么样的行动？”晏子回答说：“能爱护国内百姓的君主，就能让国外不亲善的人归服；能看重士民为国用尽全力的君主，就能禁绝残暴国家的邪恶逆乱；能听从中正之言，任用贤良的君主，就能威震诸侯；能安于仁爱和正义，乐于造福天下的君主，就能让天下归顺。不能爱护国内百姓的君主，就不能让国外不亲善的人归服；看轻士民为国用尽全力的君主，就不能禁绝残暴国家的邪恶逆乱；拒不纳谏，对贤良傲慢的君主，就不能威震诸侯；背弃仁爱和正义，贪恋虚名和实利的君主，就不能让天下归顺。如果想威震当世而使天下归附，这就是途径。”但是庄公不采用晏子的建议。晏子辞去官职，隐居不仕。而庄公信任和重用勇力之士，不把臣下的死当回事儿，用兵无度，国家疲敝，百姓受害。过了一年，百姓大乱，而庄公自己也遭遇崔氏之乱而被杀。君子评论说：“尽忠而不预先结交，不被任用就不贪恋俸禄。晏子可以称得上是廉正了。”

庄公问伐晋晏子对以不可若不济国之福第二

庄公将伐晋，问于晏子。晏子对曰："不可。君得合而欲多[①]，养欲而意骄。得合而欲多者危，养欲而意骄者困。今君任勇力之士，以伐明主[②]，若不济，国之福也。不德而有功，忧必及君。"公作色不说。晏子辞，不为臣，退而穷处，堂下生蓼藿[③]，门外生荆棘。庄公终任勇力之士，西伐晋，取朝歌[④]，及太行、孟门[⑤]，兹于兑[⑥]。期而民散，身灭于崔氏[⑦]。崔氏之乱，逐群公子。及庆氏亡[⑧]……

注释

①合：通"给"，足。

②明主：《左传·襄公二十三年》作"盟主"。此处指晋国。

③蓼藿：两种草的名字。此处泛指各种杂草。

④朝歌：春秋时晋国地名，在今河南淇县境内。

⑤孟门：山名，晋国的重要关隘，在今河南辉县市西。

⑥兹于：《左传·襄公二十三年》作"且于"，春秋时莒国地名，在今山东莒县境内。兑：通"隧"，隧道。

⑦崔氏：即崔杼，齐国大夫。庄公与崔杼妻子私通，又公然羞辱崔杼，后被崔杼所杀。

⑧庆氏：即庆封，齐国大夫。庄公死后，景公继立，庆封与崔杼为左右相。庆封借崔氏家族内乱之机，灭崔氏后专权齐国，引起其他大夫不满，最后被齐国大夫联合驱逐，先后流亡鲁国和吴国。

译文

庄公将要讨伐晋国，征询晏子的意见。晏子说：“此事不可。您所得到的东西已经很多而欲望却还是很多，欲望不断滋长，意气也不断骄纵。所得已多而欲望犹盛的人就会遭遇危险，欲望滋长而意气骄纵的人就会陷入困境。如今君主您任用勇力之士，以此进攻身为诸侯盟主的晋国。如果进攻晋国不成功的话，那就是国家的福气。没有德行却有功绩的君主，忧患必定会涉及自身。”庄公变了脸色，非常不高兴。于是晏子辞退官职不再为臣，退隐于乡野，堂下杂草丛生，门外长满荆棘。庄公最终还是任用勇力之士，向西进攻晋国，攻取朝歌，到达太行山和孟门，回程时还攻打莒国，通过且于之地的隧道。一年后，百姓离散，庄公也被崔杼杀害。崔杼为乱的时候，驱逐了齐国公室诸公子。到了庆封逃亡时……

景公问伐鲁晏子对以不若修政以待其乱第三

景公举兵欲伐鲁，以问晏子。晏子对曰：“不可。鲁公好义而民戴之。好义者安，见戴者和。伯禽之治存焉[①]，故不可攻。攻义者不祥，危安者必困。且婴闻之，伐人者德足以安其国，政足以和其民。国安民和，然后可以举兵而征暴。今君好酒而辟，德无以安国；厚藉敛而急使令[②]，政无以和民。德无以安之则危，政无以和之则乱。未免乎危乱之理，而欲伐安和之国，不可。不若修政而待其君之乱也。民离其君，上怨其下，然后伐之，则义厚而利多。义厚则敌寡，利多则民欢。”公曰：“善。”遂不果伐鲁。

注释

①伯禽：周公之子，代周公始封于鲁国。

②急使令：号令急切。

译文

景公准备兴兵攻打鲁国，咨询晏子的意见。晏子回答说：“此事不可。鲁公崇好仁义而百姓拥戴。崇好仁义的君主，国家就能安定，受民拥戴的君主，君民就能和谐。伯禽治国的遗风犹存，因此不可攻打鲁国。进攻崇好仁义的国家必遭不祥，危害安定祥和的国家定陷困厄。我还听说，讨伐他国的君主，自身的德行足以使国家安定，政治足以使君民和谐。做到了国家安定，君民和谐，然后才可以兴兵征讨暴乱之国。如今君主您嗜好饮酒而行为乖僻，德行不能使国家安定；赋敛沉重而号令急切，政治上不能使君民和谐。德行不能使国家安定就会有危险，政治不能使君民和谐就会有动乱。自身尚不能避免危险和动乱，却想攻打安定和谐的国家，这是不可以的。您不如整治齐国政治，等待鲁国君主自己治国混乱。到那个时候，鲁国臣民与君主离心，君主怨恨臣下，然后顺势讨伐鲁国，就会仁义深厚而获利众多。仁义深厚，敌人就会很少；获利众多，百姓就会喜欢。”景公说：“你说得好。”最终没有去攻打鲁国。

景公伐斄胜之问所当赏晏子对以谋胜禄臣第四

景公伐斄[①]，胜之，问晏子曰：“吾欲赏于斄，何如？”对曰：“臣闻之，以臣谋胜国者，益臣之禄；以民力胜国者，益民之利。故上有羡获[②]，下有加利。君上享其名，臣下利其实，故用智者不偷业[③]，用力者不伤苦，此古之善伐者也。”公曰：“善。”于是破斄之臣、东邑之卒，皆有加利。是上独擅名[④]，利下流也[⑤]。

注释

①斄：即“莱”，春秋时诸侯国，在今山东龙口市附近，灭于齐。

②羡：多余的，盈余的。

③偷：苟且。

④擅：占有。

⑤下流：与上相对，地位低下的臣子与百姓。

译文

景公征伐莱国，打了胜仗，问晏子说：“我想奖赏征伐莱国有功的人，怎么样？”晏子回答说：“我听说，凭借臣下的谋略战胜他国的，就增加臣下的俸禄；凭借百姓之力战胜他国者，就增加百姓的利益。因此，君主有额外的收获，臣民有增加的利益。君主享有战胜他国的名声，臣下享有实际的利益，因此用智的臣下尽职尽责而不苟且偷懒，出力的百姓竭尽全力而不辞辛劳，这是古代善于攻伐的人所做的。”景公说：“说得好。”于是参与攻伐莱国的臣下、东邑的士兵，都得到了赏赐。这就是君主专享名声，臣民得到实利。

景公问圣王其行若何晏子对以衰世而讽第五

景公外傲诸侯，内轻百姓，好勇力，崇乐以从嗜欲，诸侯不说，百姓不亲。公患之，问于晏子曰："古之圣王，其行若何？"晏子对曰："其行公正而无邪，故谗人不得入；不阿党，不私色[①]，故群徒之卒不得容；薄身厚民，故聚敛之人不得行；不侵大国之地，不秏小国之民[②]，故诸侯皆欲其尊；不劫人以兵甲，不威人以众强，故天下皆欲其强；德行教训加于诸侯[③]，慈爱利泽加于百姓[④]，故海内归之若流水。今衰世君人者，辟邪阿党，故谗谄群徒之卒繁；厚身养薄视民，故聚敛之人行；侵大国之地，秏小国之民，故诸侯不欲其尊；劫人以兵甲，威人以众强，故天下不欲其强；灾害加于诸侯，劳苦施于百姓，故雠敌进伐，天下不救，贵戚离散，百姓不与。"公曰："然则何若？"对曰："请卑辞重币以说于诸侯[⑤]，轻罪省功以谢于百姓[⑥]，其可乎？"公曰："诺。"于是卑辞重币而诸侯附，轻罪省功而百姓亲，故小国入朝，燕鲁共贡。墨子闻之，曰："晏子知道。道在为人，而失在为己。为人者重，自为者轻。景公自为，而百姓不与；为人，而诸侯为役。则道在为人，而行在反己矣[⑦]。故晏子知道矣。"

注释

①私：偏爱。

②秏：同"耗"，耗费。

③教训：教化与训导。

④利泽：利益与恩泽。

⑤重币：重金，厚礼。

⑥省功：减省劳役。

⑦反己：自我反思，自我反省。

译文

景公对外傲视诸侯，对内轻视百姓，崇好勇力，爱好玩乐而放纵嗜好欲望，因此诸侯不欢迎，百姓不亲近。景公感到很担忧，问晏子说：“古代圣明的君王，他们的行为是什么样子的？”晏子说：“他们的行为公正而无邪僻，因此爱进谗言的人无法近身；不结交私党，不偏爱女色，因此结党营私之人无容身之处；对自己节俭对臣民宽厚，因此喜好搜刮百姓的人无用武之地；不侵占大国的土地，不耗费小国的民力，因此诸侯们都希望他地位显贵；不凭借军队掠夺他人，不凭借势众威胁他人，因此天下都希望他强大；对诸侯施以仁德和教化，对百姓施以慈爱和恩泽，因此海内就像流水一样归附于他。如今衰败之世为人君主的人，行为邪僻，结交私党，因此爱进谗言，谄媚惑上的人众多；对自己宽厚，对百姓刻薄，因此爱好搜刮百姓的人大行其道；侵占大国的土地，耗费小国的民力，因此诸侯都不希望他地位尊显；用武力劫掠他人，凭势众威胁他人，因此天下都不希望他强大；将灾害施加给诸侯，把劳苦施加给百姓，因此仇敌攻伐他，天下的诸侯都不施救，贵族亲戚逃离四散，臣民百姓也不亲附。”景公说：“这样的话怎么办呢？”晏子回答说：“请您用谦卑的言辞和丰厚的礼物，取悦于诸侯；减轻罪罚，减省劳役，谢罪于百姓。这样大概可行吧？”景公说：“好的。”于是景公对诸侯言辞谦卑，礼物丰厚，诸侯因此亲附；对百姓减轻罪罚，减省劳役，百姓因此亲近。于是，小国入朝拜见，燕、鲁也进献贡物。墨子听说了，说：“晏子懂得治国之道啊。治国之道在于为他人着想，而失道在于为自己打算。为他人着想的受人尊重，为自己打算的被人看轻。景公为自己算计的时候，小国都不亲附；为他人考虑的时候，诸侯甘愿受他差使。因此，治国之道在于为他人考虑，而奉行此道在于躬身自省。因此说，晏子懂得治国之道。”

景公问欲善齐国之政以干霸王晏子对以官未具第六

景公问晏子曰：“吾欲善治齐国之政，以干霸王之诸侯[①]。”晏子对曰：“官未具也。臣数以闻，而君不肯听也。臣闻仲尼居处惰倦，廉隅不正[②]，则季次、原宪侍[③]；气郁而疾，志意不通，则仲由、卜商侍；德不盛，行不厚，则颜回、骞、雍侍。今君之朝臣万人，兵车千乘，不善政之所失于下，霣坠于民者众矣[④]，未有能士敢以闻者，臣故曰官未具也。”公曰：“寡人今欲从夫子而善齐国之政，可乎？”对曰：“婴闻，国有具官，然后其政可善。”公作色不说，曰：“齐国虽小，则何谓官不具？”对曰：“此非臣之所复也。昔吾先君桓公身体惰懈，辞令不给，则隰朋暱侍[⑤]；左右多过，狱谳不中[⑥]，则弦宁暱侍；田野不修，民氓不安，则宁戚暱侍；军吏怠，戎士偷，则王子成甫暱侍；居处佚怠，左右慑畏，繁乎乐，省乎治，则东郭牙暱侍；德义不中，信行衰微，则管子暱侍。先君能以人之长续其短，以人之厚补其薄，是以辞令穷远而不逆[⑦]，兵加于有罪而不顿[⑧]，是故诸侯朝其德，而天子致其胙[⑨]。今君之过失多矣，未有一士以闻者也，故曰官不具。”公曰：“善。”

注释

①干：追求，求取。此句张纯一《晏子春秋校注》案：“以干霸王之诸侯，义不可通。《管子·小匡》篇有‘若欲霸王，夷吾在此’之说。据标题云‘以干霸王’，此文或作‘以干霸王，可乎？’”

②廉隅：比喻端方不苟的行为、品性。

③季次：即公皙哀，孔子弟子。原宪：字子思，孔子弟子。下文中仲由（字子路）、卜商（字子夏）、颜回（字子渊）、骞（闵损，字子骞）、雍（冉雍，字仲弓）皆为孔子弟子。

④賈：通“陨”。

⑤隰朋：齐桓公时齐国大夫。下文中的弦宁、宁

戚、王子成甫、东郭牙、管子都是齐桓公时齐国大夫。睚侍：在旁侍奉。

⑥狱谳：刑狱议罪。

⑦逆：违抗。

⑧顿：困顿，受挫。

⑨祚：通“胙”，古代祭祀时用的肉。古时天子祭祀后，将祭肉赏赐诸侯，以示礼遇。

译文

景公问晏子说：“我想好好地治理齐国国政，以求称霸于诸侯，如何？”晏子回答说：“齐国还不具备这样的官员啊。我多次给您禀报过这样的事情，可是您却总是不肯听从。我听说，孔子仪容举止倦怠，行为意志不够端正时，就有弟子季次、原宪在旁侍奉规劝；因气血郁积而生病，志向和意愿不得伸展时，就有弟子仲由、卜商在旁侍奉规劝；道德不够充实，品行不够淳厚时，就有颜回、闵子骞、冉雍在旁侍奉规劝。如今国君您的朝臣有上万人，兵车有上千辆，不合民心、强加于民的不好的政令已经很多了，可是从来没有敢向您禀报这些情况的人。我因此说还不具备这样的官员。”景公说：“寡人从今天起听从先生您的教导来好好地治理国政，可以称霸于诸侯吗？”晏子回答说：“我听说只有国家具备了合适的官员，然后国政才能治理好。”景公变了脸色，很不高兴地说：“齐国即使是小国，但你怎么可以说不具备这样的官员呢？”晏子回答说：“这可不是我给您禀报的意思。以前我们的先君桓公，身体倦怠，言辞不敏捷时，就有隰朋在旁侍奉；身边人多有过错，刑狱议罪多有不当时，就有弦宁在旁侍奉；田野荒芜，百姓不安定时，就有宁戚在旁侍奉；军官懈怠，士卒散漫时，就有王子成甫在旁侍奉；生活贪图安逸，近臣不敢进言规劝，贪于享乐，惰于治事时，就有东郭牙在旁侍奉；德行仁义不合规矩，信誉行动有所衰微时，就有管仲在旁侍奉。先君桓公能够以别人的长处来弥补自己的不足，以别人的优点来弥补自己的缺点，因此才做到命令传到极远的地方也不会有人违背，出兵攻伐有罪之国而不会失败。因此各诸侯国因为他的德行而来朝见，天子也将祭祀用的肉赏赐给他以表礼遇。如今君主您的过失已经很多了，可是却没有一个人向您禀报实情。我因此说齐国官员还不具备。”景公说：“说得好。”

景公问欲如桓公用管仲以成霸业晏子对以不能第七

景公问晏子曰：“昔吾先君桓公，有管仲夷吾保乂齐国[①]，能遂武功而立文德[②]，纠合兄弟，抚存冀州[③]，吴越受令，荆楚惛忧[④]，莫不宾服，勤于周室，天子加德。先君昭功，管子之力也。今寡人亦欲存齐国之政于夫子[⑤]，夫子以佐佑寡人，彰先君之功烈，而继管子之业。”晏子对曰：“昔吾先君桓公能任用贤，国有什伍[⑥]，治遍细民，贵不凌贱，富不傲贫，功不遗罢[⑦]，佞不吐愚[⑧]，举事不私，听狱不阿，内妾无羡食，外臣无羡禄，鳏寡无饥色。不以饮食之辟害民之财，不以宫室之侈劳人之力，节取于民而普施之。府无藏，仓无粟。上无骄行，下无谄德，是以管子能以齐国免于难，而以吾先君参乎天子。今君欲彰先君之功烈，而继管子之业，则无以多辟伤百姓，无以嗜欲怨诸侯，孰敢不承善尽力，以顺君意。今君疏远贤人而任谗谀，使民若不胜，藉敛若不得，厚取于民而薄其施，多求于诸侯而轻其礼，府藏朽蠹而礼悖于诸侯，菽粟藏深而怨积于百姓，君臣交恶而政刑无常。臣恐国之危失，而公不得享也。又恶能彰先君之功烈，而继管子之业乎？”

注释

①保乂：治理使之安定太平。

②武功：军事方面的功绩。文德：礼乐教化方面的功绩。

③冀州：此处指中原地区。

④惛：古“闻”字。

⑤存：托付。

⑥什伍：古代户籍编制，五家为伍，十户为什，相连相保。

⑦罢：通“疲”。

⑧佞：有才智，善于言辞。吐：唾弃，抛弃。

译文

景公问晏子说：“以前我们的先君桓公，有管仲辅佐治理齐国，因此能够建立武功和文德，联合兄弟之国，安定和保有中原地区，吴国、越国俯首听命，楚国感到忧惧，天下诸侯莫不服从，率领诸侯尽力拱卫周王室，周天子也予以嘉奖和表彰。先君之所以能建立显赫功业，靠的是管子的力量。如今寡人也想把齐国的国政托付给先生您，先生辅佐寡人，宣扬先君的显赫功业，继承管子的事业。”晏子回答说：“以前我们的先君桓公，善于任用贤能的人，国家有什伍管理制度，覆盖平民百姓；地位尊贵的人不欺凌地位低贱的人，富有的人不傲视贫贱的人，有功的人不谴责无能的人，有才智的人不鄙弃笨拙的人；做事情不为私心，审理案件不偏袒；宫内的妻妾没有吃不完的食物，朝中的大臣没有多余的俸禄，鳏夫寡妇没有饥饿之色；君主不因为自己乖僻的饮食嗜好而耗费百姓的财力，不因为修建奢华的宫殿而耗费百姓的劳力，有节制地对百姓征收赋税征发徭役，普遍地对百姓施以恩惠；府库中没有过多的货物，仓库中没有过多的粮食。君主没有骄横的行为，臣下没有谄媚的恶行，因此管子能够使齐国免于危难，使先君桓公的影响能够与天子相比拟。如今君主您想光大先君桓公的功业，延续管子的事业，就不要因为自己过多乖僻的嗜好而损害百姓的利益，不要因为自己的欲望和玩好之物而引起诸侯的怨恨。这样，臣下谁敢不继承善德，尽力办事，顺从您称霸诸侯的愿望？如今君主您却疏远贤能的人，任用谄媚的人，役使百姓却好像不能满足，聚敛民财却好像没有得到。向百姓征收过多而施恩太少，对诸侯求索过多而礼物轻薄。府库中的货物已经腐朽生虫，却在诸侯交往中礼物轻薄悖于礼节，粮食深藏于仓库之中却在百姓心中积聚怨恨。君臣之间互相憎恨，政令刑罚反复无常。我担心国家会有丧失的危险，而您不能享有齐国。您又怎么能光大先君桓公的功业，延续管子的事业？”

景公问莒鲁孰先亡晏子对以鲁后莒先第八

景公问晏子：“莒与鲁孰先亡？”对曰：“以臣观之也，莒之细人，变而不化[1]，贪而好假[2]，高勇而贱仁。士武以疾忿[3]，急以速竭。是以上不能养其下，下不能事其上，上下不能相收[4]，则政之大体失矣。故以臣观之也，莒其先亡。”公曰：“鲁何如？”对曰：“鲁之君臣，犹好为义，下之妥妥也[5]，奄然寡闻，是以上能养其下，下能事其上。上下相收，政之大体存矣，故鲁犹可长守。然其亦有一焉。彼邹、滕，雉奔而出其地，犹称公侯。小之事大，弱之事强，久矣。

彼晋者，周之树国也。鲁近齐而亲晋，以变小国[⑥]，而不服于邻，以远望晋，灭国之道也。齐其有鲁与莒乎？”公曰：“鲁与莒之事，寡人既得闻之矣。寡人之德亦薄，然后世孰践有齐国者？”对曰：“田无宇之后为几[⑦]。”公曰：“何故也？”对曰：“公量小[⑧]，私量大，以施于民。其与士交也，用财无筐箧之藏。国人负携其子而归之，若水之流下也。夫先与人利，而后辞其难，不亦寡乎？若苟勿辞也，从而抚之，不亦几乎？”

注释

①变而不化：民风常变而不向善。

②贪而好假：性格贪婪却好弄虚作假。

③疾忿：易怒。

④相收：相互容纳。

⑤妥妥：安静平和。妥，通“绥”。

⑥变小：当为“褊小”，指地域狭小。

⑦田无宇：陈桓子，齐国大夫。他的祖先为陈国公子，在陈国内乱时逃到齐国。他的后代最终夺取了齐国政权。几：几乎，差不多。

⑧量：量器，称量粮食的标准器。

译文

景公问晏子说：“莒国和鲁国哪个先灭亡？”晏子

回答说："依我看来，莒国的百姓民风易变而从不向善，性格贪婪而好弄虚作假，崇尚勇武而轻视仁义。莒国的士好勇猛而易怒，做事急躁而不能持久。因此莒国君主不能养护臣民，臣民不能侍奉君主，国内上下不能相容，这样政治的大体都已经丧失了。因此依我看来，莒国将先灭亡。"景公问："那么鲁国怎么样？"晏子回答说："鲁国君臣还喜好施行仁义，百姓安居乐业，沉默少言，因此君主能够养育臣民，臣民能够侍奉君主，国内上下相容，政治的大体都还存在，因此鲁国还可以长守不亡。然而鲁国也有一个不足。邹国、滕国两个小国，小到野鸡都能跑出他们的国境，可是他们依然可以称公称侯。这是因为他们能够以小国侍奉大国，以弱国侍奉强国很久了。晋国，是周王分封的国家。鲁国临近齐国却亲近晋国，作为狭小的国家，不顺从邻国却指望遥远的晋国，这是灭国的做法啊。齐国可能会拥有莒国和鲁国吧？"景公说："莒国和鲁国的事情，我已经知道了。我的德行也很微薄，那么以后谁会占有齐国呢？"晏子回答说："田无宇的后世差不多吧。"景公问："为什么呢？"晏子回答说："公室的量器小，而他自己的量器大，以此施恩于百姓；他与士大夫交往，使用财货不会有一筐一箱的保留。国人带着子女归附他，就好像水往低处流一样。他先给人以恩惠，等他遇到难处时拒绝帮助他的人，不是很少吗？如果人们都不推辞，他再加以安抚，不是差不多了吗！"

景公问治国何患晏子对以社鼠猛狗第九

景公问于晏子曰："治国何患？"晏子对曰："患夫社鼠[①]。"公曰："何谓也？"对曰："夫社，束木而涂之，鼠因往托焉。熏之则恐烧其木，灌之则恐败其涂。此鼠所以不可得杀者，以社故也。夫国亦有社鼠，人主左右是也。内则蔽善恶于君上，外则卖权重于百姓。不诛之则为乱，诛之则为人主所案据[②]，腹而有之[③]。此亦国之社鼠也。宋人有酤酒者，为器甚洁清，置表甚长[④]，而酒酸不售。问之里人其故。里人曰：'公之狗猛，人挈器而入[⑤]，且酤公酒，狗迎而噬之[⑥]。此酒所以酸而不售也。'夫国亦有猛狗，用事者是也。有道术之士，欲干万乘之主，而用事者迎而龁之[⑦]。此亦国之猛狗也。左右为社鼠，用事者为猛狗，主安得无壅，国安得无患乎？"

注释

①社鼠：社庙中的老鼠。社，祭祀土地之神的场所，或为土地之神的神主。

②案据：庇护，包庇。

③腹：通"覆"，包庇，翼护。有：通"宥"，原谅，饶恕。

④表：酒旗。

⑤挈：提着，拎着。

⑥噬：咬。

⑦齕：咬。

译文

景公问晏子说：“治理国家，最怕什么东西？”晏子回答说：“最怕社庙里的老鼠。”景公说：“您说的是什么意思？”晏子回答说：“社，是把木头捆在一起并涂上泥巴做成的，老鼠就在那里面藏身。想用烟熏来捉住它却害怕烧了木头，想用水灌来捉住它却害怕弄坏涂在上面的泥巴。这个老鼠之所以无法抓到并杀死，是因为神庙的缘故。国家也有社鼠，君主身边的近臣就是。这些人对内混淆善恶，蒙蔽君主；对外卖弄权势，祸害百姓。这些人如果不杀掉，就会祸乱国家；如果要杀他们，君主就会庇护并饶恕他们。这些人就是国家的社鼠。宋国有一个卖酒的人，酒具非常干净，门外悬挂的酒旗也很长，可是酒放酸了也卖不出去。这个人就向乡里之人问是什么原因，乡里之人说：‘你家的狗太凶了。有人拎着酒壶进你的店，正要买你的酒，狗就冲过来要咬人。这就是你的酒放酸了也卖不出去的原因。’国家也有很凶的狗，君主身边弄权的佞臣就是啊。有治国之能的人想求见大国之主，而这些佞臣冲上来像凶狗一样要咬他，这些人就是国家的凶狗啊。国君的左右近臣是社鼠，弄权的佞臣是凶狗，君主哪能不被蒙蔽，国家哪能没有忧患呢？”

景公问欲令祝史求福晏子对以当辞罪而无求第十

景公问晏子曰："寡人意气衰[①]，身病甚。今吾欲具圭璧牺牲[②]，令祝宗荐之乎上帝宗庙[③]。意者祀可以干福乎[④]？"晏子对曰："婴闻之，古者先君之干福也，政必合乎民，行必顺乎神。节宫室，不敢大斩伐以无偪山林[⑤]；节饮食，无多畋渔以无偪川泽[⑥]；祝宗用事，辞罪而不敢有所求也。是以神民俱顺，而山川纳禄[⑦]。今君政反乎民，而行悖乎神。大宫室，多斩伐以偪山林；羡饮食，多畋渔以偪川泽。是以神民俱怨，而山川收禄。司过荐罪[⑧]，而祝宗祈福，意者逆乎？"公曰："寡人非夫子无所闻此，请革心易行。"于是废公阜之游，止海食之献，斩伐者以时，畋渔者有数，居处饮食节之勿羡，祝宗用事，辞罪而不敢有所求也。故邻国忌之，百姓亲之。晏子没而后衰。

注释

①意气：精神。

②圭璧：用于祭祀的玉器。牺牲：用于祭祀的牲畜。

③祝宗：古代主持祭祀祈祷的人。荐：进献。

④干福：求福。

⑤偪：同"逼"，逼迫。

⑥畋：打猎。渔：捕鱼。

⑦纳禄：致禄，送来福禄。

⑧司过：职掌纠察群臣过失的官吏。

译文

景公问晏子说："我最近精神衰弱，身体非常不舒服。现在我想准备用于祭祀的圭璧牺牲，让祝宗进献给上帝和宗庙，我想祭祀可以求福吧？"婴子回答说："我听说，古代的君主求福，政治必定合乎民心，行为必定顺乎神意。控制宫室的规模和数量，不敢大肆砍伐树木，以免侵迫山林；控制饮食需求，不敢过多地打猎和捕鱼，以免侵迫河泽；祝宗主持祭祀时，只求神灵免除灾祸，而不敢别有祈求。因此，神灵和百姓都和顺，山川献出财富。如今您政治上不合民心，行为背离神意。扩大宫室规模和数量，大肆砍伐树木而逼迫山林；饮食富余，过多地打猎和捕鱼而逼迫河泽。因此，神灵和百姓都很怨恨，而山川收回财富。负责纠察的官员上报罪责，负责祭祀的官员祈求降福，我想这样做互相矛盾吧？"景公说："我如果没有先生您，不会听到这些话。请允许我洗心革面，改变行为。"于是景公废止了到公阜的游玩，停止进献海鲜，砍伐树木则按照时节入山，打猎捕鱼则都有限额，宫室和饮食都有节制而不过多，祝宗祭祀的时候只敢请求免罪而不敢别有祈求。因此，邻国都敬畏齐国，百姓都亲近君主。晏子死了之后，齐国就衰落了。

景公问古之盛君其行如何晏子对以问道者更正第十一

景公问晏子曰："古之盛君[1]，其行如何？"晏子对曰："薄于身而厚于民，约于身而广于世。其处上也，足以明政行教，不以威天下；其取财也[2]，权有无，均贫富，不以养嗜欲。诛不避贵，赏不遗贱；不淫于乐，不遁于哀[3]。尽智导民而不伐焉，劳力事民而不责焉[4]。政尚相利，故下不以相害为行；教尚相爱，故民不以相恶为名。刑罚中于法[5]，废置顺于民。是以贤者处上而不华[6]，不肖者处下而不怨。四海之内，社稷之中，粒食之民，一意同欲，若夫私家之政。生有厚利，死有遗教，此盛君之行也。臣闻问道者更正，闻道者更容。今君税敛重，故民心离；市买悖[7]，故商旅绝；玩好充，故家货殚。积邪在于上，蓄怨藏于民，嗜欲备于侧，毁非满于国，而公不图。"公曰："善。"于是令玩好不御[8]，公市不豫[9]，宫室不饰，业土不成[10]，止役轻税，上下行之，而百姓相亲。

注释

①盛君：盛德之君。

②取财：征收赋税。

③遁：通"循"，沉溺。

④不责：不图回报。

⑤中：符合。

⑥华：通“哗”，夸耀。

⑦悖：混乱。

⑧御：进奉，进献。

⑨豫：欺诈。

⑩业土：已经动工的工程。

译文

景公问晏子说：“古代的盛德之君，他们的德行是什么样子呢？”晏子回答说：“古代的盛德之君，薄以待己，厚以待民，严于律己，宽以待民。他们身居君位，可以做到政治清明，教化施行，而不以武力威胁天下诸侯百姓。他们征收赋税，衡量有无，均衡贫富，而不用来满足自己的嗜好和欲望。他们诛杀有罪不回避权贵，奖赏有功不遗忘贫贱。他们不过度享乐，也不沉溺于悲哀。他们竭尽才智教导人民而不夸耀自己的功劳，辛劳自己为民办事而不要求回报。他们行政崇尚互相有利，因此百官不做互相伤害的行为；教化崇尚互相爱护，因此人民不做相互憎恶的行为。他们量刑施罚都符合法律，事情的废止和设置顺从民意。因此贤能之人身处高位却不夸耀，无才之人身居低位也不抱怨。四海之内，国家之中，所有百姓都能同心同德，就像管理自己家的事情。他们活着的时候对百姓施以厚利，过世以后有德教流于后世。这就是盛德之君的行为。我听说，请教正道的人会更正自己，听到正道的人会改变容貌。如今君主您赋税沉重，所以民心离散；市场买卖混乱，所以商人商业断绝；玩好充斥宫室，所以百姓财货穷竭。奸邪之人充斥在朝堂上，怨恨之气积藏在百姓心中，谗谀谄媚之人簇拥在身边，毁谤非议之声流布全国，而君主您却不想办法解决。”景公说：“你说得好。”于是景公命令不再供奉赏玩之物，市场买卖禁止欺诈，宫室不再进行装饰，正在兴建的工程停止施工，暂停徭役，减轻赋税，全国上下一起奉行这些命令，百姓都相互亲爱起来。

景公问谋必得事必成何术晏子对以度义因民第十二

景公问晏子曰：“谋必得，事必成，有术乎？”晏子对曰：“有。”公曰：“其术如何？”晏子曰：“谋度于义者必得，事因于民者必成①。”公曰：“奚谓也？”对曰：“其谋也，左右无所系②，上下无所縻，其声不悖，其实不逆，谋于上不违天，谋于下不违民。以此谋者必得矣。事大则利厚，事小则利薄，称事之大小，权利之轻重，国有义劳，民有加利。以此举事者必成矣。夫逃义而谋，虽成不安。傲民举事，虽成不荣。故臣闻：义，谋之法也；民，事之本也。故反义而谋，倍民而动③，未闻存者也。昔三代之兴也，谋必度于义，事必因于民。及其衰也，建谋反义，兴事伤民。故度义因民，谋事之术也。”公曰：“寡人不敏[④]，闻善不行，其危如何？”对曰：“上君全善，其次出入焉，其次结邪而羞问[⑤]。全善之君，能制出入之君。时问之君，虽日危尚可以没身[⑥]。羞问之君，不能保其身。今君虽危，尚可没其身也。”

注释

①因：顺从。

②系：束缚。

③倍：通“背”，背弃，背叛。

④不敏：谦词，不聪明，不明事理。

⑤结邪：习惯于邪僻，不知悔改。

⑥没身：终老，得以善终。

译文

景公问晏子说：“有什么方法可以做到谋划一定能够实现，做事一定能够成功吗？”晏子回答说：“有。”景公说：“那方法是什么呢？”晏子说：“谋划合乎道义就一定能实现，做事顺于民意就一定能成功。”景公问：“这是什么意思呢？”晏子回答说：“谋划的时候，不受左右亲信的束缚，不受上下级的牵绊，名实相副不悖，对上不违反天理，对下不违反民心，根据这些原则去谋划，就一定能够实现。所谋求的事大，获得的利益就大，所谋求的事小，获得的利益就小，衡量所谋求的事的大小，权衡所获得利益的轻重，国家有符合道义的劳作，百姓有因此增加的好处。以这些原则去做事情，就一定能够成功。违背道义去谋划，即使实现也不稳定。漠视民意去做事情，即使成功也不光荣。因此我听说：道义是谋划的法度，民意是做事的根本。因此违反道义去谋划，违背民意去做事，没有听说能够成功的。以前三代兴盛之时，谋划必定合乎道义，做事必定顺从民意。等到三代衰落的时候，违反道义去谋划，违背民意去做事。因此，合乎道义，顺从民意，就是谋划和做事必定成功的方法。”景公说：“我不聪明，听到好的道理却不能实行，那么危害是什么呢？”晏子回答说：“最好的君主能够尽善尽美，次一等的君主处于善与不善之间，再次一等的君主惯于邪恶而羞于问道。尽善尽美的君主能够制服出入善恶之间的君主。经常询问道义的君主，虽然日渐陷于危险之中，但是还可以保全自身。羞于询问道义的君主，不能保全自身。如今君主您虽然危险，但是还可以保全自身得以善终。”

景公问善为国家者何如晏子对以举贤官能第十三

景公问晏子曰：“莅国治民①，善为国家者②，何如？”晏子对曰：“举贤以临国，官能以敕民③，则其道也。举贤官能，则民与君矣[④]。”公曰：“虽有贤能，吾庸知乎？”晏子对曰：“贤而隐，庸为贤乎？吾君亦不务乎是，故不知也。”公曰：“请问求贤。”对曰：“观之以其游，说之以其行。无以靡曼辩辞定其行[⑤]，无以毁誉非议定其身。如此，则不为行以扬声[⑥]，不掩欲以荣君。故通则视其所举，穷则视其所不为，富则视其所分，贫则视其所不取。夫上士，难进而易退也。其次，易进而易退也。其下，易进而难退也。以此数物者取人，其可乎？”

注释

①莅国：当国，统治国家。

②善为国家：精通治国之术。

③敕：通“饬”，治理，管理。

④与：追随，随从。

⑤靡曼辩辞：辞藻华丽，能言善辩。

⑥为：通“伪”，伪装。

译文

景公问晏子说：“统治国家，治理人民，精通治国之术的君主，是怎么做的呢？”晏子回答说：“举荐贤良之人来治理国家，委任才能之士来管理百姓，这就是他们的方法。举荐贤德之人，委任才能之士，老百姓就会追随国君。”景公说：“国内虽然有贤能之人，我怎么能知道呢？”晏子回答说：“有贤能之人却隐居不仕，怎么能说是贤能之人呢？君主您也不致力于访贤问能，因此不知道他们。”景公说：“请教一下，访求贤能的方法是什么？”晏子回答说：“根据与他相交往的人来观察他，根据他的所作所为来评议他。不要因为他的华丽辞藻、能言善辩而判定他的行为，不要因为他人的毁谤非议而判定他的为人。这样，人们就不会伪装自己的行为来为自己扬名，不会掩饰自己的欲望来迷惑君主。因此，对于仕途顺利的人，观察他所举荐的人；对于仕途不顺的人，观察他坚持不做的事情；对于富贵的人，观察他如何与人分享财富；对于穷困的人，观察他不向他人请求的东西。上等的士人，难以举荐任用却容易辞官退职；次一等的士人，容易举荐任用也容易辞官退职；下等的士人，容易举荐任用却难以辞官退职。以这几种情况选拔人才，大概就可以吧！”

景公问君臣身尊而荣难乎晏子对以易第十四

景公问晏子曰：“为君身尊民安，为臣事治身荣，难乎？易乎？”晏子对曰：“易。”公曰：“何若？”对曰：“为君节养其余以顾民，则身尊而民安；为臣忠信而无逾职业[①]，则事治而身荣。”公又问：“为君何行则危？为臣何行则废？”晏子对曰：“为君厚藉敛而托之为民[②]，进谗谀而托之用贤，远公正而托之不顺。

为君行此三者则危。为臣比周以求进[③]，逾职业防下隐利而求多，从君不陈过而求亲。人臣行此三者则废。故明君不以邪观民，守则而不亏，立法仪而不犯。苟有求于民，不以身害之。是故刑政安于下，民心固于上。故察士不比周而进[④]，不为苟而求，言无阴阳，行无内外，顺则进，否则退，不与上行邪。是以进不失廉，退不失行也。”

注释

①职业：职责，职守，职权。

②托：假托。

③比周：结党营私。

④察士：明察事理的士人。

译文

景公问晏子说：“身为君主，身份尊贵，百姓安定；身为臣子，政事得治，身份尊荣。做到这些，是难呢？还是容易呢？”晏子回答说：“容易做到。”景公说：“应该怎么做呢？”晏子回答说：“作为君主，减省自己的供养，用节省下来的钱财照顾百姓，那么就会君主尊贵，百姓安定；作为臣子，对国君忠诚守信而不逾越职权，那么就会政事得治，身份尊荣。”景公又问：“作为君主，做什么就会危险？作为臣子，做什么就会被罢免？”晏子回答说：“作为君主，加重税赋却托言是为了百姓，进用谄谀谄媚之人却托言是任用贤人，疏远公正贤能之人却托言是不能顺从自己。君主做这三种事情，就会遇到危险。作为臣子，结党营私以求获得提拔，逾越职权，防遏下民，隐藏私利，而贪得无厌，侍奉君主不直陈君主的过失以求亲近。臣子做这三件事，就会被罢免。因此英明的君主不做邪僻的事情给百姓看，恪守法则而不损害它，订立法律礼仪而不违反它。如果有求于百姓，不因为自己的私利而损害百姓利益。因此，刑罚公正，政治清平，百姓得以安定，民心也归附君主。明察是非的人，不结党营私以求获得提拔，不做苟且之事而有所求取，说话没有阳奉阴违，做事表里如一，符合道义就为官，不合道义就隐退，不和君主一起做邪僻的事情。因此可以做到出仕不失自己的廉洁，隐退不失自己的品行。”

景公问天下之所以存亡晏子对以六说第十五

景公问晏子曰：“寡人持不仁，其无义耳也。不然，北面与夫子而义[①]。”晏子对曰：“婴，人臣也。公曷为出若言？”公曰：“请终问天下之所以存亡。”晏子曰：“缦密不能[②]，蔍苴不学者诎[③]；身无以用人，而又不为人用者卑；善人不能戚[④]，恶人不能疏者危；交游朋友，无以说于人，又不能说人者穷；事君要利，大者不得，小者不为者馁[⑤]；修道立义，大不能专，小不能附者灭。此足以观存亡矣。”

注释

①义：通“议”，讨论，谈论。

②缦密：精细，细密。

③蔍苴：粗鲁，粗疏。

④戚：亲近。

⑤餧：通“馁”，饥饿。

译文

景公问晏子说：“寡人我没有仁德，不足以谈论治国之道。不然的话，请允许我面向北，处于臣位向先生您请教治国之道。”晏子回答说：“晏婴我只是臣子，您怎么会说出这样的话？”景公说：“我想刨根问底地向您请教天下兴亡的根本原因。”晏子说：“精细的事情做不来，粗疏的事情又不愿意学的人一定会遭受挫折；自己没有能力任用他人，而自己又不能为他人所用的人必定会地位卑贱；对善良的人不能去亲近，又不能疏远恶人的人必定会遭遇危险；与朋友交往，没有让人喜欢的才德，又不能喜欢他人才德的人必定会穷困；侍奉君主求取利益，大的官职得不到，小的官职又不屑于做的人必定遭受饥饿；修养道德，树立仁义，大的工作不能单独承担，小的工作又不愿意配合他人的人必定会失败。根据这些就足以观察国家的存亡了。”

景公问君子常行曷若晏子对以三者第十六

景公问晏子曰："君子常行曷若[①]？"晏子对曰："衣冠不中，不敢以入朝；所言不义，不敢以要君；身行不顺[②]，治事不公，不敢以莅众。衣冠无不中，故朝无奇僻之服；所言无不义，故下无伪上之报；身行顺，治事公，故国无阿党之义。三者，君子之常行也。"

注释

①常行：平时的行事准则。

②身行：自身的行事。

译文

景公问晏子说："君子平时的行事准则是什么样呢？"晏子回答说："君子平时穿戴的衣服和帽子不符合礼仪，不敢穿着它们入朝；所说的话不符合道义，就不敢用来要求他人听从；自身行事不顺，治理事务不公正，就不敢去管理百姓。君子穿戴的衣服和帽子没有不符合礼仪的，因此朝堂之中就没有奇怪的服饰；所说的话没有不符合道义的，因此臣下就没有欺骗君主的汇报；自身行事符合正道，治理事务公正，因此国内没有结党营私的事情。这三个方面，就是君子平时行事的准则。"

景公问贤君治国若何晏子对以任贤爱民第十七

景公问晏子曰："贤君之治国若何？"晏子对曰："其政任贤，其行爱民。其取下节，其自养俭。在上不犯下，在治不傲穷。从邪害民者有罪，进善举过者有赏[①]。其政刻上而饶下，赦过而救穷。不因喜以加赏，不因怒而加罚。不从欲以劳民[②]，不修怒而危国[③]。上无骄行，下无谄德[④]。上无私义，下无窃权。上无朽蠹之藏，下无冻馁之民。不事骄行而尚同，其民安乐而尚亲。贤君之治国如此。"

注释

①进善：进献善言。举过：指陈过错。

②从：通"纵"，放纵。

③修怒：因怒结怨。

④谄德：谄谀的品性。

译文

景公问晏子说："贤明的君主治理国家的方法是什么呢？"晏子回答说："他们的施政准则是任用贤能，他们的行为准则是爱护百姓。他们对百姓征收赋税非常节制，供养自己非常俭朴。身居高位不敢侵犯下级，掌权之人不敢傲视穷困之人。做奸邪之事残害百姓的要治罪，进献善言指陈过失的人要奖赏。他们的政治，对上严格，对下宽容，赦免无心的过失，赈济穷困。不因为自己高兴就额外奖赏，不因为自己愤怒就加重惩罚。不放纵自己的欲望而劳苦百姓，不结怨诸侯而危及国家。君主没有骄纵的行为，臣下没有谄谀的品性。君主不徇私行事，臣下不私自弄权。君主没有腐朽生虫的藏货，国内没有受冻挨饿的百姓。君主不做骄纵的事情而崇尚同心同德，百姓们安居乐业而崇尚相亲相爱。贤明的君主治理国家就是这样子的。”

景公问明王之教民何若晏子对以先行义第十八

景公问晏子曰："明王之教民何若？"晏子对曰："明其教令，而先之以行义；养民不苛，而防之以刑辟；所求于下者，必务于上；所禁于民者，不行于身。守于民财[①]，无亏之以利[②]；立于仪法，不犯之以邪；苟所求于民，不以身害之。故下从其教也。称事以任民，中听以禁邪[③]，不穷之以劳，不害之以罚，苟所禁于民，不以事逆之。故下不敢犯其上也。古者百里而异习，千里而殊俗，故明王修道，一民同俗，上以爱民为法，下以相亲为义，是以天下不相违。此明王之教民也。"

注释

①守：保护。

②亏：损害。

③中：公正。

译文

景公问晏子说："贤明的君主是如何教导百姓的呢？"晏子回答说："宣明他的教化命令，而率先做符合道义的事情；养育人民不苛刻，而用刑法防止出现损害百姓的暴行；禁止百姓做的事情，自己坚决不做。保护百姓的财产，不因为自己的私利而损害他们的利益；制定礼仪法律，不因为邪僻的事情而触犯；如果有求于百姓，不因为自己的私欲伤害他们。正因为如此，百姓都听从教导。权衡事情的轻重大小而役使百姓，听讼判案公正无私而禁止邪僻，不因为征伐劳役而使百姓穷困，不因为滥用刑罚而使百姓受害，如果有禁止百姓做的事情，自己就不因故违反。正因为如此，百姓不敢冒犯他们的上级。古代相隔百里百姓习惯就有差异，相隔千里百姓风俗就大为不同，因此贤明的君主树立治国之道，使所有百姓风俗同一，君主以爱护百姓为准则，臣民以互相亲爱为道义，因此天下不相违逆。这就是贤明的君主如何教导百姓。"

景公问忠臣之事君何若晏子对以不与君陷于难第十九

景公问于晏子曰："忠臣之事君何若？"晏子对曰："有难不死，出亡不送[1]。"公不说，曰："君裂地而封之[2]，疏爵而贵之[3]，君有难不死，出亡不送，其说何也？"对曰："言而见用，终身无难，臣奚死焉？谋而见从，终身不出，臣奚送焉？若言不见用，有难而死之，是妄死也[4]。谋而不见从，出亡而送之，是诈伪也。故忠臣也者，能纳善于君，不能与君陷于难。"

注释

①出亡：出逃，逃亡。

②裂地：划分土地。

③疏爵：分封爵位。

④妄死：无意义的死。

译文

景公问晏子说："忠臣是如何侍奉君主的呢？"晏子回答说："君主有危难，忠臣不殉死；君主逃往国外，忠臣不送行。"景公很不高兴，说："君主划分土地赐给臣下作封邑，分封爵位使臣下显贵，君主有难他们不殉死，逃亡他们不送行，这是怎么说呢？”晏子回答说：“忠臣进言而被采用，君主终身没有危难，做臣下的怎么会为之殉死呢？忠臣谋划而被听从，君主终身都不会逃亡，做臣下的怎么会为之送行呢？如果进言不被采用，君主有难却为之殉死，那就是没有意义地送死；如果谋划不被听从，君主逃亡却为之送行，那就是虚伪欺诈的做法。因此，忠臣能够向君主进谏善言，而不与君主一起陷于危难的境地。”

景公问忠臣之行何若晏子对以不与君行邪第二十

景公问晏子曰：“忠臣之行何如？”对曰：“不掩君过，谏乎前不华乎外①；选贤进能，不私乎内②。称身就位，计能定禄。睹贤不居其上，受禄不过其量。不权居以为行，不称位以为忠。不揜贤以隐长③，不刻下以谀上。君在不事太子，国危不交诸侯。顺则进，否则退，不与君行邪也。”

注释

①华：通“哗”，宣扬。

②内：亲近的人。

③揜：同“掩”，遮掩，掩盖。

译文

景公问晏子说："忠臣的行为是什么样子呢？"晏子回答说："不掩饰君主的过错，当着君主的面劝谏而不在外面宣扬。忠臣为君主选拔和举荐有贤能的人，而不偏向和自己亲近的人。忠臣根据自己的能力担任相应的官职，衡量自己的才能接受相应的俸禄。忠臣见到有贤能的人，不担任比他位置高的职位，不接受比他多的俸禄。忠臣不根据官位的大小来决定如何为君效力，不根据职位的高低来决定是否为君主尽忠。忠臣不会遮掩贤人而隐瞒他们的长处，也不会对下刻薄而对上谄媚。忠臣在君主在位的时候不结交太子，在国家危难的时候不结交诸侯。国君能信用自己就为官，不信用自己就辞官，不与君主做邪僻的事情。"

景公问佞人之事君何若晏子对以愚君所信也第二十一

景公问："佞人之事君如何[①]？"晏子对曰："意难[②]，难不至也。明言行之以饰身，伪言无欲以说人，严其交以见其爱[③]；观上之所欲，而微为之偶[④]，求君逼迩，而阴为之与[⑤]；内重爵禄，而外轻之以诬行，下事左右，而面示正公以伪廉，求上采听，而幸以求进；傲禄以求多，辞任以求重；工乎取，鄙乎予；欢乎新，慢乎故；吝乎财，薄乎施；睹贫穷若不识，趋利若不及；外交以自扬，背亲以自厚；积丰羡之养，而声矜恤之义；非誉乎情，而言不行身，涉时所议，而好论贤不肖；有之己，不难非之人，无之己，不难求之人；其言强梁而信⑥，其进敏逊而顺。此佞人之行也。明君之所诛，愚君之所信也。”

注释

①佞人：善于花言巧语、阿谀奉承的人。

②意难：觉得很难。

③严：尊敬，尊重。

④微：伺机。

⑤与：结为党羽。

⑥强梁：强横。

译文

景公问晏子说：“阿谀奉承的人是如何侍奉君主的呢？”晏子回答说：“他们认为奉行道义很难，就畏难不去做。他们公开声称奉行道义以美化自己，谎称没有私欲以取悦他人。他们尊敬君主的宠臣以表现自己对君主的热爱，观察君主的爱好以伺机表示与君主志趣相投；巴结君主身边的人并暗中与之结为党羽。他们内心看重爵位和俸禄，外表却装出轻视的样子来欺世盗名；卑下地侍奉君主的宠臣，外表却装出公正的样子以假装清廉。

他们希望君主知道并相信他们无欲廉洁的品行，从而侥幸得到任用和提拔。他们假装轻视利禄以求得更多的利禄；表面上辞谢官职以求得更高的官职。他们善于聚敛钱财，却舍不得施舍他人。他们喜欢新的东西，厌恶旧的东西。他们吝惜钱财，不乐施舍。他们看到贫穷的亲友就像是不认识，追逐利益唯恐赶不上。他们对外结交邻国以宣扬自己，对内背叛亲友以为己谋利。家中积聚的财物丰饶有余，却声称自己有怜贫惜老的品行；非议或者赞扬人全凭私意，实际上却言行不一。涉及当世的评论，动辄喜欢议论他人长短。自己已经做到的事情，就拿来诘责没有做到的人，自己没有做到的事情，却不妨碍他们要求别人做到。他们言语强横任性而自负，行事却敏捷谦逊而顺利。这就是阿谀奉承的人的行为。这些人，英明的君主会加以责罚，愚昧的君主却会加以信任。”

景公问圣人之不得意何如晏子对以不与世陷乎邪第二十二

景公问晏子曰：“圣人之不得意何如？”晏子对曰：“上作事反天时[①]，从政逆鬼神，藉敛殚百姓，四时易序，神祇并怨[②]。道忠者不听，荐善者不行，谀过者有赉[③]，救失者有罪。故圣人伏匿隐处，不干长上，洁身守道，不与世陷乎邪，是以卑而不失义，瘁而不失廉[4]。此圣人之不得意也。”公曰：“圣人之得意何如？”对曰：“世治政平，举事调乎天，藉敛和乎民，百姓乐其政，远者怀其德；四时不失序，风雨不降虐；天明象而致赞[5]，地长育而具物；神降福而不靡，民服教而不伪；治无怨业[6]，居无废民。此圣人之得意也。”

注释

①天时：自然运转的次序和规律。

②神祇：指天神和地神。泛指神灵。

③赉：赏赐。

④瘁：疾病，劳累。

⑤象：天象，征兆。

⑥怨：通“蕴”，蕴集，积压。

译文

景公问晏子说：“圣人不得意的时候是什么样子呢？”晏子回答说：“君主做事逆反自然规律，施政违背鬼神意志，征收赋税榨干百姓钱财，天地四时顺序混乱，天地神灵都有怨恨。进谏忠言的人不被听从，推荐贤良的人不被任用，奉承过失的人得到赏赐，补救过错的人却被治罪。因此圣人隐居避世，不出仕为官，洁身自好，坚守道德，不与世人一起陷入邪僻之中。因此地位卑微却不失道义，贫病劳累而不失廉洁。这就是圣人不得意的时候的样子。”景公说：“圣人得意的时候是什么样子呢？”晏子回答说：“天下大治，政治清平，做事与天道相协调，征收赋税与百姓意愿相和洽，百姓喜欢国家的政治，远方的人感念他的恩德；天地四时顺序不乱，风雨不造成灾害；上天显示祯祥来帮助他，大地生养而万物俱备；神灵降福没有穷尽，百姓服从教化而无虚情。政事没有积压不办的，百姓没有游手好闲的。这就是圣人得意时的样子。”

景公问古者君民用国不危弱晏子对以文王第二十三

景公问晏子曰：“古者君民而不危，用国而不弱，恶乎失之[①]？”晏子对曰：“婴闻之，以邪莅国，以暴和民者危；修道以要利[②]，得求而返邪者弱。古者文王修德不以要利，灭暴不以顺纣，干崇侯之暴[③]，而礼梅伯之醢[④]，是以诸侯明乎其行，百姓通乎其德，故君民而不危，用国而不弱也。”

注释

①恶乎失之：恶乎，何所。张纯一《晏子春秋校注》认为，“失”当为“法”，取法，效法。

②要：索取，索求。

③崇侯：即崇侯虎，商纣王时的佞臣。他向商纣王

进谗言，致使周文王被纣王囚禁在羑里。

④梅伯：商纣王时的大臣。因为冒犯纣王，被剁为肉酱。醢：古代的一种酷刑，把人杀死后剁成肉酱。

译文

景公问晏子说："古代为民君主而不陷入危难，治理国家而不使国家衰弱,应该效仿谁？"晏子回答说："我听说，以邪僻的方式统治国家，以暴力驯服百姓的君主就会遭遇危险；遵守道义是为了求得利益，得到利益之后却重返邪僻的君主会使国家削弱。古代周文王修治道德，诛灭残暴不是为了顺从纣王，冒犯崇侯的残暴，而对梅伯被处以醢刑致以礼敬，因此诸侯明白他的品行，百姓知晓他的德行，因此为民君主而不陷入危难，治理国家而不使国家衰弱。"

景公问古之莅国者任人如何晏子对以人不同能第二十四

景公问晏子曰："古之莅国治民者，其任人何如？"晏子对曰："地不同生[①]，而任之以一种，责其俱生不可得[②]。人不同能，而任之以一事，不可责遍成。责焉无已，智者有不能给；求焉无餍[③]，天地有不能赡也[④]。故明王之任人，谄谀不迩乎左右，阿党不治乎本朝；任人之长，不强其短，任人之工，不强其拙。此任人之大略也。”

注释

①生：通“性”，性质。

②责：要求。

③无餍：不能满足。餍，同“厌”。

④赡：供给，供养。

译文

景公问晏子说：“古代统治国家、治理百姓的君主，他们是如何任用人才的？”晏子回答说：“每一块田地的土质都不同，却种植同一种东西，要求它们都生长起来是不可能的。每一个人的能力都不同，却任用他们做同一件事情，不能要求他们都做成。要求他人做事而没有节制，有智慧的人也不能满足所有要求；索求没有知足之时，天地也不能供应所有需求。因此英明的君主任用人才，阿谀奉承的人不接近左右，结党营私的人不在朝中任职；使用人才的长处，不勉强用他们的短处；让他们做擅长的事情，不勉强他们做不擅长的事情。这就是任用人才的大致情况吧。”

景公问古者离散其民如何晏子对以今闻公令如寇雠第二十五

景公问晏子曰："古者离散其民[1]，而陨失其国者[2]，其常行何如？"晏子对曰："国贫而好大，智薄而好专；贵贱无亲焉，大臣无礼焉；尚谗谀而贱贤人，乐简慢而玩百姓[3]；国无常法，民无经纪[4]；好辩以为智，刻民以为忠；流湎而忘国[5]，好兵而忘民；肃于罪诛，而慢于庆赏；乐人之哀，利人之难；德不足以怀人，政不足以惠民；赏不足以劝善，刑不足以防非：此亡国之行也。今民闻公令如寇雠[6]，此古之离散其民，陨失其国者之常行也。"

注释

①离散：分离，分散。

②陨失：丧失，失落。

③简慢：轻忽懈怠。

④经纪：纲常，法度。

⑤流湎：放纵无度。

⑥寇雠：敌人，仇敌。

译文

景公问晏子说："古代使百姓离散，使国家灭亡的君主，他们平常的行为是什么样子呢？”晏子回答说：“国家贫弱却好大喜功，才智浅薄却独断专行；对待贵戚和平民都不亲近，对待大臣傲慢无礼；崇尚阿谀奉承的人却看轻贤能之人，轻忽怠慢却无视百姓；国家没有固定的法律，人民没有纲常法度；把能言善辩之人当成聪明，把对民苛刻之人当成忠诚；放纵无度而忘记国事，穷兵黩武而忘记百姓，对于治罪用刑非常严肃，对于论功行赏却非常冷淡；把别人的悲哀当作自己的快乐，把别人的灾难当作对自己有利的事情；德行不足以使人归顺，政治不足以让百姓得利；奖赏不足以鼓励为善，刑罚不足以防止邪恶：这就是亡国的行为。如今百姓听到您的政令就像是遇到了敌人，这就是古代使百姓离散，使国家灭亡的君主平常的行为。”

景公问欲和臣亲下晏子对以信顺俭节第二十六

景公问晏子曰：“吾欲和臣亲下，奈何？”晏子对曰：“君得臣而任使之，与言信，必顺其令[①]，赦其过；任大臣无多责焉，使迩臣无求嬖焉[②]；无以嗜欲贫其家，无信谗人伤其心；家不外求而足，事君不因人而进，则臣和矣。俭于藉敛，节于货财，作工不历时[③]，使民不尽力，百官节适[④]，关市省征[⑤]，山林陂泽不专其利[⑥]，领民治民，勿使烦乱，知其贫富，勿使冻馁，则民亲矣。”公曰：“善！寡人闻命矣。”

故令诸子无外亲谒[7]，辟梁丘据无使受报[8]，百官节适，关市省征，山林陂泽不禁，冤报者过[9]，留狱者请焉[10]。

注释

①顺：听从。令：善言。

②迩臣：近臣。

③历时：持续整年。

④节适：适当，有节制。

⑤省征：减免征税。

⑥陂泽：湖泊，池塘。

⑦无外亲谒：不得在外与他人结交和接受请托。

⑧报：狱讼之事。

⑨过：追究责任。

⑩请：赦免罪行。

译文

景公问晏子说："我想与群臣和睦，与百姓亲近，应该怎么做呢？"晏子回答说："君主得到臣子而任用他们，与他们交谈要讲信用，一定要听从他们的善言，赦免他的过错，任用大臣不要求全责备，使近臣无法侥幸求宠；不因为放纵自己的嗜好和欲望而使臣民家庭贫穷，不因为听信小人的谗言而使他们的心受伤；家庭不必额外向外求取就富足，侍奉君主不必凭借他人引荐即可受到提拔，这样臣下就与君主和睦了。减轻赋税征收，节制财物聚敛，征发徭役不持续整年，征用百姓不耗尽他们的力气，官职设置没有冗余，关隘和市场减免税收，山林池塘不专享其利，领导和治理百姓，政令不烦乱，知道百姓的贫富，不要让百姓受冻挨饿，那样百姓就亲附君主了。”景公说：“说得好！我接受你的教导了。”于是命令各位公子不得在外与他人结交和接受请托，禁止梁丘据负责狱讼之事，百官设置适当，关隘和市场减免税收，山林池塘不禁止百姓进入，审判不公而冤枉他人的人要追究责任，滞留在监狱里的人予以赦免。

景公问得贤之道晏子对以举之以语考之以事第二十七

景公问晏子曰："取人得贤之道何如？" 晏子对曰："举之以语，考之以事，能谕则尚而亲之①，近而勿辱以取人②，则得贤之道也。是以明君居上，寡其官而多其行，拙于文而工于事，言不中不言，行不法不为也。"

注释

①谕：知晓，明白。

②勿辱：待之以礼，不使其感到受辱。

译文

景公问晏子说："选拔人才，求得贤人，要怎么做呢？"晏子回答说："根据他的言论进行选用，根据他的行事进行考察，如果真的能够知晓治国之道，就尊重并亲近他，亲近他又要待之以礼，这就是选拔人才，求得贤人的方法。因此圣明的君主居于君位，减少官职设置而加重职责，不追求外表形式而注重善于办事，言语不合事理就不说，行为不合法度就不做。"

景公问臣之报君何以晏子对以报以德第二十八

景公问晏子曰："臣之报其君何以？"晏子对曰："臣虽不知①，必务报君以德。士逢有道之君，则顺其令；逢无道之君，则争其不义②。故君者择臣而使之，臣虽贱，亦得择君而事之。"

注释

①知：通"智"，明智，聪明。

②争：通"诤"，劝谏，诤谏。

译文

景公问晏子说："臣子要用什么来回报他的君主呢？"晏子回答说："臣下我虽然不是非常聪明，但也知道一定用德来回报君主。士遇到有道行的君主，就顺从他的命令；如果遇到没有德行的君主，就对他不义的事情进行诤谏。君主会选择臣子来相机任用，臣子们虽然地位低下，也是要选择君主而侍奉的。”

景公问临国莅民所患何也晏子对以患者三第二十九

景公问晏子曰："临国莅民，所患何也？”晏子对曰："所患者三：忠臣不信[①]，一患也；信臣不忠，二患也；君臣异心，三患也。是以明君居上，无忠而不信，无信而不忠者。是以君臣同欲，而百姓无怨也。”

注释

①不信：不被信任。

译文

景公问晏子说："治理国家，统治百姓，所担心的是什么呢？”晏子回答说："所担心的事情有三件：忠心耿耿的臣子却得不到信任，是第一件；受信任的臣子却不忠诚，是第二件；君臣不能同心同德，是第三件。因此圣明的君主居于君位，没有忠心耿耿却不被信任的臣子，也没有受信任而不忠诚的臣子。因此君臣同心同德，百姓也没有怨恨。”

景公问为政何患晏子对以善恶不分第三十

景公问于晏子曰：“为政何患？”晏子对曰：“患善恶之不分。”公曰：“何以察之？”对曰：“审择左右[①]。左右善，则百僚各得其所宜，而善恶分。”孔子闻之曰：“此言也信矣[②]！善进，则不善无由入矣[③]；不善进，则善无由入矣。”

注释

①审：谨慎，审慎。

②信：正确。

③由：机缘，机会。

译文

景公问晏子说：“治国施政，担心什么事情？”晏子回答说：“担心的是善恶不分。”景公说：“怎样才能分清楚呢？”晏子回答说：“谨慎地选择身边的人。身边的人为善，那么百官就能各自做该做的事情，善恶也就分清楚了。”孔子听说之后说：“晏子的这番话非常对啊。为善的人获得任用，那么不善的人就没有机会得以进用了；不善的人获得任用，为善的人就没有机会得以进用了。”

卷四　内篇问下第四

景公问何修则夫先王之游晏子对以省耕实第一

景公出游，问于晏子曰："吾欲观于转附朝舞[①]，遵海而南[②]，至于琅琊[③]。寡人何修[④]，则夫先王之游[⑤]？"晏子再拜曰："善哉！君之问也。婴闻之，天子之诸侯为巡狩，诸侯之天子为述职。故春省耕而补不足者谓之游，秋省实而助不给者谓之豫。夏谚曰：'吾君不游，我曷以休？吾君不豫，我曷以助？一游一豫，为诸侯度[⑥]。'今君之游不然，师行而粮食，贫苦不补，劳者不息。夫从下历时而不反谓之流，从高历时而不反谓之连，从兽而不归谓之荒，从乐而不归谓之亡。古者圣王无流连之游，荒亡之行。"公曰："善。"命吏计公禀之粟[⑦]，藉长幼贫氓之数[⑧]。吏所委发廪出粟，以予贫民者三千钟，公所身见癃老者七十人[⑨]，振赡之[⑩]，然后归也。

注释

①转附朝舞：亦见于《孟子·梁惠王下》，作"转附、朝儛"。赵岐注："皆山名也"。焦循《孟子正义》认为转附即芝罘山，朝舞即成山。

②遵：沿着，顺着。

③琅琊：齐国山名。在今山东省诸城市东南海滨。
④何修：做些什么，怎么做。
⑤则：效法。
⑥度：法度，规则。
⑦禀：即“廪”，仓库。
⑧藉：登记。
⑨癃老：衰老病弱。
⑩振赡：用财物救济。振，通“赈”。

译文

景公出游，问晏子说：“我想游览转附、朝舞，然后沿海南下，一直到琅琊山。我需要做些什么，才能效法先王的出游？”晏子行再拜礼，回答说：“您这样的发问真是太好了。我听说，天子到诸侯那里去视察叫作巡狩，诸侯到天子那里去汇报叫作述职。因此春天巡游视察耕种情况然后补助缺少种子的人叫作游，秋天巡游视察收获情况然后帮助粮食歉收的人叫作豫。夏朝谚语说：‘我的君主春天不游，我怎么完成耕种？我的君主秋天不豫，我怎么得到帮助？春天一游秋天一豫，是诸侯奉行的法则。’如今君主您的出游却不是这个样子，出行队伍需要当地供应饮食，贫困的百姓得不到帮助，劳累的百姓得不到休息。顺水而下，乐而忘返叫作流；溯水而上，乐不思归叫做连；尽情捕猎，纵情不归叫作荒；恣意行乐，不知有止叫作亡。古代圣明的君王没有流连的巡游，没有荒亡的行为。”景公说：“说得好。”命令官吏统计府库粮食的数量，登记国内年老、年幼和穷困的百姓信息，打开府库发放粮食，发给贫穷百姓的粮食有三千钟。景公出游亲自接见的衰老病弱的老人有七十人，都给予了救济，然后结束巡游返回都城。

景公问桓公何以致霸晏子对以下贤以身第二

景公问于晏子曰：“昔吾先君桓公，善饮酒，穷乐，食味方丈[①]，好色无别[②]。辟若此，何以能率诸侯以朝天子乎？”晏子对曰：“昔吾先君桓公，变俗以政，下贤以身[③]。管仲，君之贼也，知其能足以安国济功[④]，故迎之于鲁郊，自御，礼之于庙。异日，君过于康庄[⑤]，闻宁戚歌[⑥]，止车而听之，则贤人之风也，举以为大田[⑦]。先君见贤不留[⑧]，使能不怠[⑨]，是以内政则民怀之，征伐则诸侯畏之。今君闻先君之过，而不能明其大节。桓公之霸也，君奚疑焉？”

注释

①方丈：一丈见方。此处是极言食物的丰盛。

②好色无别：《公羊传·庄公二十年》何休《解诂》：“齐侯亦淫诸姑姊妹不嫁者七人。”

③下贤以身：地位尊贵的人降低身份去结交和礼敬贤能之人。

④济功：成就功业。

⑤康庄：四通八达的大道。

⑥宁戚：春秋时齐国大夫。宁戚是一个贤能的人，却得不到任用，于是就去给人喂牛，住在齐国都城东门外。正好碰到齐桓公夜间出门，宁戚正在喂牛，于是拍着牛角大声唱歌。齐桓公听了之后，知道他是一个贤能之人，就予以任用。

⑦大田：古代官职名称，负责农事管理和田地开辟的官员。

⑧留：滞留，拖延，搁置。

⑨怠：傲慢，不尊敬。

译文

景公问晏子说："以前我的先君桓公善于饮酒，纵情行乐，美味佳肴摆满桌子，贪好美色不顾伦常。桓公行为邪僻成这个样子，怎么还能率领诸侯朝见天子呢？"晏子回答说："以前我们的先君桓公施行政令移风易俗，能够纡尊降贵，礼贤下士。管仲，是以前伤害过先君的人。桓公知道他的才能，可以安定国家，成就功业，于是亲自到鲁国郊外去迎接，一路上亲自为他驾车，在宗庙举行礼仪接待他。又有一天，桓公从大道上经过，听到宁戚在唱歌，停下车来仔细听，知道他有贤人的风范，就任命他为大田。先君桓公遇到贤能之人不会让他闲处，能任用贤能之人但举止从不傲慢，因此治理内政则百姓感念他的恩德，对外征伐则诸侯敬畏他的仁义。如今君主您只听说先君的过失，而不能明白他的大节。桓公的霸业，君主您为什么要怀疑呢？”

景公问欲逮桓公之后晏子对以任非其人第三

景公问晏子曰：“昔吾先君桓公，从车三百乘，九合诸侯[①]，一匡天下[②]。今吾从车千乘，可以逮先君桓公之后乎？”晏子对曰：“桓公从车三百乘，九合诸侯，一匡天下者，左有鲍叔，右有仲父。今君左为倡[③]，右为优[④]，谗人在前，谀人在后，又焉可逮桓公之后乎？”

注释

①九合诸侯：多次会盟诸侯。

②一匡天下：使天下得到匡正。

③倡：古代指唱歌的人。

④优：古代指唱戏的人。

译文

景公问晏子说：“以前我们的先君桓公，只有三百辆兵车，就可以多次召集诸侯举行会盟，率领诸侯朝见天子维护礼制。如今我有一千辆兵车，可以追随先君桓公之后建立功业吗？”晏子回答说：“桓公拥有三百辆兵车，但却能多次会盟诸侯，维护天下礼制，是因为左右有鲍叔、管仲这样的能臣。如今君主您身体左右都是歌姬、戏子，前后都是谄媚奉承的臣子，又怎么能追随桓公之后建立功业呢？”

景公问廉政而长久晏子对以其行水也第四

景公问晏子曰：“廉政而长久①，其行何也？”晏子对曰：“其行水也。美哉，水乎清清！其浊无不雩途②，其清无不洒除③，是以长久也。”公曰：“廉政而遬亡④，其行何也？”对曰：“其行石也。坚哉，石乎落落⑤！视之则坚，循之则坚⑥，内外皆坚，无以为久，是以遬亡也。”

注释

①廉政：廉洁正直，品行方正。政，通“正”。

②雩途：污染，涂抹。

③洒除：清除。

④遬亡：快速消亡。遬，当为“遬”字之误，即速。

⑤落落：粗糙的样子。

⑥循：通“揗”，抚摩。

译文

景公问晏子说："廉洁正直，品行方正而能长存于世的人，他们的品行是什么样子的？"晏子回答说："他们的品行就像水一样。水清清的多好啊！它浑浊的时候，没有什么不被它污染；它清澈的时候，没有什么不被它洗净。因此能够长久。"景公问："廉洁正直、品行方正而快速消亡的人，他们的品行是什么样子呢？"晏子回答说："他们的品行就像石头一样。粗糙的石头多坚硬啊！它看起来是粗糙坚硬的，摸起来也是粗糙坚硬的，里外都是坚硬的，没有办法持久，所以就很快消亡了。"

景公问为臣之道晏子对以九节第五

景公问晏子曰："请问为臣之道。"晏子对曰："见善必通[①]，不私其利；荐善而不有其名；称身居位，不为苟进[②]；称事受禄，不为苟得；体贵侧贱[③]，不逆其伦；居贤不肖，不乱其序；肥利之地，不为私邑；贤质之士，不为私臣；君用其所言，民得其所利，而不伐其功。此臣之道也。"

注释

①通：推广，推行。

②苟：贪求。

③侧：通“厕”，位列，置身。

译文

景公问晏子说：“请问做臣子的准则。”晏子回答说：“做臣子的，见到有利的事情就去推行，而不借此独自享有它的好处；向君主举荐贤能，而不求取荐贤的名声；根据自己的才能接受官职，而不钻营求官；根据自己的功劳接受俸禄，而不贪求不当的东西；自身尊贵却处于卑微的职位，也不违背应有的伦常；根据实际才能各安其位，而不搅乱应有的秩序；遇到肥沃富庶的土地，而不据为自己的封邑；发现贤德质朴的人，而不把他作为自己的家臣；君主采用他的建议，百姓从中得到好处，而不夸耀自己的功劳。这些就是做臣子的准则。”

景公问贤不肖可学乎晏子对以勉强为上第六

景公问晏子曰：“人性有贤不肖，可学乎？”晏子对曰：“《诗》云：‘高山仰之，景行行之。[1]’之者，其人也。故诸侯并立，善而不怠者为长；列士并学，终善者为师。”

注释

①高山仰之，景行行之：见于《诗经·小雅·车辖》，

今本作“高山仰止，景行行止”。景行，大道。

译文

景公问晏子说：“人的品性，有好有不好，贤德的品行能学到吗？”晏子回答说：“《诗经》说：‘高山仰之，景行行之。’之，就是要学习的目标。因此众多诸侯并立于世，遵行善道而坚持不懈的人能够成为首领；众多士人一起学习，能够坚持学习到底的人可以成为老师。”

景公问富民安众晏子对以节欲中听第七

景公问晏子曰：“富民安众，难乎？”晏子对曰：“易。节欲则民富，中听则民安[①]。行此两者而已矣。”

注释

①中听：断案公正。

译文

景公问晏子说：“让人民富足，让百姓安定，很困难吗？”晏子回答说：“很容易做到。君主节制自己的欲望，人民就能够富足；君主断案公正，百姓就会安定。只要做到这两件事儿就行了。”

景公问国如何则谓安晏子对以内安政外归义第八

景公问晏子曰："国如何则可谓安矣？"晏子对曰："下无讳言，官无怨治[①]；通人不华[②]，穷民不怨；喜乐无羡赏[③]，忿怒无羡刑；上有礼于士，下有恩于民；地博不兼小，兵强不劫弱；百姓内安其政，外归其义。可谓安矣。"

注释

①怨：通"蕴"，积压。

②通人：官位显贵的人。

③羡：富余，多余。

译文

景公问晏子说："国家治理成什么样子才可以称为安定？"晏子回答说："臣民没有不敢说的话，官府没有积压的政事；官位显贵的人不尚奢华，处境穷困的人没有怨言；君主高兴的时候没有多余奖赏，发怒的时候没有额外刑罚；上对士人礼敬，下对百姓施恩；土地广博的国家不兼并小的国家，兵力强盛的国家不劫掠弱小的国家；国内百姓因良好的政治而安定，国外诸侯因仁义显著而归附。国家治理成这个样子，就可以叫作安定了。"

景公问诸侯孰危晏子对以莒其先亡第九

景公问晏子曰："当今之时，诸侯孰危？"晏子对曰："莒其先亡乎[①]？"公曰："何故？"对曰："地侵于齐，货竭于晋，是以亡也。"

注释

①莒：春秋时期诸侯国，地在今山东莒县一带。

译文

景公问晏子说："当今这个时候，哪个诸侯处境危险？"晏子回答说："莒国可能最先灭亡吧？"景公问："为什么呢？"晏子回答说："莒国土地与齐国邻近，却竭尽财物向晋国纳贡，因此会灭亡。"

晏子使吴吴王问可处可去晏子对以视国治乱第十

晏子聘于吴[①]，吴王曰："子大夫以君命辱在敝邑之地[②]，施贶寡人[③]，寡人受贶矣，愿有私问焉[④]。"晏子逡遁而对曰[⑤]："婴，北方之贱臣也。得奉君命，以趋于末朝[⑥]，恐辞令不审[⑦]，讥于下吏[⑧]，惧不知所以对者。"吴王曰："寡人闻夫子久矣，今乃得见，愿终其问。"晏子避席对曰[⑨]："敬受命矣。"吴王曰："国如何则可处，如何则可去也？”晏子对曰：“婴闻之，亲疏得处其伦⑩，大臣得尽其忠，民无怨治，国无虐刑，则可处矣。是以君子怀不逆之君，居治国之位。亲疏不得居其伦，大臣不得尽其忠，民多怨治，国有虐刑，则可去矣。是以君子不怀暴君之禄，不处乱国之位。”

注释

①聘：诸侯之间派遣使者访问。

②子大夫：古代国君对大夫、士或臣下的美称。

③施贶：对他人赠与的敬称。

④私问：私下的、非正式场合的询问。

⑤逡遁：意同“逡巡”，因为有所顾虑而徘徊不前的样子。遁，通“循”。

⑥末朝：谦词，朝堂的末席。

⑦不审：不详细，不周密，不恰当。

⑧下吏：低级官员。此处当为委婉说法，因不便直接指称吴王，因此借下吏而言。

⑨避席：古人席地而坐，离席起立，以示敬意。

⑩亲疏得处其伦：君主亲近贤人，远离不肖，让他们根据品德和才能各居其位。

译文

晏子奉命出使吴国，吴王说：“先生您因君主之命屈尊来到我国，给我带来恩惠，我接受恩惠了。希望能私下向您请教一些问题。”晏子犹豫地回答说：“我只是齐国一个地位低下的臣子，因为奉了君主的命令，才得以奔走于贵国朝堂之末，担心所说的话不恰当被您讥笑，恐惧得不知道该怎么回答。”吴王说：“我听说您的大名已经很久了，现在才见到您，希望您能够回答我的问题。”晏子离开坐席，回答说：“我恭敬地接受您的命令。”吴王说：“国家治理成什么样子就可以出仕为官，什么样子就可以辞职离开？”晏子回答说：“我听说，如果君主能够亲近贤人，疏远不肖之人，使他们合适地各处其位，大臣们尽忠办事，百姓对国家政令没有怨言，国家没有残虐的刑罚，就可以出仕为官。因此君子归附不违逆伦常的君主，担任政治清明国家的官职。如果贤人和不肖之人不能根据才能合适地各处其位，大臣们不能尽忠办事，百姓对国家的政令有很多怨言，国家有残虐的刑罚，就可以辞职离开。因此君子不留恋残暴君主的俸禄，不担任政令混乱国家的官职。”

吴王问保威强不失之道晏子对以先民后身第十一

晏子聘于吴，吴王曰：“敢问长保威强勿失之道若何[①]？”晏子对曰：“先民而后身，先施而后诛；强不暴弱，贵不凌贱，富不傲贫；百姓并进[②]，有司不侵，民和政平；不以威强退人之君[③]，不以众强兼人之地；其用法为时禁暴，故世不逆其志；其用兵为众屏患[④]，故民不疾其劳。此长保威强勿失之道也。失此者危矣！”吴王忿然作色，不说。晏子曰：“寡君之事毕矣。婴无斧锧之罪[⑤]，请辞而行。”遂不复见。

注释

①威强：威武强盛。

②并进：一起进用，同等进用。

③退：压制，压抑。

④屏：通“摒”，摒除，消除。

⑤斧锧：亦作“斧质”，斧子与铁砧，古代刑具。行刑时置人于砧上，以斧砍之。

译文

晏子出使吴国，吴王问：“请问，长保国家强盛而不衰落的办法是什么呢？”晏子回答说：“把百姓的事情放在前面，把自己的事情放在后面，把奖赏百姓的事情放在前面，把诛杀有罪的事情放在后面；势力强的人不欺负势力弱的人，地位尊贵的人不欺凌地位卑微的人，富有的人不傲视贫穷的人；百姓根据才能同等进用，官吏不侵犯百姓，百姓和睦，政治清平。不凭借威武强盛而压制他国的君主，不凭借军队众多而兼并他国的土地。实行法律是为了禁止暴行，因此世人不违逆他的意愿。动用武力是为了摒除祸患，因此百姓不抱怨兵役劳苦。

这就是长久保持国家强盛而不衰落的办法。不这样做就危险了。”吴王听了之后，愤怒地变了脸色，很不高兴。晏子说：“我国君主交给我的事情已经结束了。我没有犯该处死的罪过，请允许我告辞回国。”于是不再见吴王。

晏子使鲁鲁君问何事回曲之君晏子对以庇族第十二

晏子使鲁，见昭公[①]。昭公说，曰：“天下以子大夫语寡人者众矣[②]，今得见而羡乎所闻。请私而无为罪。寡人闻大国之君[③]，盖回曲之君也[④]。曷为以子大夫之行，事回曲之君乎？”晏子逡循对曰：“婴不肖，婴之族又不若婴，待婴而祀先者五百家，故婴不敢择君。”晏子出，昭公语人曰：“晏子，仁人也[⑤]。反亡君[⑥]，安危国，而不私利焉；僇崔杼之尸[⑦]，灭贼乱之徒，不获名焉；使齐外无诸侯之忧，内无国家之患，不伐功焉；锧然不满[⑧]，退托于族[⑨]。晏子可谓仁人矣。”

注释

①昭公：鲁昭公。春秋时鲁国君主，姬姓，名稠。公元前560—前510年在位。

②语：告诉。

③大国之君：齐国君主的委婉说法。

④回曲：邪僻。

⑤仁人：有德行的人。

⑥反亡君：迎流亡的君主回国。目前有关晏子的历史文献中，未见晏子有迎回流亡君主的事情。因此，一说反为哭之误，指哭齐庄公之事；一说反为违反为君殉死的习俗，指庄公被崔杼弑杀之后，晏子不为庄公殉死之事。此两说，均可参见《晏子春秋》卷五《庄公不用晏子晏子致邑而退后有崔氏之祸第二》。此处杂糅二家之说，释为“返回朝堂为被弑的庄公痛哭而不殉死”。

⑦僇：羞辱，侮辱。

⑧铙chěn然：虚心的样子。

⑨退托：退让，谦逊。

译文

晏子出使鲁国，拜见鲁昭公。鲁昭公很高兴，说：“天下把先生您的事情告诉我的人很多了！现在能够见到您，比我听到的情况还要好。希望私下问您一些问题，请不要见怪。我听说贵国君主，大概是邪僻的君主。为什么以先生您这样的品行，却要侍奉邪僻的君主呢？”晏子犹豫地回答说：“我才能低劣，我家族的人还比不上我，指望着我的俸禄去祭祀先祖的族人有五百家，因此我不敢去选择君主。”晏子出去后，鲁昭公告诉他人说：“晏子，是一个有德行的人啊。他曾经返回朝堂为被弑的庄公痛哭而不殉死，使危难的国家安定下来，却不谋取私利；他羞辱弑君乱臣崔杼的尸体，剿灭叛乱为恶的人，却不追求美名；他使齐国在外没有被诸侯国侵扰的顾虑，在内没有危害国家的祸患，却不夸耀功劳；虚心谨慎，谦逊地把入朝为官说成是为了供养家族。晏子真可以称得上有德行的人。”

鲁昭公问鲁一国迷何也晏子对以化为一心第十三

晏子聘于鲁，鲁昭公问焉，曰：“吾闻之，莫三人而迷[1]。今吾以一国虑之，鲁不免于乱，何也？”晏子对曰：“君之所尊举而富贵，入所以与图身，出所以与图国，及左右逼迩[2]，皆同于君之心者也。挤鲁国化而为一心[3]，曾无与二，其何暇有三？夫逼迩于君之侧者，距本朝之势[4]，国之所以殆也；左右谗谀，相与塞善，行之所以衰也；士者持禄，游者养交[5]，身之所以危也。《诗》曰：‘芃芃棫朴，薪之槱之。济济辟王，左右趋之。[6]’此言古者圣王明君之使以善也。故外知事之情，而内得心之诚，是以不迷也。”

注释

①莫三人而迷：做事情不与众人商量就会迷惑。三人，概数，指多人。

②逼迩：近臣。

③挢：纠正，统合。

④距：专擅，专权。

⑤养交：亦作“养佼”，指培养交情，以成朋党。

⑥芃芃棫朴，薪之槱 yǒu 之。济济辟王，左右趋之：出于《诗经 · 大雅 · 棫朴》。芃芃，草木茂盛的样子。槱，堆积。济济，众多的样子。此句大意为柞树朴树郁郁葱葱，砍伐下来堆积起来。人才济济辅佐周王，贤能之人追随左右。

译文

晏子出使鲁国，鲁昭公问晏子说：“我听说，做事情不与众人商量就会迷茫。现在我和一国的人一起考虑事情，鲁国依然不能免于祸乱，这是为什么呢？”晏子回答说：“君主您所尊崇和举荐以致富贵，在内与您谋划私事，在外谋划国事的人，以及您身边的亲信宠臣，都是和您想法一致的人。把全鲁国的想法都化为一个人的想法，甚至无需和第二个人商量，哪有工夫与更多的人商量呢？围绕在君主您身边的人，专擅朝政，这是国家危险的原因；您身边的近臣谄媚奉承，互相阻塞进贤的通道，这就是善行衰减的原因；士人只想保有自己的俸禄而不为国事，游说之人只图私利而结交权贵，这就是君主自身危险的原因。《诗经》说：‘芃芃棫朴，薪之槱之。济济辟王，左右趋之。’这是说古代圣明的君主能以善道而使用人才。所以他们于外能知道事情的真实情况，于内能知道人们的真实想法，因此不会感到迷惑。”

鲁昭公问安国众民晏子对以事大养小谨听节敛第十四

晏子聘于鲁，鲁昭公问曰：“子大夫俨然辱临敝邑，窃甚嘉之，寡人受贶。请问安国众民，如何？”晏子对曰：“婴闻傲大贱小则国危，慢听厚敛则民散①。事大养小，安国之器也；谨听节敛，众民之术也。”

注释

①慢听：轻率断案。

译文

晏子出使鲁国，鲁昭公问晏子说：“先生您庄严地屈尊来到我国，我心里非常高兴，我接受您的恩惠。请问如果想实现国家安定，百姓众多，要如何做呢？”晏子回答说：“我听说傲视大国，轻视小国，国家就会危险；轻率断案，赋税沉重，百姓就会离散。侍奉大国，帮助小国，是使国家安定的方法；慎重断案，减轻赋税，是使百姓众多的方法。”

晏子使晋晋平公问先君得众若何晏子对以如美渊泽第十五

晏子使晋，晋平公飨之文室[①]，既静矣，以宴[②]。平公问焉，曰："昔吾子先君得众若何？"晏子对曰："君飨寡君，施及使臣，御在君侧，恐惧不知所以对。"平公曰："闻子大夫数矣[③]！今乃得见，愿终闻之。"晏子对曰："臣闻君子如美[④]，渊泽容之，众人归之，如鱼有依，极其游泳之乐。若渊泽决竭，其鱼动流。夫往者维雨乎，不可复已。"公又问曰："请问庄公与今君孰贤？"晏子曰："两君之行不同，臣不敢知也。"公曰："王室之不正也，诸侯之专制也，是以欲闻子大夫之言也。"对曰："先君庄公不安静处，乐节饮食，不好钟鼓，好兵作武，与士同饥渴寒暑。君之强，过人之量，有一过不能已焉，是以不免于难。今君大宫室，美台榭，以辟饥渴寒暑[⑤]，畏祸，敬鬼神。君之善，足以没身，不足以及子孙矣。"

注释

①晋平公：春秋时晋国君主。姬姓，名彪。公元前557—前532年在位。飨：古代一种隆重的宴请宾客的礼节。文室：装饰华丽的宫室。室，古人房屋内部，前叫堂，堂后以墙隔开，后部中央叫

室，室的东西两侧叫房。

②既静矣，以宴：张纯一《晏子春秋校注》引黄以周说："案：静、竫古通。《说文》：'竫，亭安也。'竫，古停字。'既静矣'，谓飨事毕。'宴以'当作'以宴'，下章'叔向从之宴'。礼，主君飨宾，亲进醴，其礼严肃，飨毕又宴，宾辞让，请用臣礼，上介为宾，宾为苟敬，于是语，于是道古。"大意为，正式的、礼仪式的宴请结束之后，再举行气氛随和的私人宴请。

③数：多次，屡次。

④君子如美："美"当为"雨"字之误。作"雨"，不仅可以文意通畅，而且可与下"夫往者维雨乎"句相呼应。

⑤辟：通"避"，躲避。

译文

晏子出使晋国，晋平公在装饰华丽的宫殿里为晏子举行隆重的飨礼。飨礼结束了，平公又举行私宴。平公问晏子说："先生您的先君桓公深得百姓拥护是什么样子呢？"晏子回答说："您为我国君主举行飨礼，并把这个恩惠施及我这个使臣，让我能够侍奉在您身边，心中受宠若惊，不知道该怎么回答您。"平公说："我已经多次听说先生您的大名了，今天得以相见，希望能够听到您的高见。"晏子回答说："我听说，君子的恩德就像雨水一样，深渊大泽容纳它，众人归附，就像鱼儿有了依靠，尽情享受游泳的乐趣。如果深渊大泽枯竭干涸，鱼儿就会游走。鱼儿所需要的只是雨水，雨水没有了，它们就不可能再回来。”平公又问晏子说：“请问贵国庄公和如今的君主谁更贤明？”晏子回答说：“两位君主所作所为不同，我不好评价啊！”平公说：“周王室行为不正，诸侯国专权，因此想听听先生您的看法。”晏子回答说：“我的先君庄公不安于平静的生活，喜好节俭饮食，不喜欢钟鼓音乐，却喜欢舞刀弄枪，能够与士兵们同饥渴，共寒暑。庄公的勇力超过一般人，只是有一个过错不能自我节制，因此未能免于祸乱。如今的君主扩大宫室，装饰亭台楼榭，以躲避饥渴和寒暑，但是他畏惧祸乱，尊敬鬼神。他的品行，可以得到善终，但是无法恩及子孙后代。”

晋平公问齐君德行高下晏子对以小善第十六

晏子使于晋，晋平公问曰：“吾子之君，德行高下如何？”晏子对以：“小善”。公曰：“否。吾非问小善，问子之君德行高下也。”晏子蹴然曰：“诸侯之交，绍而相见[①]，辞之有所隐也。君之命质[②]，臣无所隐。婴之君无称焉。”平公蹴然而辞，送，再拜而反，曰：“殆哉吾过！谁曰齐君不肖！直称之士[③]，正在本朝也。”

注释

①绍而相见：通过介绍而相互见面。绍，介绍，为人引见，使相互认识。

②质：朴实。

③直称：直言进谏。

译文

晏子出使晋国，晋平公问晏子说："先生您的君主，他的德行如何？"晏子回答说："只是有些小的善德而已。"平公说："不是。我不是问小的善德，而是问先生您的君主德行如何。"晏子惶恐不安地说："诸侯之间的交往，本来都是经过介绍而相见，言辞之间会有所隐讳。君主您的命令质朴，我就不敢有所隐瞒。我的君主没有什么可以称道的。"平公惶恐不安地向晏子辞谢，送行的时候，行再拜礼才返回，说："我的过错危险啊！谁说齐国君主不成器。敢于直言进谏的人，正在齐国的朝堂之上啊。"

晋叔向问齐国若何晏子对以齐德衰民归田氏第十七

晏子使于晋，叔向从之宴[①]，相与语。叔向曰："齐其何如？"晏子对曰："此季世也[②]。吾弗知，齐其为田氏乎？”叔向曰：“何谓也？”晏子曰：“公弃其民，而归于田氏。齐旧四量：豆、区、釜、钟[3]，四升为豆，各自其四，以登于釜，釜十则钟。田氏三量，皆登一焉，钟乃巨矣。以家量贷，以公量收之。山木如市[4]，弗加于山；鱼盐蜃蛤[5]，弗加于海。民三其力，二入于公，而衣食其一。公积朽蠹，而老少冻馁。国都之市，屦贱而踊贵[6]。民人痛疾，或燠休之[7]。昔者殷人诛杀不当，僇民无时[8]，文王慈惠殷众，收恤无主，是故天下归之。民无私与，维德之授。今公室骄暴，而田氏慈惠，其爱之如父母，而归之如流水。欲无获民，将焉避之？箕伯、直柄、虞遂、伯戏[9]，其相胡公、大姬[10]，已在齐矣。”叔向曰：“虽吾公室，亦季世也。戎马不驾，卿无军行；公乘无人，卒列无长；庶民罢弊，宫室滋侈；道殣相望，而女富溢尤[11]。民闻公命，如逃寇雠。栾、郤、胥、原、狐、续、庆、伯，降在皂隶[12]。政在家门，民无所依。而君日不悛，以乐慆忧[13]。公室之卑，其何日之有！谗鼎之铭曰：‘昧旦丕显，后世犹怠。[14]’况日不悛，其竜久乎[15]！”晏子曰：“然则子将若何？”叔向曰：“人事毕矣，待天而已矣！晋之公族尽矣。肸闻之，公室将卑，其宗族枝叶先落，则公从之。肸之宗十一族，唯羊舌氏在而已。肸又无子，公室无度，幸而得死，岂其获祀焉？”

注释

①叔向：春秋时晋国大夫羊舌肸，又称叔肸。名肸，字叔向。

②季世：末世。

③豆、区、釜、钟：春秋时期齐国的四种容量单位。当时，齐国公室的换算方式是，四升为一豆，四豆为一区，四区为一釜。十釜为一钟。而田氏的换算方式为，五升为一豆，五豆为一区，五区为一釜。十釜为一钟。这样，田氏的容量单位就比公室大许多。

④如市：进入市场。如，通“入”。

⑤蜃蛤：大蛤和蛤蜊。

⑥屦贱而踊贵：此处指齐国君主滥用刑法，受刖刑的人很多，以至于市场上鞋子卖得很便宜，而假肢却卖得很贵。屦，古代用麻、葛等制成的一种鞋。泛指鞋子。踊，假肢。

⑦燠休：亦作“燠咻”，优恤，抚慰。

⑧僇：通“戮”，杀戮。无时：不定时，随时。

⑨箕伯、直柄、虞遂、伯戏：四人均为田（陈）氏的远祖，据说是舜的后代。

⑩相：一说为“祖”之误。胡公：妫姓，名满。周武王时作为舜的后代受封于陈，为陈国开国君主，是陈（田）氏的祖先。大姬：胡公之妃。

⑪女：受国君宠爱的姬妾。

⑫皂隶：卑贱的差役。

⑬慆：通“韬”，掩藏，掩盖。

⑭昧旦丕显，后世犹怠：此句大意是：每天一大早就起来，才建立起显赫的功业，即使这样，后代也可能会懈怠。昧旦，天将明未明的时候。丕显，大显。

⑮竜：应当依照《左传》作“能”，长久。

译文

晏子到晋国出访，叔向陪他参加宴会，互相说话。叔向说：“齐国现在情势怎么样啊？”晏子回答说：“齐国现在是末世啊！我不知道最后会怎么样，齐国大概会为田氏所有吧！”叔向说：“此话怎么说呢？”晏子说：“公室抛弃百姓，百姓都归附于田氏了。齐国原来有四种容量单位：豆、区、釜、钟。公室的折算方法是，四升是一豆，从豆开始每级都是四进制，一直到釜。十釜为一钟。田氏的折算方式却是，从豆到釜三种容量单位，每级比公室加一，都是五进制，这样一钟数量就很巨大了。田氏用自家的折算方法借贷，却用公室的折算方法收贷。山上的树木运到市场上，价钱并不比在山上时贵；鱼盐蜃蛤等海产品运到市场上，价格并不比海边贵。百姓的劳力如果分成三份，两份要用于公室的各种徭役，只有一份用来维持自己的衣食。公室聚积的粮食多得腐朽被蛀，而国中的老人和小孩却受冻挨饿。齐国的市场上，鞋子便宜而假腿昂贵。百姓深怀痛苦，心有怨恨，田氏却对他们加以抚慰。以前商纣王诛杀不当，随意杀戮百姓，而周文王以仁爱之心对待殷商百姓，收留和抚恤那些无家可归的人，因此天下都归附于他。百姓并不会随意地归附于谁，他们只会归附于有德的人。如今公室骄横暴虐，而田氏却非常仁爱，百姓爱戴他就像是爱戴自己的父母，归附于他的百姓就像流水一样。田氏即使不想得到百姓的爱戴，又能躲到什么地方呢？箕伯、直柄、虞遂、伯戏，以及胡公、太姬等田氏祖先的神灵，已经都在齐国了。”叔向说：“即使是我们的公室，也是末世了。军马被闲置而不驾车，卿不再率领军队，公室的战车上没有合适的战士，士卒们没有称职的长官，百姓疲困不堪，宫室却更加奢华，道路上饿死的人前后相望，而受君主宠爱的人却越来越富。百姓听到国君的命令，就像逃避贼寇仇人一样。栾、郤、胥、原、狐、续、庆、伯等公族，已经沦落为低贱的仆役。国政都掌握在大夫家中，百姓无所依靠。可是君主每天都不思悔改，用享乐来掩饰忧愁。公室已经这样，还能存在几天！谗鼎的铭文说：‘昧旦丕显，后世犹怠。’更何况如今每日不思悔改，怎能长久啊？”晏子说：“如果这样的话，你准备怎么办？”叔向说：“人力所能做的事情已经做完，只能等待老天安排了。晋国的公族已经消亡殆尽。我听说，公室即将衰微的时候，他的宗族就像枝叶一样先落，然后公室也就跟着衰落。我的同宗一共有十一族，现在只有我们羊舌氏还在，我又没有儿子，公室也没有法度，我能够得以善终就很幸运了，哪里还敢奢望得到后世的祭祀啊？”

叔向问齐德衰子若何晏子对以进不失忠退不失行第十八

叔向问晏子曰：“齐国之德衰矣，今子何若？”晏子对曰：“婴闻事明君者，竭心力以没其身，行不逮则退，不以诬持禄①；事惰君者，优游其身以没其世，力不能则去，不以谀持危②。且婴闻君子之事君也，进不失忠，退不失行。不苟合以隐忠③，可谓不失忠；不持利以伤廉，可谓不失行。”叔向曰：“善哉！《诗》有之曰：‘进退维谷④’，其此之谓欤！”

注释

①持禄：保有俸禄。

②持危：扶持危局。

③隐：读为违。违背，违反。

④进退维谷：见于《诗经·大雅·桑柔》。此句大意是：前进和后退的路均已穷尽而无所适从。一说，谷同“穀”，释为善。则整句大意为：不管是进，还是退，都是好的。与上文“进不失忠，

退不失行”意思也相合。

译文

叔向问晏子说：“齐国的国运已经衰落，如今你要怎么办？”晏子回答说：“我听说，侍奉英明君主的人，竭尽心力直到身亡，德行有所不及的时候就隐退，不用欺骗的方式来获得俸禄；侍奉懒惰君主的人，自身悠然自得地度过一生，才能有所不及就辞官，不用谄媚的方式处于危险的境地。况且我还听说，君子侍奉君主，进身为官不丧失忠诚，辞官隐退不丧失品行。不随意迎合君主而违背忠诚的原则，可以称为不丧失忠诚；不贪图利益而损伤廉洁的名声，可以称为不丧失品行。”叔向说：“说得好啊！《诗经》上说：‘进退维谷。’大概说得就是这样的情形吧？”

叔向问正士邪人之行如何晏子对以使下顺逆第十九

叔向问晏子曰：“正士之义，邪人之行，何如？”晏子对曰：“正士处势临众而不阿私[①]，行国足养而不忘故[②]。通则事上，使恤其下；穷则教下，使顺其上。其事君也，尽礼行忠，不为苟禄[③]，不用则去而不议。其交友也，谕身行义[④]，不为苟戚[⑤]，不同则疏而不诽。不毁进于君，不以刻民尊于国[⑥]，故用于上则民安，行于下则君尊，故得众上不疑其身。用于君不悖于行，是以进不丧己，退不危身。此正士之行也。邪人则不然。用于上则虐民，行于下则逆上。事君苟进不道忠，交友苟合不道行。持谀巧以匄禄⑦，比奸邪以厚养⑧。矜爵禄以临人，夸体貌以华世⑨。不任于上则轻议，不笃于友则好诽⑩。故用于上则民忧，行于下则君危。是以其事君近于罪，其交友近于患，其得上辟于辱⑪，其为生偾于刑⑫，故用于上则诛，行于下则弑。是故交通则辱⑬，生患则危⑭。此邪人之行也。”

注释

①处势：处于有权势的高位。

②行国：周游于国中。

③苟禄：没有功劳却享有的俸禄。

④身：通“信”。

⑤苟戚：随便地、无原则地亲近。

⑥刻民：苛刻地对待百姓。

⑦匄：同“丐”，乞求，乞讨。

⑧比：勾结。

⑨华世：在社会上炫耀。华，通“哗”，炫耀。

⑩笃：忠实，不虚伪。

⑪辟于辱：近于卑躬屈膝的、屈辱的地步。

⑫偾：死。

⑬交通：交往。

⑭生患：发生祸害。

译文

叔向问晏子说："正直之士的品行，邪僻之人的行为，都是什么样子呢？"晏子回答说："正直的人身居高位治理百姓时不偏袒徇私，不得志周游国中，谋生时不忘固有法度。仕途通达时就侍奉君主，使其抚恤百姓；处境穷困时就教导百姓，使其顺从君主。他们侍奉君主的时候，做事恪守礼法，忠心不二，不去求取不正当的俸禄；不被君主任用的时候，就辞去官职而不妄议朝政。他们结交朋友，知晓诚信，践行仁义，不去追求随意的亲近，志向不同就与之疏远而不诽谤他人。不用诋毁他人的方式以求君主任用，不以对百姓苛刻的方式使自己在国中地位显贵。因此，这样的人得到任用而身居高位，可使百姓生活安定，不被任用而行于民间，可使君主地位尊显。因此，这样的人被百姓拥戴，君主不会怀疑他；被君主任用，不违背自己的操行。因此可以出仕为官不会迷失自我，辞官隐退不会自陷险境。这就是正直之士的德行。邪僻的人就不是这样。他们得以任用而身居高位则暴虐百姓，不被任用而行于民间则忤逆君主。他们侍奉君主贪求升迁而不遵循忠诚之道，结交朋友随意迎合而不顾及品行。他们使用奉承取巧的方式来求取俸禄，勾结奸邪之人来谋求优厚的待遇。他们自恃高官厚禄而傲视他人，夸耀仪态容貌而哗众取宠。他们不被君主任用就轻率妄议，与朋友不讲究忠信却喜欢诽谤。因此，这样的人受到重用则百姓心怀忧愁，行于民间则君主处境危险。这样的人侍奉君主就使君主近于犯罪，结交朋友就使朋友濒临祸患，取信于君主就会使君主近于受辱，谋求生计就会使自己死于刑罚。因此，这样的人受到重用而身居高位就会诛杀百姓，不被任用而行于民间就会弑杀君主。因此，这样的人，与他们交往就会受到羞辱，发生祸患就会危及自身。这就是邪僻之人的行为。”

叔向问事君徒处之义奚如晏子对以大贤无择第二十

叔向问晏子曰：“事君之伦，徒处之义[1]，奚如？”晏子对曰：“事君之伦，知虑足以安国[2]，誉厚足以导民，和柔足以怀众[3]，不廉上以为名[4]，不倍民以为行[5]，上也。洁于治己，不饰过以求先，不谗谀以求进，不阿以私，不诬所能，次也。尽力守职不怠，奉官从上不敢惰[6]，畏上故不苟，忌罪故不辟，下也。三者，事君之伦也。及夫大贤，则徒处与有事无择也，随时宜者也。有所谓君子者，能不足以补上，退处不顺上，治唐园[7]，考菲履[8]，共恤上令[9]，弟长乡里[10]，不夸言，不愧行[11]，君子也。不以上为本，不以民为忧，内不恤其家，外不顾其游，夸言愧行，自勤于饥寒[12]，不及丑侪[13]，命之曰狂僻之民，明上之所禁也。进也不能及上，退也不能徒处，作穷于富利之门[14]，毕志于畎亩之业，穷通行无常处之虑[15]，佚于心，通利不能，穷业不成，命之曰处封之民[16]，明上之所诛也。有智不足以补君，有能不足以劳民，俞身徒处[17]，谓之傲上，苟进不择所道，苟得不知所恶，谓之乱贼。身无以与君，能无以劳民，饰徒处之义，扬轻上之名，谓之乱国。明君在上，三者不免罪。”叔向曰：“贤不肖，性夫！吾每有问，而未尝自得也。”

注释

①徒处：闲居不做官。

②知虑：智慧与谋略。知，通“智”。

③和柔：宽和柔顺。

④廉上：因为品行正直而违抗君主意愿。

⑤倍民：违背百姓意愿。倍，通“背”，违背。

⑥奉官：奉行公事。

⑦唐园：池塘和园圃。唐，通“塘”，池塘。

⑧考：即敲击，叩打。菲履：即用草或者麻编成的鞋子。

⑨共：通“恭”，恭敬。恤：安。

⑩弟长：年少的和年长的相互友爱。

⑪愧：当为“傀”字之误。傀，怪异。

⑫勤：担心，忧虑。

⑬丑侪：同辈。

⑭作穷于富利之门：自己不能致富，无所作为地依附于富贵之家。

⑮常处之虑：长远的考虑。

⑯处封之民：居于边疆的百姓，喻指目光短浅、思想僵化的人。

⑰俞身徒处:苟且藏身独处。“俞”当读为偷。

译文

叔向问晏子说：“在朝为官侍奉君主和不任官职闲居乡里的行为准则是怎样的呢？”晏子回答说：“在朝为官侍奉君主的行事准则：智慧谋略足以使国家安定，德望深厚足以教导人民，为人宽和柔顺足以使百姓归附，不以向君主表明廉正行事而沽名钓誉，不做违背百姓意愿的事情，这是上等的。洁身自好，廉洁从事，不掩饰过错而谋求超过他人，不阿谀奉承以谋求升迁，不因私情而偏袒亲近的人，不谎称自己没有的能力，这是中等。恪尽职守不敢怠慢，奉行公事，侍奉君主不敢偷懒，因为畏惧君主而不敢随意行事，因为畏惧罪罚而不敢行为乖僻，这是下等。以上这三者，就是在朝为官侍奉君主的行为准则。至于才德超群的人，则不管是出仕为官还是闲居乡里没有什么区别，都能够根据情势正确行事，无不适宜。有一些被称为君子的人，出仕为官才能不足以使君主弥补过失，退居乡里也不盲从君主旨意，自己修治池塘园圃，自己编织草鞋，恭敬地遵守君主的法令，教导乡里长幼相爱，不说大话，不做怪事。这就是君子。还有一种人，上不以君主为国家根本，下不以百姓疾苦为忧愁，对内不能照顾家人，对外不能顾及朋友，夸夸其谈，行事怪异，只担心自己的饥饿寒苦，不管他人疾苦，这叫作癫狂邪僻的人。这种人是英明的君主所要禁止的。进则才能不足为官，退则不能安心闲居，依附于富贵之家却依然穷困潦倒，只把眼光盯在农田耕种上，不管困窘还是得意都没有长远的考虑，无所用心，得意之时不能利及他人，困窘时不能置办产业，这种人称之为目光短浅、不思进取的人。这种人是英明的君主所要责罚的。有智谋但不足以补救君主过失，有才能但不足以慰勉百姓，苟且闲处，无所事事，这叫作对上倨傲。为了升迁不择手段，为了发财不顾廉耻，这叫作乱贼。自己才德不足以侍奉君主，能力不足以慰勉百姓，却号称自己能够安心闲处，宣扬自己轻视君主的名声，叫作乱国。如果英明的君主在位，这三种人是不会免于治罪的。”叔向说：“贤能和不贤能，大概是天生的吧！我每次提出问题，从来没有自己悟出答案的。”

叔向问处乱世其行正曲晏子对以民为本第二十一

叔向问晏子曰："世乱不遵道，上辟不用义，正行则民遗①，曲行则道废。正行而遗民乎？与持民而遗道乎②？此二者之于行，何如？"晏子对曰："婴闻之，卑而不失尊，曲而不失正者，以民为本也。苟持民矣，安有遗道？苟遗民矣，安有正行焉？"

注释

①遗：失去。

②持：保有。

译文

叔向问晏子说："现在世道混乱而不遵守道义，君主邪僻不遵行仁义，行事正直就会失去百姓，邪僻处事就会使道义废弛。这个时候，是正直处事而失去百姓呢，还是保有百姓而失去道义呢？这两种情况应该选择哪一种？"晏子回答说："我听说，地位卑微而不失去尊严，迂回行事而不失去正道的人，都是以百姓为本的。如果能够保有百姓，怎么会失去道义呢？如果失去了百姓，哪里会有正直的行为呢？"

叔向问意孰为高行孰为厚晏子对以爱民乐民第二十二

叔向问晏子曰："意孰为高[①]？行孰为厚[②]？"对曰："意莫高于爱民，行莫厚于乐民。"又问曰："意孰为下？行孰为贱？"对曰："意莫下于刻民，行莫贱于害身也[③]。"

注释

①意：思想。

②行：行为。

③害身：或当作"害民"。

译文

叔向问晏子说："哪种思想最高尚？哪种品行最淳厚？"晏子回答说："没有比爱护百姓更高尚的思想了。没有比使百姓快乐更淳厚的品行了。"叔向又问："哪种思想最卑下？哪种行为最低贱？"晏子回答说："没有比对百姓苛刻更卑下的思想。没有比残害百姓更低贱的行为。"

叔向问啬吝爱之于行何如晏子对以啬者君子之道第二十三

叔向问晏子曰："啬、吝、爱之于行[1]，何如？"晏子对曰："啬者，君子之道。吝、爱者，小人之行也。"叔向曰："何谓也？"晏子曰："称财多寡而节用之[2]，富无金藏，贫不假贷[3]，谓之啬。积多不能分人而厚自养，谓之吝。不能分人又不能自养，谓之爱。故夫啬者，君子之道。吝、爱者，小人之行也。"

注释

①啬：节俭，节省。吝：过分爱惜。爱：贪财。

②称：衡量。

③假贷：借贷。

译文

叔向问晏子说："啬、吝、爱在行为上各有什么表现？"晏子回答说："啬，是君子的品行。吝、爱，是小人的品行。"叔向说："这话是什么意思？"晏子说："根据自己钱财的多少而节俭地使用，富的时候不储藏很多的钱财，穷的时候也不至于去找别人借贷，这叫作啬。财物积藏很多却不能分给他人，而是全部拿来供自己享受，这叫作吝。财物不能分给他人，自己又不舍得使用，这叫作爱。因此，啬，是君子的品行；吝、爱，是小人的品行。”

叔向问君子之大义何若晏子对以尊贤退不肖第二十四

叔向问晏子曰：“君子之大义何若？”晏子对曰：“君子之大义，和调而不缘①，溪盎而不苛②，庄敬而不狡③，和柔而不铨④，刻廉而不刿⑤，行精而不以明污⑥，齐尚而不以遗罢⑦，富贵不傲物，贫穷不易行，尊贤而不退不肖。此君子之大义也。”

注释

①缘：顺着，沿着。

②溪盎：明察。

③狡：急切。

④铨：通“跧”，卑曲。

⑤刻廉：严正清白。刿：割开，切口。

⑥行精：品行高洁。明：彰显。

⑦齐尚：尚同，务求同一。罢：通“疲”。

译文

叔向问晏子说：“君子为人处世的基本原则是什么呢？”晏子回答说：“君子为人处世的基本原则，与世人和睦相处而不随波逐流，明察秋毫却不苛责于人，庄严恭敬却不过于急切，温和柔顺却不卑躬屈膝，严正清白却不伤害他人，行为高洁却不彰显别人不足，崇尚同一而不遗弃贫弱，自身富贵却不轻傲他人，自身贫贱却不改变品行，尊重贤能之人却不斥退才能一般的人。这就是君子为人处世的基本原则。”

叔向问傲世乐业能行道乎晏子对以狂惑也第二十五

叔向问晏子曰："进不能事上，退不能为家，傲世乐业[①]，枯槁为名[②]，不疑其所守者，可谓能行其道乎？”晏子对曰："婴闻古之能行道者，世可以正则正，不可以正则曲。其正也，不失上下之伦；其曲也，不失仁义之理。道用，与世乐业；不用，有所依归。不以傲上华世[③]，不以枯槁为名。故道者，世之所以治，而身之所以安也。今以不事上为道，以不顾家为行，以枯槁为名，世行之则乱，身行之则危。且天之与地，而上下有衰矣[④]；明王始立而居国为制矣；政教错而民行有伦矣[⑤]。今以不事上为道，反天地之衰矣；以不顾家为行，倍先圣之道矣；以枯槁为名，则世塞政教之途矣。有明上可以为下，遭乱世不可以治乱。说若道，谓之惑；行若道，谓之狂。惑者、狂者，木石之朴也[6]，而道义未戴焉[7]。”

注释

①乐业：愉快地从事本业。

②枯槁：安于贫困。

③华：通“哗”，浮夸。

④衰：等级，等差。

⑤错：通“措”，实施，施行。

⑥朴：未经加工的原材料。

⑦戴：通“载”，负荷，承担。

译文

叔向问晏子说：“进不能侍奉君主，退不能照顾家人，傲视世人，自乐其业，却号称是安贫乐道，不怀疑自己所坚守的主张的人，可以称为能够践行他信奉的道义吗？”晏子回答说：“我听说古代能够践行道义的人，社会能够匡正的时候就去匡正，不能匡正的时候就委曲求全。他们匡正社会的时候，不失去君主和臣下的尊卑秩序；他们委曲求全的时候，不丧失仁义的原则。主张得到施行时，就与世人共乐其业，主张得不到实行时，也会有所寄托。不用轻傲君主来炫耀于世，不用安贫乐道来博取名声。因此，道就是天下得以治理，世人得以安身立命的东西。如今以不侍奉君主为原则，以不顾及家人为德行，以安贫乐道为美名。社会这样做就会导致混乱，个人这么做就会导致危险。况且天地本来就有上下的差别，英明的君主刚刚即位，就制定一整套治国理政的制度，政治教化得以施行，百姓的行为才会有秩序。如今以不侍奉君主为原则，这违反了天地尊卑的差异；以不顾及家人为德行，违背了古代圣人所立的规矩；以安贫乐道为美名，就会堵塞施行政治教化的途径。喜欢这样的道义，叫作迷惑；践行这样的道义，叫作发狂。迷惑和发狂的人，都像未经雕琢的木头和石头一样，身上是不具备道义的。”

叔向问人何若则荣晏子对以事君亲忠孝第二十六

叔向问晏子曰：“何若则可谓荣矣？”晏子对曰：“事亲孝，无悔往行；事君忠，无悔往辞；和于兄弟，信于朋友；不谄过[①]，不责得[②]；言不相坐[③]，行不相反[④]；在上治民，足以尊君；在下莅修[⑤]，足以变人[⑥]；身无所咎，行无所创。可谓荣矣。”

注释

①谄：隐瞒，掩藏。

②责：要求，索求。

③相坐：相互争辩曲直是非。

④行不相反：言行保持一致，不相违背。

⑤莅修：按某种道德规范进行自我修养。

⑥变人：使人渐渐转变。

译文

叔向问晏子说："人做到什么样子才可以称为荣耀？"晏子回答说："侍奉亲人孝顺，对既往的行为不后悔；侍奉君主忠诚，对既往的言语不后悔；与兄弟相处和睦，与朋友相交诚信；不掩盖过失，不索求利益；说话不与他人争辩曲直是非，行为与言语不相违背。为官治民，足以使君主更加尊贵；闲居修身养性，足以让百姓日渐向善。自身没有什么过失，品行没有什么损伤。这样就可以称为荣耀。"

叔向问人何以则可保身晏子对以不要幸第二十七

叔向问晏子曰："人何以则可谓保其身？"晏子对曰："《诗》曰：'既明且哲，以保其身。夙夜匪懈，以事一人。[①]'不庶几[②]，不要幸[③]，先其难乎，而后幸得之。得之，时其所也[④]，失之非其罪也，可谓保其身矣。"

注释

①既明且哲，以保其身。夙夜匪懈，以事一人：见于《诗经·大雅·烝民》。大意是：既明白事理，又洞察世事，可以保全自身。早晚奔走毫不懈怠，以侍奉君主。

②庶几：希望。

③要幸：侥幸。

④时：通“是”。

译文

叔向问晏子说：“人怎样做才可以被称为善于保全自身呢？”晏子回答说：“《诗经》上说：‘既明且哲，以保其身。夙夜匪懈，以事一人。’不要有非分之想，不要有侥幸之心，先做困难的事情，而后或许可以成功。如果成功了，是他应该得到的；如果没有成功，也不是他的罪过。这样就可以被称为保全自身。”

曾子问不谏上不顾民以成行义者晏子对以何以成也第二十八

曾子问晏子曰[①]：“古者尝有上不谏上，下不顾民，退处山谷，以成行义者也[②]？”晏子对曰：“察其身无能也，而托乎不欲谏上，谓之诞意也[3]。上惛乱[4]，德义不行，而邪辟朋党；贤人不用，士亦不易其行，而从邪以求进，故有隐有不隐，其行法士也？迺夫议上[5]，则不取也。夫上不谏上，下不顾民，退处山谷，婴不识其何以为成行义者也。”

注释

①曾子：即曾参（前505—前435），字子舆。春秋时期鲁国人。孔子的学生，以孝行著称。

②也：即“耶”，疑问词。

③诞意：荒诞虚妄。

④惛乱：即“昏乱”，糊涂妄为，昏庸无道。

⑤迺：即“乃”。

译文

曾子问晏子说：“古代曾经有对上不劝谏君主，对下不顾及百姓疾苦，隐居于山谷之中，从而成为践行道义的人吗？”晏子回答说：“细察之下，他们自身没有才能，却假称不想劝谏君主，这称之为自欺欺人。君主昏乱，道德仁义行不通，邪僻之人勾结为朋党，贤能之人不被任用，士人也不改变他们的行为，反而顺从邪僻之人以求出仕为官，因此有求之不得而隐居的，也有求而得之就不隐居的，这种行为难道值得士人效法吗？至于那些不能劝谏君主却妄议君主的行为，是不可取的。那些对上不劝谏君主，对下不顾及百姓疾苦，隐居于山谷之中的人，我不知道他们怎么能够成为践行仁义的人。”

梁丘据问子事三君不同心晏子对以一心可以事百君第二十九

梁丘据问晏子曰：“子事三君①，君不同心，而子俱顺焉。仁人固多心乎？”晏子对曰：“婴闻之，顺爱不懈，可以使百姓；强暴不忠，不可以使一人。一心可以事百君，三心不可以事一君。”仲尼闻之曰：“小子识之②！晏子以一心事百君者也。”

注释

①三君：指晏子侍奉过的齐灵公、齐庄公和齐景公。

②识：记住。

译文

梁丘据问晏子说：“先生您侍奉过三位君主，三位君主心思各不相同，而您都能顺从君意。有德行的人本来就有多种心吗？”晏子回答说：“我听说，顺从君心，爱护百姓，从不懈怠，就可以役使百姓；对百姓强暴，对君主不忠，就无法役使一个人。如果一心一意忠君爱民，就可以侍奉一百位君主，如果三心二意，即使一位君主也无法侍奉好。”孔子听说之后说：“弟子们记住，晏子能用一颗忠君爱民的心侍奉一百位君主。”

柏常骞问道无灭身无废晏子对以养世君子第三十

柏常骞去周之齐，见晏子曰：“骞，周室之贱史也。不量其不肖，愿事君子。敢问正道直行则不容于世，隐道危行则不忍[①]，道亦无灭，身亦无废者，何若？”晏子对曰：“善哉！问事君乎？婴闻之，执一浩倨则不取也[②]，轻进苟合则不信也，直易无讳则速伤也，新始好利则无不敝也。且婴闻养世之君子[③]，从轻不为进，从重不为退，省行而不伐[④]，让利而不夸，陈物而勿专[⑤]，见象而勿强[⑥]，道不灭，身不废矣。”

注释

①隐道危行：违背正道，诡诈行事。隐，违背。危，即“诡”。

②执一浩倨：刚愎自用。

③养世：安身处世。

④省行：反省自己的行为。

⑤陈物：陈述事实。

⑥见象：显现出来的自然现象。

译文

柏常骞离开周室来到齐国，见到晏子，说："我是周室地位低贱的史官。我不自量自己的才能，愿意侍奉先生。请问，如果坚守正道，正直行事，则不被世人所容纳；违背正道，诡诈行事，又于心不忍。如果想要既不违背正道，又不损伤自己的品行，要如何做呢？"晏子回答说："问得好啊！你这是问如何侍奉君主吧？我听说，刚愎自用，怠慢不恭，则不为君主所取用；轻率任职，随意附和，则不为君主所信任；心性直率，不知避讳，则很快就会遭受伤害；喜新厌旧，急功近利，则没有不失败的。而且我听说，安身处世的君子，不会见到容易的事情就抢先，见到困难的事情就退缩。他们反省自己的行为而不炫耀，他们谦让利益而不夸耀，陈明事实而不专断，平静应对各种现象而不勉强。这样就可以做到既不违背正道，又不损伤自己的品行。"

卷五　内篇杂上第五

庄公不说晏子晏子坐地讼公而归第一

晏子臣于庄公，公不说。饮酒，令召晏子。晏子至，入门，公令乐人奏歌曰："已哉已哉[①]！寡人不能说也，尔何来为？"晏子入坐，乐人三奏，然后知其谓已也。遂起，北面坐地。公曰："夫子从席[②]，曷为坐地？"晏子对曰："婴闻讼夫坐地[③]，今婴将与君讼，敢毋坐地乎？婴闻之，众而无义，彊而无礼，好勇而恶贤者，祸必及其身。若公者之谓矣。且婴言不用，愿请身去。"遂趋而归，管籥其家者纳之公[④]，财在外者斥之市[⑤]。曰："君子有力于民则进爵禄，不辞贵富；无力于民而旅食[⑥]，不恶贫贱。"遂徒行而东，耕于海滨。居数年，果有崔杼之难。

注释

①已哉：算了吧。

②从席：入席。

③讼夫：打官司的人。

④管籥：用锁锁住。

⑤斥：出卖，出售。

⑥旅食：平民百姓的饮食。

译文

晏子做齐庄公的臣子，庄公不喜欢他。有一次庄公饮酒，命人召晏子来。晏子到了，进门的时候，庄公让乐人唱歌道:“算了吧！算了吧！我今天不高兴，你来做什么？”晏子入座后，乐人唱了三遍，晏子才知道是在说自己。于是从座位上起来，面朝北坐在地上。庄公说:“先生坐到席上吧,怎么坐在地上？”晏子回答说:“我听说，打官司的人要坐在地上。如今我将要和您辩明是非，怎敢不坐在地上？我听说，人数众多却不讲道义，势力强盛却不讲礼仪，崇尚勇敢却厌恶贤人的人，必然会有灾祸降在自己身上。这些话好像就是说您啊。而且我的话既然不被您采用，希望您允许我辞职离去。”说完就快步回家，把锁在家中的东西交给公家，在外的财物拿到市场上卖掉，说:“君子能够为百姓办事的时候就出仕为官，获得爵位和俸禄，不必辞谢富贵；不能为百姓办事的时候就过普通人的生活，不嫌弃贫贱。”于是徒步向东走，在海滨耕田种地。过了几年，果然发生崔杼弑杀庄公的祸乱。

庄公不用晏子晏子致邑而退后有崔氏之祸第二

晏子为庄公臣，言大用，每朝，赐爵益邑；俄而不用，每朝，致邑与爵。爵邑尽，退朝而乘，喟然而叹[①]，终而笑。其仆曰："何叹笑相从数也[②]？"晏子曰："吾叹也，哀吾君不免于难；吾笑也，喜吾自得也[③]，吾亦无死矣。"崔杼果弑庄公，晏子立崔杼之门，从者曰："死乎？"晏子曰："独吾君也乎哉？吾死也？"曰："行乎？"曰："独吾罪也乎哉？吾亡也？"曰："归乎？"曰："吾君死，安归？君民者，岂以陵民，社稷是主；臣君者，岂为其口实[④]，社稷是养。故君为社稷死则死之，为社稷亡则亡之；若君为己死而为己亡，非其私暱，孰能任之。且人有君而弑之，吾焉得死之？而焉得亡之？将庸何归？"门启而入，崔子曰："子何不死？子何不死？"晏子曰："祸始，吾不在也；祸终，吾不知也。吾何为死？且吾闻之，以亡为行者，不足以存君；以死为义者，不足以立功。婴岂其婢子也哉？其缢而从之也？"遂袒免[⑤]，坐，枕君尸而哭[⑥]，兴[⑦]，三踊而出[⑧]。人谓崔子必杀之。崔子曰："民之望也，舍之得民。"

注释

①喟然：即"喟然"，感叹，叹气的样子。

②也：即"耶"，古汉语中的疑问语气词。

③自得：自己感到舒适和自由。

④口实：俸禄。

⑤袒免：袒衣免冠。古代丧礼，凡五服以外的远亲，无丧服之制，唯脱上衣，露左臂，脱冠扎

发，用宽一寸的布从颈下前部交于额上，又向后绕于髻，以示哀思。

⑥枕君尸：把庄公的尸体放在自己的腿上。

⑦兴：起立，站起来。

⑧踊：跳跃。

译文

晏子做庄公臣子的时候，当庄公听从他的建议重用他时，每次上朝都会赐给他爵位，增加他的封邑。过了不久，不重用他了，晏子每次上朝都要归还封邑和爵位。爵位和封邑归还完了，退朝之后乘车，先是长叹，最后又笑了起来。他的赶车人说："你为什么一会儿感叹一会儿发笑那么多次呢？"晏子回答说："我感叹，是可怜我们的君主不能免于灾祸；我发笑，是高兴自己重获自由，不会跟着丧命了。"后来，崔杼果然弑杀了齐庄公。晏子站在崔杼家门口，随从说："准备殉死吗？"晏子说："难道庄公只是我的君主吗？我为什么要殉死？"随从又说："准备逃亡吗？"晏子说："难道只是我的罪过吗？我为什么要逃亡？"随从说："准备回去吗？"晏子说："我的君主死了，我要回到哪里去啊？作为百姓的君主，难道是为了欺凌百姓吗？应该是为了主持国政，保存社稷啊。为君之臣子，难道是为了俸禄吗？应该是为了辅佐君主，造福国家啊。因此如果君主是因为国家而死的，那么臣子就应该跟着殉死；如果君主是为了国家而逃亡的，臣子就应该跟着逃亡。但是如果君主是为了自己的私事而死或者逃亡，如果不是他非常亲昵宠幸的人，谁能跟着殉死或者逃亡呢？况且有人有了君主却把他弑杀了，我怎么可以为此而殉死呢？怎么可以为此而逃亡呢？又将回到哪里去呢？”门开了，晏子走进去。崔杼说：“你为什么不殉死？你为什么不殉死？”晏子说：“祸乱开始的时候，我不在这里；祸乱结束的时候，我也不知道。我为什么要殉死？而且我听说，把逃亡作为品行的人，不足以保存君主；把殉死作为道义的人，不足以为君主立功。晏婴我难道是一个婢女吗？要为之上吊而殉死吗？”晏子于是袒露左臂，摘掉帽子，坐下来，把庄公的尸体放在自己的大腿上放声大哭。随后站起身来，跺了三次脚，然后走出去了。人们说崔杼肯定会杀了晏子。崔杼说：“他是百姓仰慕的人，放过他可以得到民心。”

崔庆劫齐将军大夫盟晏子不与第三

崔杼既弑庄公而立景公，杼与庆封相之[①]，劫诸将军、大夫及显士庶人于太宫之坎上[②]，令无得不盟者。为坛三仞[③]，埳其下[④]，以甲千列环其内外。盟者皆脱剑而入，维晏子不肯，崔杼许之。有敢不盟者，戟钩其颈，剑承其心，令自盟曰：“不与崔庆而与公室者，受其不祥。”言不疾，指不至血者死[⑤]，所杀七人。次及晏子，晏子奉桮血[⑥]，仰天叹曰："呜呼！崔子为无道，而弑其君。不与公室而与崔庆者，受此不祥。"俛而饮血[⑦]。崔杼谓晏子曰："子变子言，则齐国吾与子共之；子不变子言，戟既在脰[⑧]，剑既在心，维子图之也。"晏子曰："劫吾以刃而失其志，非勇也；回吾以利而倍其君，非义也。崔子！子独不为夫《诗》乎！《诗》云：'莫莫葛藟，施于条枚。恺悌君子，求福不回。[⑨]'今婴且可以回而求福乎？曲刃钩之，直兵推之，婴不革矣。"崔杼将杀之，或曰："不可！子以子之君无道而杀之，今其臣有道之士也，又从而杀之，不可以为教矣。"崔子遂舍之。晏子曰："若大夫为大不仁而为小仁，焉有中乎！"趋出，援绥而乘[⑩]。其仆将驰，晏子抚其手曰："徐之！疾不必生，徐不必死。鹿生于野，命县于厨[⑪]，婴命有系矣。"按之成节而后去。《诗》云："彼已之子，舍命不渝。[⑫]"晏子之谓也。

注释

①庆封：春秋时齐国大夫。曾与崔杼一起弑杀齐庄公，拥立和辅佐齐景公。后又杀掉崔杼，独揽国政。后来因愤于儿子被杀，起兵攻城失败，先后逃亡鲁国和吴国。最后为楚国人所杀。

②太宫：齐国太公（姜尚）的庙。

③仞：古代计量单位，周代为七尺，汉代为八尺。

一仞约相当于现在1.6—1.8米。

④埳：即“坎”，挖坑。

⑤指不至血：手指不沾血。古代盟誓时，盟约宣读后，参加者用口微吸所杀牲之血，以示诚意。一说，以指蘸血，涂于口旁。

⑥桮：即“杯”，杯子。

⑦俛：即“俯”。

⑧脰：脖子，颈部。

⑨莫莫葛藟，施于条枚，恺悌君子，求福不回：见于《诗经·大雅·旱麓》。大意为：葛和藟长得很茂盛，缠绕在树干和枝条上。君子和乐平易，不用邪僻的方法求福。

⑩援绥：握着上车的绳子。绥，车上的绳子，手拉着便于上车。

⑪县：通“悬”，悬系。

⑫彼已之子，舍命不渝：见于《诗经·郑风·羔裘》，“彼已之子”或作“彼其之子”。大意为：他就是那样一个人，舍生忘死追求善道。

译文

崔杼弑杀齐庄公之后拥立了齐景公，崔杼和庆封为相国辅佐景公。他们胁迫将军、大夫、有名望的士人和百姓聚集在太公庙的坎坑上举行盟誓，命令不许有不参加盟誓的人。建造了高三仞的祭坛，下面挖了坑穴，千名全副武装的士兵把里里外外都包围起来。参加盟誓的人都必须摘掉佩剑然后进去，只有晏子不肯摘掉佩剑，崔杼允许晏子带佩剑进去。如果有敢不盟誓的人，就用戟钩住他的头，用剑顶着他的胸口。命令盟誓的人自己发誓说：“不与崔杼和庆封交好而亲附公室的人，就要受到恶报。”发誓不狠毒，歃血时手指不沾到血的人就要受死，被杀了七个人。按次序轮到了晏子，晏子捧着盛了血酒的杯子，仰天长叹说：“啊！崔杼做了不讲道义的事情，弑杀了他的君主，不亲附公室而与崔杼、庆封交好的人，要受到恶报！”说完，低下头喝了血酒。崔杼对晏子说：“如果你改变你刚才说的话，我愿意和你一起享有齐国；如果你不改变你刚才说的话，戟已经钩在脖子上，剑已经顶在胸口了。你好好想想吧！”晏子说：“用兵刃胁迫我，让我失去气节，这是没有勇气的表现；用利益来收买我，让我背叛君主，这是不讲道义的表现。崔杼，你就没有读过《诗经》吗？《诗经》中说：‘莫莫葛藟，施于条枚，恺悌君子，求福不回。’如今晏婴我难道可以用邪僻的方法来求福吗？用戟钩我的脖子吧，用剑戳我的心吧，我不改变我说的话！”崔杼要杀了晏子，有人对崔杼说：“你是因为你的君主不讲道义才杀了他的，如今他的臣子是有道义的人，你又把他杀了，这样就没有办法教导百姓。”于是崔杼就放过了晏子。晏子说：“如果大夫已经做了大不仁义的事情，即使再来做一些小仁小义的事，难道会符合道义吗？”

晏子说完，快步走了出去，拉着车上的绳子上了车。他的仆人想驾车快速离开，晏子轻抚着他的手说："慢慢走。快走不一定就能活，慢走也不一定就会死。鹿生活在苑囿中，命却系在厨师手中。晏婴我的命已经有维系的东西了。"让马车慢慢地有节奏地离开了。《诗经》上说："彼已之子，舍命不渝。"这说的就是晏子这样的人吧。

晏子再治阿而信见景公任以国政第四

景公使晏子为东阿宰，三年，而毁闻于国。景公不说，召而免之。晏子谢曰："婴知婴之过矣。请复治阿三年，而誉必闻于国。"景公不忍，复使治阿，三年而誉闻于国。景公说，召而赏之，辞而不受。景公问其故。对曰："昔者婴之治阿也，筑蹊径①，急门闾之政②，而淫民恶之；举俭力孝弟，罚偷窳③，而惰民恶之；决狱不避贵彊，而贵彊恶之；左右所求，法则予，非法则否，而左右恶之；事贵人体不过礼④，而贵人恶之。是以三邪毁乎外，二谗毁于内，三年而毁闻乎君也。今臣谨更之，不筑蹊径，而缓门闾之政，而淫民说；不举俭力孝弟，不罚偷窳，而惰民说；决狱阿贵彊，而贵彊说；左右所求言诺，而左右说；事贵人体过礼，而贵人说。是以三邪誉乎外，二谗誉乎内，三年而誉闻于君也。昔者婴之所以当诛者宜赏，而今之所以当赏者宜诛，是故不敢受。"景公知晏子贤，迺任以国政，三年，而齐大兴。

注释

①筑蹊径：切断小路。

②门闾之政：有关城门和里门管理的事。

③偷窳 yǔ：苟且懈怠。

④体不过礼：行为不超越礼仪的规定。

译文

景公任命晏子做东阿的长官，三年之后，诽谤他的话就传到了都城。景公听到之后感到不高兴，就把晏子召回都城并免去官职。晏子辞谢说："晏婴我知道自己的过错了。请您允许我再治理东阿，三年之后颂扬的话一定会传到都城的。"景公也不忍心免去晏子的官职，就重新让他治理东阿。三年之后，颂扬之声传到了都城。景公很高兴，把晏子召回都城准备奖赏他，可是晏子却推辞而不接受。景公问他这样做的原因。晏子回答说："之前我治理东阿的时候，堵塞小路，严格管理城门和里门，因此喜好游乐的人就非常厌恶我；举荐勤俭、勤耕、孝顺、友爱的人，惩罚懒惰随意的人，因此懒惰的人就非常厌恶我；审理案件的时候不偏袒贵族豪强，因此贵族豪强就非常厌恶我；君主身边的人有求于我，合法的就答应，不合法的就拒绝，因此君主身边的人就非常厌恶我；侍奉显贵之人的行为不超过礼仪的规定，因此显贵的人就非常厌恶我。这样，三种邪僻的人诽谤于国都之外，两种进谗言的人诽谤于都城之内，因此三年之后您就听到了毁伤我的话。后来我谨慎地更改了之前的做法，不堵塞小路，放松城门和里门的管理，爱好游乐的人就很喜欢我；不举荐勤俭、勤耕、孝顺、友爱的人，不惩罚懒惰随意的人，因此懒惰的人就很喜欢我；审理案件的时候偏袒贵族豪强，因此贵族豪强就很喜欢我；君主身边的人有求于我，我全部答应，君主身边的人就很喜欢我；侍奉显贵之人的行为超过礼仪的规定，因此显贵的人就很喜欢我。这样，三种邪僻的人夸赞我于国都之外，两种进谗言的人夸赞我于国都之内，三年之后您就听到了夸赞我的话。以前我被认为应当惩罚的行为实际上应该奖赏，现在被认为应当奖赏的行为却应该惩罚。因此不敢接受您的奖赏。”景公由此知道晏子的贤能，就让他治理国政，经过三年，齐国就强盛起来了。

景公恶故人晏子退国乱复召晏子第五

景公与晏子立于曲潢之上①，晏子称曰：“衣莫若新，人莫若故。②”公曰：“衣之新也，信善矣。人之故，相知情③。”晏子归，负载，使人辞于公曰：“婴故老耄无能也④，请毋服壮者之事⑤。”公自治国，身弱于高、国⑥，百姓大乱。公恐，复召晏子。诸侯忌其威，而高、国服其政，田畴垦辟，蚕桑豢牧之处不足[7]，丝蚕于燕，牧马于鲁，共贡入朝。墨子闻之曰："晏子知道，景公知穷矣。"

注释

①曲潢：池塘的名称。

②衣莫若新，人莫若故：当时的俗语。衣服是新的好，人是久处的好。

③相知情：相互知道底细。

④老耄：七八十岁的老人。此处指年老体衰。

⑤毋服壮者之事：不要做年轻力壮的人应当做的事情。

⑥高、国：当时齐国的两大家族。

⑦豢牧：豢养和放牧牲畜。

译文

景公和晏子一起站在曲潢边上，晏子感叹说："衣服是新的好，人是久处的好。"景公说："衣服是新的话，肯定会很好；而人相处日久，就会彼此知道底细了。"晏子回到家，背起行装，装好马车，派人向景公告辞说："我年老体衰，请您允许我不要再承担年轻力壮的人应该做的事。"景公亲自治理国家，自己的势力却日益弱于高、国二氏，齐国百姓陷入乱政。景公感到害怕，就重新召回了晏子。晏子重理国政以后，诸侯都忌惮齐国的威势，高、国两家族也服从晏子的政令，田地得到开辟，种桑养蚕和豢养放牧牲畜的地方不够用，就到燕国去养蚕抽丝，到鲁国去放马，燕国和鲁国也到齐国来朝贡。墨子听说了这件事，说："晏子懂得治国之道，景公知道形势困穷。"

齐饥晏子因路寝之役以振民第六

景公之时饥，晏子请为民发粟，公不许。当为路寝之台，晏子令吏重其赁①，远其兆②，徐其日而不趋③。三年，台成而民振④。故上说乎游，民足乎食。君子曰："政则晏子欲发粟与民而已。若使不可得，则依物而偶于政⑤。"

注释

①赁：工钱，或说供应粮食。

②兆：地方，区域。

③趋：催促。

④振：通"赈"，救济。

⑤偶：通"寓"，寄托，依托。

译文

景公的时候，齐国曾发生饥荒，晏子请求给饥民发放粮食，而景公不允许。当时正好在修建路寝台，晏子命令督建路寝台的吏员增加做工百姓的工钱，扩大路寝台的范围，延长工程的时间而不催促进度。如此三年，路寝台修成，老百姓也得到了救济。因此景公享受了在高台上游玩的快乐，老百姓也在做工中吃上了饱饭。君子说："从施政思路上看，晏子只是想为饥民发放粮食而已。如果做不到这一点，就借助修筑路寝台这样的事情实现救济百姓的目的。"

景公欲堕东门之堤晏子谓不可变古第七

景公登东门防[①]，民单服然后上[②]，公曰："此大伤牛马蹄矣。夫何不下六尺哉？"晏子对曰："昔者吾先君桓公，明君也，而管仲贤相也。夫以贤相佐明君，而东门防全也。古者不为，殆有为也。蚤岁，淄水至，入广门，即下六尺耳。乡者防下六尺[③]，则无齐矣。夫古之重变古常，此之谓也。"

注释

①防：堤防。

②单服：单薄的衣服。

③乡：通"向"，以前，过去。

译文

景公登上国都东门大堤，看到百姓穿着单薄的衣服才能上来。景公说："这样的大堤，太损伤牛马的腿脚了。为什么不把大堤降低六尺呢？"晏子回答说："以前我们的先君桓公，是英明的君主；而管仲，则是贤能的国相。当时贤能的国相辅佐英明的君主，东门的大堤还是保持这样的高度没有降低。他们不做这样的事情，大概是要让堤防抵御洪水。以前的时候淄水流到这里，进入广门，水位仅比堤防低六尺。如果以前曾把堤防降低过六尺，就没有齐国了。古代不轻易变更常行的做法，就是说的这种情况。”

景公怜饥者晏子称治国之本以长其意第八

景公游于寿宫[①]，睹长年负薪者而有饥色。公悲之，喟然叹曰："令吏养之！"晏子曰："臣闻之，乐贤而哀不肖，守国之本也。今君爱老，而恩无所不逮，治国之本也。"公笑，有喜色。晏子曰："圣王见贤以乐贤，见不肖以哀不肖。今请求老弱之不养[②]，鳏寡之无室者[③]，论而共秩焉[④]。"公曰："诺。"于是老弱有养，鳏寡有室。

注释

①寿宫：齐国宫殿名。

②求：寻找，搜寻。

③无室：没有家室，没有配偶。

④共：通“供”，供给。秩：指衣食用品。

译文

景公在寿宫游玩，看到一个背柴火的老人面有饥色。景公可怜他，感叹说："让官吏来供养他吧！"晏子说："我听说，喜欢贤能的人而怜悯没有才能的人，是守护国家的根本。如今君主怜悯老年人，而恩泽无所不及，这是治理国家的根本啊。"景公笑了，面有喜色。晏子又说："圣明的君主见到贤能的人就喜欢贤能的人，见到没有才能的人就怜悯没有才能的人。现在请您派人寻找年老体弱而没有人供养，鳏夫寡妇而没有配偶的人，根据不同的情况供给他们衣食用品吧。"景公说："好的。"于是齐国年老体弱的人都有人供养，鳏夫寡妇也都有了家室。

景公探雀鷇鷇弱反之晏子称长幼以贺第九

景公探雀鷇[①]，鷇弱，反之。晏子闻之，不时而入见，公汗出惕然[②]。晏子曰："君何为者也？"公曰："吾探雀鷇，鷇弱，故反之。"晏子逡巡北面再拜而贺曰："吾君有圣王之道矣！"公曰："寡人探雀鷇，鷇弱，故反之，其当圣王之道者何也？"晏子对曰："君探雀鷇，鷇弱，反之，是长幼也[③]。吾君仁爱，曾禽兽之加焉，而况于人乎！此圣王之道也。"

注释

①鷇kòu：幼鸟。

②愓然：惶恐的样子。

③长幼：爱护幼小。长，作动词，抚养，爱护。

译文

景公在鸟巢中掏到一只小雏雀，看到雏雀幼弱，就把它重新放回鸟巢中。晏子听说之后，不等召见就入宫见景公，景公紧张地流汗了。晏子说："君主您在做什么呢？"景公说："我掏到一只小雏雀，看到它太幼弱，就把它放回去了。"晏子退后几步，面向北行再拜礼而祝贺道："我的君主有圣明君王的德行了。"景公说："我掏到一只小雏雀，看到它太幼弱，所以就把它放回去了，这符合圣明君王的哪一种德行？"晏子回答说："君主您掏到一只小雏雀，看到它太幼弱，就把它放回去了，这是爱护幼弱。君主您具备仁爱之心，连禽兽都施加到了，更何况对待人呢？这就是圣明君王的德行啊。"

景公睹乞儿于途晏子讽公使养第十

景公睹婴儿有乞于途者。公曰："是无归矣[①]！"晏子对曰："君存[②]，何为无归？使吏养之，可立而以闻[③]。"

注释

①无归：无家可归。

②存：在。

③可立：长大成人。

译文

景公看到路上有乞讨的儿童，景公说："这个小孩儿无家可归啊！"晏子回答说："有君主您在，他怎么会无家可归呢？请您让官吏收养他，等他长大成人之后再告诉他实情。"

景公惭刖跪之辱不朝晏子称直请赏之第十一

景公正昼被发[①]，乘六马，御妇人以出正闺[②]。刖跪击其马而反之[③]，曰："尔非吾君也。"公惭而不朝。晏子睹裔款而问曰："君何故不朝？"对曰："昔者君正昼，被发，乘六马，御妇人以出正闺，刖跪击其马而反之，曰：'尔非吾君也。'公惭而反，不果出，是以不朝。"晏子入见。景公曰："昔者寡人有罪，被发，乘六马以出正闺。刖跪击马而反之，曰：'尔非吾君也。'寡人以子大夫之赐，得率百姓以守宗庙。今见戮于刖跪[④]，以辱社稷。吾犹可以齐于诸侯乎？"晏子对曰："君勿恶焉！臣闻下无直辞，上有隐恶；民多讳言，君有骄行。古者明君在上，下多直辞；君上好善，民无讳言。今君有失行，刖跪直辞禁之，是君之福也。故臣来庆。请赏之，以明君之好善；礼之，以明君之受谏。”公笑曰：“可乎？”晏子曰：“可。”于是令刖跪倍资无征[⑤]。时朝无事也。

注释

①被发：披散着头发。被，通“披”。

②正闺：宫中的正门。

③刖跪：此处指受过刖刑被砍了脚的人。反：通“返”，让……返回。

④见戮：被羞辱。

⑤倍资无征：加倍赏赐，免除赋役。

译文

景公大白天披散着头发，坐着六匹马拉的车，车上载着妇人，要从宫中正门出去，守门的刖跪拍击着马让马车返回，说：“您这样不是我的君主。”景公感到羞辱而不上朝。晏子看到裔款就问道：“君主因为什么原因不上朝？”裔款回答说：“早些时候，君主大白天披散着头发，坐着六匹马拉的车要出宫中正门，守门的刖跪拍打着马让马车返回，还说：‘您这样不是我的君主。’君主觉得受到羞辱就返回了，最终没有出去，因此没有上朝。”晏子入宫参见景公，景公说：“前日里，寡人有罪过，披散着头发，坐着六匹马拉的车要出宫中正门，守门的刖跪拍打着马让马车返回，还说：‘您这样不是我的君主。’寡人承蒙先生您的辅助，得以率领百姓而守护宗庙社稷。如今被守门的刖跪羞辱，以至于让国家蒙羞，我还可以站在诸侯之列吗？”晏子回答说：“您不要厌恶这件事情。我听说，如果臣下没有直率之言，君主就会有隐瞒的恶事；如果百姓有很多因忌讳而不敢说的话，君主就会有骄纵的行为。古代英明的君主在位，臣下能多说直率的话；君主崇尚善行，百姓就没有因忌讳而不敢说的话。如今君主您有不合适的行为，守门的刖跪直言阻止了它，这是君主您的福气啊，因此臣下我来祝贺您。请您赏赐守门的刖跪，以表明君主您崇尚善行；对他待之以礼，以表明君主您接纳谏言。”景公笑着说：“这样做可以吗？”晏子说：“可以的。”于是景公命令加倍赏赐守门的刖跪，并且免除他的徭役。随后，齐国的朝堂太平无事。

景公夜从晏子饮晏子称不敢与第十二

景公饮酒，夜移于晏子之家。前驱款门曰[①]：“君至！”晏子被玄端[②]，立于门曰：“诸侯得微有故乎[③]？国家得微有事乎？君何为非时而夜辱？”公曰：“酒醴之味，金石之声，愿与夫子乐之。”晏子对曰：“夫布荐席，陈簠簋者有人[④]，臣不敢与焉。”公曰：“移于司马穰苴之家[⑤]。”前驱款门曰：“君至！”穰苴介胄操戟[⑥]，立于门曰：“诸侯得微有兵乎？大臣得微有叛者乎？君何为非时而夜辱？”公曰：“酒醴之味，金石之声，愿与夫子乐之。”穰苴对曰：“夫布荐席，陈簠簋者有人，臣不敢与焉。”公曰：“移于梁丘据之家。”前驱款门曰：“君至！”梁丘据左操瑟，右挈竽[⑦]，行歌而出。公曰：“乐哉！今夕吾饮也。微此二子者，何以治吾国；微此一臣者，何以乐吾身。”君子曰：“圣贤之君，皆有益友，无偷乐之臣[⑧]。景公弗能及，故两用之，仅得不亡。”

注释

①款门：敲门。

②玄端：古代上朝时一种黑色礼服。

③得微：莫非，该不是。

④簠簋 fǔ guǐ：古代两种盛黍稷稻粱之礼器。

⑤司马穰苴：春秋时齐国大夫。姓田，名穰苴。官拜大司马。深通兵法，辑有《司马穰苴兵法》。

⑥介胄操戟：穿好盔甲，戴好头盔，手里拿着戟。

⑦挈：用手提着。

⑧偷乐：贪图享乐。

译文

景公饮酒行乐，晚上的时候准备到晏子家去继续行乐，先行的人敲门说："国君到了！"晏子披着黑色的礼服，站在门口说："莫非诸侯国发生了变故？莫非国家发生了重大事件？君主为什么深夜屈尊来到我家？"景公说："这里有美味的酒食，动听的音乐，想和先生您一起享受。"晏子回答说："铺设席垫、陈列簠簋这样的事儿有人负责，臣下我不敢参与此事。"景公说："那就去司马穰苴家吧。"先行的人敲门说："国君到了！"穰苴把盔甲和头盔都穿戴整齐，手里拿着戟，站在门口说："莫非诸侯国有战事？莫非大臣有叛乱的？君主为什么深夜屈尊来到我家？"景公说："这里有美味的酒食，动听的音乐，想和先生您一起享受。"穰苴回答说："铺设席垫、陈列簠簋这样的事儿有人负责，臣下我不敢参与此事。"景公说："那就去梁丘据家吧！"先行的人敲门说："国君到了！"梁丘据左手拿着瑟，右手拎着竽，唱着歌出来了。景公说："今天晚上我喝酒真高兴啊！如果没有晏子和司马穰苴两位，我怎么治理国家？如果没有梁丘据，我怎么让自己快活呢？"君子说："圣明贤德的君主，只有有益的朋友，没有贪图享乐的臣子。景公赶不上圣明贤德的君主，因此两种人都加以任用，仅仅能够不亡国。"

景公使进食与裘晏子对以社稷臣第十三

晏子侍于景公，朝寒，公曰："请进暖食。"晏子对曰："婴非君奉馈之臣也[①]，敢辞[②]。"公曰："请进服裘。”对曰:“婴非君茵席之臣也[③],敢辞。”公曰:“然夫子之于寡人何为者也?”对曰:“婴,社稷之臣也。”公曰:“何谓社稷之臣?”对曰:“夫社稷之臣,能立社稷,别上下之义,使当其理;制百官之序,使得其宜;作为辞令,可分布于四方。”自是之后,君不以礼,不见晏子。

注释

①奉馈之臣:负责供奉饮食的官吏。

②敢:谦词,表示不敢、冒昧的意思。辞:推辞,辞谢。

③茵席之臣:负责进奉席垫、衣服的官吏。

译文

晏子侍奉景公,早上天冷,景公说:“请把暖和的饮食拿过来。”晏子回答说:“我不是负责进奉饮食的官吏,不敢从命。”景公说:“请把我穿的裘衣拿过来。”晏子回答说:“我不是负责衣服席垫的官吏,不敢从命。”景公说:“那么对于寡人来说,先生您是什么样的臣子呢?”晏子回答说:“我是社稷之臣。”景公说:“什么叫社稷之臣?”晏子回答说:“社稷之臣,能安定国家;能分别君臣尊卑的秩序,使他们各安其位;制定百官的次序,使他们处于合适的位置;拟定外交辞令,可以传布到四面八方。”从这件事之后,景公如果不遵守礼仪,就不敢见晏子。

晏子饮景公止家老敛欲与民共乐第十四

晏子饮景公酒，令器必新。家老曰[①]："财不足，请敛于氓[②]。"晏子曰："止！夫乐者，上下同之。故天子与天下，诸侯与境内，大夫以下各与其僚，无有独乐。今上乐其乐，下伤其费，是独乐者也。不可！"

注释

①家老：古代大夫家年长的家臣。

②敛：征收。

译文

晏子请景公饮酒，命令器具必须都是新的。管家说："家中钱财不够，请允许我向百姓征收一些吧！"晏子说："不行！欢乐，是要君主和臣民共享的。因此天子和全天下的百姓，诸侯和境内的百姓，大夫以下和各自的同僚一起共享欢乐，没有独自享乐的。如今君主享受他的快乐，而臣民百姓却损耗钱财，这是独自享乐的行为，不可以这么做。"

晏子饮景公酒公呼具火晏子称诗以辞第十五

晏子饮景公酒，日暮，公呼具火[①]。晏子辞曰：“《诗》云：‘侧弁之俄[②]’，言失德也。‘屡舞傞傞[③]’，言失容也。‘既醉以酒，既饱以德[④]’，‘既醉而出，并受其福[⑤]’，宾主之礼也。‘醉而不出，是谓伐德[⑥]’，宾主之罪也。婴已卜其日，未卜其夜。”公曰：“善。”举酒祭之[⑦]，再拜而出。曰：“岂过我哉[⑧]？吾托国于晏子也[⑨]。以其家贫善寡人，不欲其淫侈也，而况与寡人谋国乎！”

注释

①具火：准备灯火。

②侧弁之俄：见于《诗经·小雅·宾之初筵》。此句大意是：酒后，帽子歪戴着，快要掉下来了。

③屡舞傞傞：见于《诗经·小雅·宾之初筵》。此句大意是：酒后，东倒西歪地不停跳舞。

④既醉以酒，既饱以德：见于《诗经·大雅·既醉》。此句大意是：你的美酒我已经醉了，你的恩惠我已受了。

⑤既醉而出，并受其福：见于《诗经·小雅·宾之初筵》。此句大意是：既然醉了就离去，主人和宾客都会有好福气。

⑥醉而不出，是谓伐德：见于《诗经·小雅·宾之初筵》。此句大意是：已经醉了还不离去，这叫败坏德行。

⑦举酒祭之：古代的礼节，宴席将要结束的时候，客人举起酒杯，盛赞主人饮食丰美。

⑧岂过我哉：我这样做难道错了吗？

⑨托：托付。

译文

晏子请景公喝酒，天色晚了，景公让人准备灯火。晏子辞谢说："《诗经》说'侧弁之俄'，指的是德行有失；'屡舞傞傞'，指的是行为有失；'既醉以酒，既饱以德'和'既醉而出，并受其福'，指的是宾客与主人应有的礼节；'醉而不出，是谓伐德'，指的是宾客和主人所犯的过错。我占卜了白天宜于喝酒，但是没有占卜晚上是否宜于喝酒。"景公说："好！"举起酒杯盛赞饮食丰美，行再拜礼之后离去了。景公说："我把治理国家的重任托付给晏子，难道能说我做错了吗？他家那么穷还好好地招待我，我不想让他家太过于奢侈浪费，更何况他还要和我一起谋划国家大事呢！"

晋欲攻齐使人往观晏子以礼侍而折其谋第十六

晋平公欲伐齐[①]，使范昭往观焉[②]。景公觞之[③]，饮酒酣，范昭起曰："请君之弃罇[4]。"公曰："酌寡人之罇，进之于客。"范昭已饮，晏子曰："彻罇[5]，更之。"罇觯具矣[6]，范昭佯醉，不说而起舞，谓太师曰："能为我调成周之乐乎？吾为子舞之。"太师曰："冥臣不习[7]。"范昭趋而出。景公谓晏子曰："晋，大国也，使人来将观吾政。今子怒大国之使者，将奈何？"晏子曰："夫范昭之为人也，非陋而不知礼也。且欲试吾君臣，故绝之也。"景公谓太师曰："子何以不为客调成周之乐乎？"太师对曰："夫成周之乐，天子之乐也。调之，必人主舞之。今范昭人臣，欲舞天子之乐，臣故不为也。"范昭归，以报平公，曰："齐未可伐也。臣欲试其君，而晏子识之；臣欲犯其乐，而太师知之。"于是辍伐齐谋。仲尼闻之曰："善哉，不出尊俎之间[8]，而折冲于千里之外[9]，晏子之谓也。而太师其与焉。"

注释

①晋平公：春秋时晋国君主，姬姓，名彪。公元前557—前532年在位。

②范昭：春秋时晋国大夫。

③觞：古代酒器。此处用作动词，用酒招待。

④弃罇：用过的酒器。罇，同"樽"，古代酒器。

⑤彻：通"撤"，撤去，撤掉。

⑥觯：古代酒器。形状像尊，但是形制较小。

⑦冥臣：失明之臣。古代乐师多以盲人为之，所以也用作乐师的自称。

⑧尊俎之间：酒席宴会之间。尊俎，此处代指酒席宴会。尊，古代酒器。俎，古代供祭祀或宴会时用的四脚方形青铜盘或木漆盘。

⑨折冲：使敌人的战车后撤，即制敌取胜。冲，冲车，古代战车的一种。

译文

晋平公想要讨伐齐国，派范昭去观察齐国朝政。齐景公为他举行宴席，大家喝酒喝到兴头上，范昭站起来对景公说："请让我用您用过的酒杯吧！"景公说："把寡人的酒杯斟满酒，然后进献给客人。"范昭喝了之后，晏子说："撤掉这只酒杯，换新的上来。"樽、觯等酒器都摆上了，范昭假装喝醉，不高兴地站起来要跳舞，对太师说："能为我演奏成周之乐吗？我给你们跳舞。"太师拒绝说："我没有学过。"范昭快步离去。景公对晏子说："晋国是个大国，派人来，是想要观察齐国国政。如今先生您惹怒了大国的使者，可该怎么办啊？"晏子说："范昭平时的为人处世，不是一个孤陋寡闻不识礼仪的人，只是想试探我们君臣，因此就拒绝了他。"景公对太师说："先生你为什么不为客人演奏成周之乐呢？"太师回答说："成周之乐，是天子才能享有的音乐。如果演奏了，君主就必须随之起舞。如今范昭只是一个臣子，却想用天子的音乐来跳舞，所以我不为他演奏。”范昭归国，把情况向晋平公做了汇报，说：“齐国不可以征伐。我想试探他的君主，被晏子识破了；我想冒犯他们的礼乐，被他的太师看出来了。”晋国于是放弃了征伐齐国的计划。仲尼听说了这件事，说：“好啊！不离开宴席，就可以挫败千里之外的敌人，说的就是晏子吧！太师也参与了这个事情。”

景公问东门无泽年谷而对以冰晏子请罢伐鲁第十七

景公伐鲁，傅许[①]，得东门无泽。公问焉：“鲁之年谷何如[②]？”对曰：“阴冰凝，阳冰厚五寸。”公不知，以告晏子。晏子对曰：“君子也。问年谷而对以冰，礼也。阴冰凝，阳冰厚五寸者，寒温节[③]。节则刑政平，平则上下和，和则年谷熟。年充众和而伐之，臣恐罢民弊兵[④]，不成君之意。请礼鲁以息吾怨，遣其执以明吾德[⑤]。”公曰：“善。”迺不伐鲁。

注释

①傅：靠近，临近。

②年谷：粮食收成。

③节：适宜，合适。

④罢民弊兵：百姓疲惫，士兵困顿。罢，通

"疲"，疲惫。弊，困乏，困顿。

⑤执：被俘虏的人。

译文

齐景公征伐鲁国，在攻打许地时，抓住了鲁国人东门无泽。景公问他说："鲁国的粮食收成如何？"东门无泽回答说："背面的冰凝结了，阳面的冰厚五寸。"景公不知道他说的什么意思，就告诉了晏子。晏子回答说："这个人是个君子。问粮食收成而对答以冰，这是礼节。阴面的冰凝结了，阳面的冰厚五寸，这是寒冷和温暖适合。气温适合则刑罚和政治公平，刑罚和政治公平则君主和臣民和睦，君主和臣民和睦则粮食就会丰收。粮食充足，国人团结却去征伐它，我担心会使百姓疲劳，士兵困顿，不能成全君主您的意愿。请您对鲁国待之以礼，让他们平息对我们的怨气，遣返俘虏以表明君主您的恩德。"景公说："说得好！"于是就不征伐鲁国了。

景公使晏子予鲁地而鲁使不尽受第十八

景公予鲁君地，山阴数百社[①]，使晏子致之。鲁使子叔昭伯受地，不尽受也。晏子曰："寡君献地，忠廉也[②]，曷为不尽受？"子叔昭伯曰："臣受命于君曰：'诸侯相见，交让[③]，争处其卑，礼之文也[④]；交委[⑤]，多争受少，行之实也[⑥]。礼成文于前，行成章于后，交之所以长久也。’且吾闻君子不尽人之欢，不竭人之忠，吾是以不尽受也。”晏子归报公，公喜，笑曰：“鲁君犹若是乎？”晏子曰：“臣闻大国贪于名，小国贪于实，此诸侯之公患也。今鲁处卑而不贪乎尊，辞实而不贪乎多，行廉不为苟得，道义不为苟合[⑦]，不尽人之欢，不竭人之忠，以全其交。君之道义，殊于世俗，国免于公患。”公曰：“寡人说鲁君，故予之地。今行果若此，吾将使人贺之。”晏子曰：“不！君以驩予之地而贺其辞[⑧]，则交不亲，而地不为德矣。”公曰：“善。”于是重鲁之币[⑨]，毋比诸侯，厚其礼，毋比宾客。君子于鲁，而后明行廉辞地之可为重名也。

注释

①社：古代的基层行政单位，二十五家为一社。

②忠廉：诚心无私。

③交让：互相谦让。

④文：外在形式。

⑤交委：互相送礼。

⑥实：内在实质。

⑦道义：遵循道义。

⑧驩：通“欢”，喜欢，有好感。

⑨币：礼物，财物。

译文

景公送给鲁国君主土地，是泰山背面的数百社，派晏子去送这片土地。鲁国派子叔昭伯来接受这片土地，却不全部接受。晏子说：“我国君主送给贵国这块土地，是诚心诚意、毫不自私的，为什么不全部接受呢？”子叔昭伯回答说：“我从国君那里接受命令说：‘诸侯相见的时候，要互相谦让，争着处于卑下的地位，这是遵循礼节的表面形式；互相给对方送礼物，争着多送少受，这是遵循礼节的实质内容。礼节完成修饰于前，实际完成彰显于后，然后交往才可使长久。’而且我听说，君子不竭尽别人对自己的喜爱之心，不竭尽别人对自己的忠诚之情，我因此不能接受全部的土地。”晏子回来后向景公汇报，景公很高兴，笑着说：“鲁国君主还是像这个样子啊？”晏子说：“我听说大的国家贪好名声，小的国家贪好实际利益，这是所有诸侯共同的忧患。如今鲁国处于卑下的地位却不贪好尊显，辞谢实际利益而不贪多，行为廉洁而不做不当而得的事情，坚守道义而不做无原则附和的事情。不竭尽别人对自己的喜欢之情，不竭尽别人对自己的忠诚之意，以保全双方的交往。鲁国国君的道义与世俗不同，国家可以免于诸侯国共同的忧患。”景公说：“寡人对鲁国君主有好感，所以送给他土地。如今他的行为真的像这个样子，我就派人去祝贺他。”晏子说：“这样不行。君主您因为对他有好感而送给他土地，而又对他辞谢不受部分土地的行为表示祝贺，这样的话交往就不亲密，而送给他的土地也不是恩德了。”景公说：“说得好！”于是增加送给鲁国国君的礼物，不和其他的诸侯国相类同；对鲁国使者待以隆重的礼节，不和其他诸侯国的使者宾客相同。君子经过鲁国这件事情，然后明白行为廉洁、辞谢土地的做法可以带来很大的名望。

景公游纪得金壶中书晏子因以讽之第十九

景公游于纪[①]，得金壶，发而视之，中有丹书[②]，曰：“无食反鱼，勿乘驽马。[③]”公曰：“善哉，如若言。食鱼无反，则恶其鱢也[④]；勿乘驽马，恶其不远取道也。”晏子对曰：“不然。食鱼无反，毋尽民力乎？勿乘驽马，则无置不肖于侧乎？”公曰：“纪有书，何以亡也？”晏子对曰：“有以亡也。婴闻之，君子有道，悬之间[⑤]。纪有此言，注之壶，不亡何待乎！”

注释

①纪：春秋时诸侯国，为齐所灭。故城在今山东省寿光市东南。

②丹书：用朱笔书写的文字。

③无食反鱼，勿乘驽马：吃鱼的时候不要翻过来吃另一面的，不要乘坐跑不快的马。

④鳔：鱼腥味。

⑤闾：里巷的大门。

译文

景公到故纪国去游玩，得到一把铜壶，打开来看，里面有朱笔写的字："无食反鱼，勿乘驽马。"景公说："说得好啊。我知道这话的意思，吃鱼的时候不要翻过来，是不喜欢鱼腥味；不要乘坐跑不快的马，是讨厌它走不了远路。"晏子回答说："不是这个意思。吃鱼的时候不要翻过来，是说不要把百姓的劳力和财力用尽了吧！不要乘坐跑不快的马，是说不要把能力低下的人置于身旁吧！"景公说："纪国有这样的文书，为什么还会亡国呢？"晏子回答说："纪国灭亡是有原因的。我听说，君子有道，却将之挂在里巷的门上。纪国有这样的话，却写在壶里面，不灭亡还等待什么？"

景公贤鲁昭公去国而自悔晏子谓无及已第二十

鲁昭公失国走齐，景公问焉，曰："君之年甚少，奚道至于此乎？"昭公对曰："吾少之时，人多爱我者，吾体不能亲；人多谏我者，吾忌不能从。是以内无拂而外无辅[①]。辅拂无一人，谄谀者甚众。譬之犹秋蓬也，孤其根而美枝叶，秋风一至，偾且揭矣[②]。"景公辩其言[③]，以语晏子曰："使是人反其国，岂不为古之贤君乎？”晏子对曰：“不然。夫愚者多悔，不肖者自贤，溺者不问队[④]，迷者不问路。溺而后问队，迷而后问路，譬之犹临难而遽铸兵[⑤]，临噎而遽掘井，虽速亦无及已。”

注释

①拂：通“弼”，辅佐。

②偾：倒下。揭：高举。

③辩其言：认为他的话有说服力。

④队：通“隧”，道路。

⑤铸兵：铸造兵器。

译文

鲁昭公失去君位逃到齐国，齐景公问他说：“你的年纪还这么轻，因为什么原因落到了这步田地？”昭公回答说：“我年少的时候，有很多真心爱戴我的人，我却不能和他们亲近；有很多规劝我过失的人，我心有忌讳而不能听从。就这样，朝廷里外都没有辅佐我的人。辅佐我的人一个都没有，谄谀奉承我的人却非常多。打个比方，就好像秋蓬，它的根孤零零的，而枝叶却很漂亮，秋风一到，根就会被折断而吹到天上去。”景公觉得他的话很有说服力，就把这些话告诉晏子，说：“如果让这样的人返回他的国家，岂不是可以成为古代的贤明君主吗？”晏子回答说：“不是这个样子。那些愚蠢的人大多都喜欢事后追恨，才能不济的人大都自以为贤能，溺水的人是因为没有问过河的路，迷路的人是因为没有问正确的路。已经被水淹了才去问过河的路，已经迷路了才去问正确的路，打个比方就像是危难已经来了才赶紧去铸造兵器，已经被噎住了才赶紧去挖井，即使速度很快，也来不及了。”

晏子使鲁有事已仲尼以为知礼第二十一

晏子使鲁，仲尼命门弟子往观。子贡反，报曰：“孰谓晏子习于礼乎？夫礼曰：‘登阶不历①，堂上不趋，授玉不跪。’今晏子皆反此，孰谓晏子习于礼者？”晏子既已有事于鲁君，退见仲尼。仲尼曰：“夫礼，登阶不历，堂上不趋，授玉不跪。夫子反此礼乎？”晏子曰：“婴闻两楹之间②，君臣有位焉。君行其一，臣行其二。君之来遬③，是以登阶历，堂上趋以及位也。君授玉卑，故跪以下之。且吾闻之，大者不逾闲④，小者出入可也。”晏子出，仲尼送之以宾客之礼。反，命门弟子曰：“不法之礼⑤，维晏子为能行之。”

注释

①登阶不历：上台阶不越级而上。历，越过。

②楹：堂屋前部的柱子。

③遬：即“速”。

④闲：道德礼法的规范、界限。

⑤不法之礼：不拘泥于具体条文，而能随机应变以符合礼节。

译文

晏子出使鲁国，孔子让自己的弟子前去观礼。子贡回来，向孔子报告说："谁说晏子熟悉礼仪？按照礼仪规定，上台阶的时候不越级而上，在堂上的时候不小步快走；君主授给玉器的时候不下跪接受。今天晏子全都违反这些规定，谁说晏子熟悉礼仪？"晏子在鲁国君主那里办完了公事，出来来见孔子。孔子说："按照礼仪规定，上台阶的时候不越级而上，在堂上的时候不小步快走；君主授给玉器的时候不下跪接受。先生您违反了这些规定，符合礼仪吗？"晏子说："我听说，堂上两根柱子之间，君臣的位置是有规定的，君主走一步，臣子应该走两步。今天国君来得太快，因此才上台阶越级而上，在堂上小步快走，以赶到应该站的位置。国君授给玉器的时候弯腰太低，因此我跪下来才能比他更低。而且我听说，大的事情不逾越礼仪规定，小的事情偶有出入也是可以的。"晏子走的时候，孔子用送宾客的礼节送他。孔子回来后，对自己的弟子说："不拘泥于具体条文，而能随机应变以遵守礼仪，只有晏子能够做到这一点。"

晏子之鲁进食有豚亡二肩不求其人第二十二

晏子之鲁，朝食，进馈膳有豚焉[①]。晏子曰："去其二肩[②]。"昼者进膳，则豚肩不具。侍者曰："膳豚肩亡。"晏子曰："释之矣。"侍者曰："我能得其人。"晏子曰："止。吾闻之，量功而不量力则民尽，藏余不分则民盗。子教我所以改之，无教我求其人也。"

注释

①馈膳：烹调膳食。馈，即"馈"。豚：小猪。

②肩：动物的腿根部。

译文

晏子出使鲁国，早上吃饭的时候，看到送来的膳食中有一只小猪。晏子说："把两只前腿收起来。"中午进奉膳食的时候，猪腿不见了。侍者说："膳食中猪腿不见了。"晏子说："不用管它了。"侍者说："我可以找到偷走猪腿的那个人。"晏子说："不用了。我听说，只衡量功劳而不考虑具体能力，那么百姓就会财物用尽；收藏的财货过多而不分给百姓，那么百姓就会去偷盗。你应该教我如何改正藏货过多的毛病，而不要教我去查找那个偷猪腿的人。"

曾子将行晏子送之而赠以善言第二十三

曾子将行，晏子送之，曰："君子赠人以轩[①]，不若以言。吾请以言乎？以轩乎？"曾子曰："请以言。"晏子曰："今夫车轮，山之直木也。良匠煣之[②]，其圆中规，虽有槁暴，不复嬴矣[③]。故君子慎隐煣[④]。和氏之璧，井里之困也。良工修之，则为存国之宝。故君子慎所修。今夫兰本[⑤]，三年而成。湛之苦酒[⑥]，则君子不近，庶人不佩；湛之麋醢[⑦]，而贾匹马矣。非兰本美也，所湛然也。愿子之必求所湛。婴闻之，君子居必择邻，游必就士。择居所以求士，求士所以辟患也。婴闻汩常移质[⑧]，习俗移性，不可不慎也。"

注释

①轩：中国古代一种前顶较高而有帷幕的车子。

②煣：用火烤的方法使木材弯曲。

③嬴：读为挺。直。

④隐：通"檃"，即檃栝，矫正竹木弯曲或使成形的器具。

⑤兰本：兰花的根部。

⑥湛：浸泡。

⑦麋醢：麋肉制成的酱。

⑧汩：混浊。

译文

曾子将要离开齐国，晏子去送他，说："君子为人送行，赠送给别人车子，不如赠送给别人善言。那么我赠送给你善言呢，还是赠送给你车子呢？"曾子说："请您赠送给我善言吧。"晏子说："现在的车轮，以前是山上很直的树木。精良的工匠用火烤的方法让它变弯，使它变成圆形且完全符合规格，之后即使再把它晒干也不会变直了。因此君子对待像檃栝和火烤这样能使材质变形的事情非常谨慎。和氏璧，看起来只是市井小巷中的一块石头，精良的工匠修整以后，就变成了镇国之宝。因此君子对什么样的人来修整材质这样的事情非常谨慎。如今兰花的根，三年才长成，如果把它浸泡在苦酒中，那么君子不会接近它，一般人也不会佩戴它。如果把它浸泡在麋肉做成的肉酱里，那么其价值就可以换一匹马。并不是兰花根本身很美，而是浸泡它的东西价值贵重才会这样。希望你务必找到好的居处环境。我听说，君子寻找住处必定要选择邻居，与人交往必定要接近贤能之人。选择住处是为了寻找贤德的士人，寻找贤德的士人是为了躲避祸患。我听说，在混浊的环境中时间长了能改变一个人的品质，在某种习惯风俗中时间长了能改变一个人的性格，不可以不谨慎啊。"

晏子之晋睹齐累越石父解左骖赎之与归第二十四

晏子之晋，至中牟[①]，睹弊冠反裘负刍[②]，息于涂侧者[③]，以为君子也，使人问焉。曰："子何为者也？"对曰："我越石父者也。"晏子曰："何为至此？"曰："吾为人臣，仆于中牟，见使将归。"晏子曰："何为为仆？"对曰："不免冻饿之切吾身，是以为仆也。"晏子曰："为仆几何？"对曰："三年矣。"晏子曰："可得赎乎？"对曰："可。"遂解左骖以赎之，因载而与之俱归。至舍，不辞而入，越石父怒而请绝。晏子使人应之曰："吾未尝得交夫子也。子为仆三年，吾迺今日睹而赎之，吾于子尚未可乎？子何绝我之暴也？"越石父对曰："臣闻之，士者诎乎不知己[④]，而申乎知己[⑤]。故君子不以功轻人之身，不为彼功诎身之理。吾三年为人臣仆，而莫吾知也。今子赎我，吾以子为知我矣。向者子乘，不我辞也，吾以子为忘。今又不辞而入，是与臣仆我者同矣。我犹且为臣，请鬻于世[⑥]。"晏子出，请见。曰："向者见客之容，而今也见客之意。婴闻之，省行者不引其过，察实者不讥其辞，婴可以辞而无弃乎？婴诚革之。"迺令粪洒改席[⑦]，尊醮而礼之[⑧]。越石父曰："吾闻之，至恭不修途[⑨]，尊礼不受摈[⑩]。夫子礼之，仆不敢当也。"晏子遂以为上客。

君子曰："俗人之有功则德，德则骄。晏子有功，免人于厄，而反诎下之。其去俗亦远矣。此全功之道也。"

注释

①中牟：地名。春秋时属晋国。

②反裘：反穿着裘衣。刍：喂牲口的草。

③涂：通"途"，道路。

④诎：屈服，折服。

⑤申：通"伸"，伸展。

⑥鬻：卖。

⑦粪洒：洒扫。

⑧尊醮：斟酒。

⑨修途：修整道路。

⑩摈：通"傧"，迎接客人的人。

译文

晏子去晋国，经过中牟的时候，看到一个人戴着破烂的帽子，反穿着裘衣，背着喂牲口的草，在路边休息。晏子觉得他是一个君子，就派人去问他，说："你是做什么的？"那个人回答说："我叫越石父。"晏子说："你为什么到这里来？"越石父回答说："我是人家的奴仆，在中牟这里做事，干完差事就要回去了。"晏子说："为什么要做别人的奴仆？"越石父回答说："自己不能免于寒冷和饥饿，就是因为这个原因才为人奴仆。"晏子说：

"做奴仆多长时间了？"越石父回答说："三年了。"晏子说："可以为你赎身吗？"越石父回答说："可以。"晏子于是解下马车左边的马为他赎身，并用车载着他一起回去。到了家，晏子没有和他告辞就进去了。越石父生气地要和晏子绝交，晏子让人答复他说："我从来没有和你交往。你做了三年的仆人，我到今天才见到你并且为你赎了身，我这样子对你还不可以吗？你为什么要那么急切地与我断交呢？"越石父回答说："我听说，士人在不了解自己的人面前会委曲求全，而在了解自己的人面前会挺胸做人。因此君子不因为自己对他人有功就轻视别人，也不因为他人对自己有恩就屈身于人。我做了三年的奴仆，而没有人了解我。如今您为我赎身，我把您当作了解我的人。前面您乘车的时候，没有和我告辞，我把它理解为您忘记了。现在又没有和我打招呼就进去了，就和把我当作奴仆的人是一样的了。我现在依然是奴仆，请您把我卖给其他人吧。"晏子出门，见越石父说："之前我见到了你的容貌，如今我见到了你的志向。我听说，对于反省自己行为的人，就不要再援引他的过失；对于明察事情实质的人，就不要再讥讽他的言辞。我可以向你解释而不被你拒绝吗？我诚心地改正过错。"于是下令洒扫干净，更换宴席，斟酒而礼待他。越石父说："我听说，最恭敬的礼节不修整道路，最尊重的礼节不靠傧相引导。先生您用这样的礼节对待我，我不敢接受。"晏子就把他作为上客。君子说："俗人对他人有些许功劳就会觉得自己有德行，觉得自己有德行就会骄傲。晏子对他人有功，解除了他人的困厄，却反而屈尊礼下于人，他的品行超过世俗人太远了。这就是成就完美功德的做法。”

晏子之御感妻言而自抑损晏子荐以为大夫第二十五

晏子为齐相，出，其御之妻从门间而闚[①]，其夫为相御，拥大盖[②]，策驷马，意气扬扬，甚自得也。既而归，其妻请去。夫问其故，妻曰：“晏子长不满六尺，身相齐国，名显诸侯。今者妾观其出，志念深矣[③]，常有以自下者。今子长八尺，迺为人仆御。然子之意，自以为足，妾是以求去也。”其后，夫自抑损[④]。晏子怪而问之，御以实对。晏子荐以为大夫。

注释

①间：缝隙。闚：即“窥”，窥视。

②盖：古代车上遮雨蔽日的篷子，形圆如伞，下有柄。

③志念：思想，意志。

④抑损：谦逊，谦让。

译文

晏子做齐国的相国，出门的时候，他的车夫的妻子从门缝里面往外看，看到她的丈夫为相国驾车，车上张着大大的伞盖，驾着四匹马，意气洋洋，非常得意。车夫回家之后，他的妻子请求离开他。车夫询问原因，他的妻子说："晏子身高不到六尺，却能够辅佐齐国，名声彰显于各诸侯国。今天我观察他出行，心思深邃，经常表现出礼下于人的样子。如今你身高八尺，只不过给别人驾车，但是你的神情却自以为满足。我因此想离开你。"从此之后，车夫经常表现得谦虚礼让。晏子觉得很奇怪，就问他，车夫把实情告诉了他。后来，晏子举荐他为大夫。

泯子午见晏子晏子恨不尽其意第二十六

燕之游士有泯子午者[1]，南见晏子于齐。言有文章[2]，术有条理，巨可以补国，细可以益晏子者，三百篇。睹晏子，恐惧而不能言。晏子假之以悲色[3]，开之以礼颜，然后能尽其复也。客退，晏子直席而坐，废朝移时[4]。在侧者曰："向者燕客侍，夫子胡为忧也？"晏子曰："燕，万乘之国也。齐，千里之涂也[5]。泯子午以万乘之国为不足说，以千里之涂为不足远，则是千万人之上也。且犹不能殚其言于我，况乎齐人之怀善而死者乎！吾所以不得睹者，岂不多矣！然吾失此，何之有也。”

注释

①游士：云游四方以谋生的士人。

②文章：错杂的色彩或花纹。这里解释为文采。

③悲色：依孙诒让读为“匪色”，和悦的神色。

④移时：经历了一段时间。

⑤涂：通“途”，路途。

译文

燕国有一个叫泯子午的游士，南下到齐国来见晏子。泯子午言辞有文采，理论有条理，大的可以补益国家，小的可以帮助晏子，文章有三百篇。泯子午看到晏子，恐惧得说不出话来。晏子用和悦的神色对待他，用礼貌的态度开导他，然后他才把要说的话都说了出来。泯子午退出之后，晏子端正地坐在席子上，忘记了朝会，经历好长一段时间。旁边的人说：“刚才燕国的客人陪侍您，先生现在为什么忧愁呢？”晏子说：“燕国是一个拥有万辆战车的大国，齐国距离燕国有千里的道路。泯子午认为作为万乘之国的燕国不值得他游说，认为到齐国千里的路途不算很远，他的能力就是在千万人之上了。这样的人尚且不能对我畅所欲言，更何况齐国那些有善言良策直却到死也没敢对我说的人呢？我所没有见到的有才能的人，岂不是很多吗？然而我错失了这些有才能的人，那还有什么功劳呢？”

晏子遗北郭骚米以养母骚杀身以明晏子之贤第二十七

齐有北郭骚者[①]，结罘罔[②]，捆蒲苇[③]，织葩履[④]，以养其母犹不足，踵门见晏子曰[⑤]：“窃说先生之义，愿乞所以养母者。”晏子使人分仓粟府金而遗之[⑥]，辞金受粟。有间，晏子见疑于景公，出奔，过北郭骚之门而辞。北郭骚沐浴而见晏子曰：“夫子将焉适？”晏子曰：“见疑于齐君，将出奔。”北郭骚曰：“夫子勉之矣！”晏子上车太息而叹曰：“婴之亡岂不宜哉？亦不知士甚矣！”晏子行，北郭子召其友而告之曰：“吾说晏子之义，而尝乞所以养母者焉。吾闻之，养及亲者，身伉其难[⑦]。今晏子见疑，吾将以身死白之。”着衣冠，令其友操剑奉笥而从[⑧]，造于君庭[⑨]，求复者曰：“晏子，天下之贤者也。今去齐国，齐必侵矣。方见国之必侵，不若先死，请以头托白晏子也。”因谓其友曰：“盛吾头于笥中，奉以托。”退而自刎。其友因奉以托而谓复者曰：“此北郭子为国故死。吾将为北郭子死。”又退而自刎。景公闻之大骇，乘驲而自追晏子[⑩]，及之国郊，请而反之。晏子不得已而反。闻北郭子之以死白己也，太息而叹曰：“婴之亡，岂不宜哉！亦愈不知士甚矣！”

注释

①北郭骚：人名。

②结罘罔：编织捕兽用的网。

③捆蒲苇：编织草席。

④织葩屦：编织麻鞋。葩，麻。

⑤踵门：亲自上门。

⑥遗：赠送，给予。

⑦伉：担当，承担。

⑧奉：通“捧”，捧着。笥：一种用竹子编成的盛放东西的器皿。

⑨造：到，去。

⑩驲rì：古代驿站专用的车，后亦指驿马。

译文

齐国有个叫北郭骚的人，靠织捕兽网、编草席、打麻鞋来供养他的母亲，但是依然不能维持生活。于是他亲自到晏子门上说：“我私下非常仰慕先生您的高义，希望可以讨到一些供养母亲的东西。”晏子让人分一些粮仓中的粮食和府库中的钱财赠送给他，他接受了粮食却拒绝了钱财。过了一段时间，晏子被景公猜疑而出奔他国，经过北郭骚门口的时候向他辞行。北郭骚沐浴净身，然后出来见晏子，说：“先生您要到哪里去？”晏子说："被国君猜疑，将要出奔他国。"北郭骚说："先生您多保重！"晏子上车，叹息着说："我的逃亡，难道不是应该的吗！我太不了解士人了。"晏子走了之后，北郭骚召集他的朋友并说："我仰慕晏子的仁义。曾经向他讨要过供养母亲的东西。我听说，对于供养过自己亲人的人，要亲自去为他担当灾难。如今晏子被国君猜疑，我将以自己的死来表明他的清白。"北郭骚穿戴好衣帽，让他的朋友拿着剑，捧着竹盒跟着他，到了国君的宫廷前，请求给国君通报事情的人说："晏子是天下难得的贤德之人。如今他离开齐国，齐国必定会受到侵犯。眼见着国家必定要被侵犯，不如先死。请求以我的头相托献给国君，以证明晏子的清白。"对他的朋友说："把我的头放在竹盒内，拜托把它进奉给国君。"说完退下就自杀了。他的朋友接受他的请托，献上竹盒对负责给国君通报事情的人说："这位北郭先生为了国家而死。我要为北郭先生殉死。"说后退下，也自杀了。景公听说了这件事，大为惊恐，急忙坐着驿车亲自去追晏子，在国境上追上了晏子，请他返回齐国。晏子不得已，只好返回。晏子听说北郭先生以死为自己证明清白的事情，感叹着说："晏婴我逃亡难道不合适吗？我越来越不了解士人了。"

景公欲见高纠晏子辞以禄仕之臣第二十八

景公谓晏子曰："吾闻高纠与夫子游[1]，寡人请见之。"晏子对曰："臣闻之，为地战者，不能成其王[2]；为禄仕者，不能正其君。高纠与婴为兄弟久矣，未尝干婴之行[3]。特禄仕之臣也[4]，何足以补君乎！"

注释

①游：交游，交往。

②王：古代指统治者以仁义取得天下。

③干：批评，冒犯。

④特禄之臣：只想保有俸禄爵位，尸位素餐的臣子。特禄，似当作"持禄"。

译文

景公对晏子说："我听说高纠和先生您交往，我想见见他。"晏子回答说："我听说，为了土地而去打仗的君主，不能成就称王天下的功业；为了俸禄而去做官的人，不能匡正君主的过失。高纠和我像兄弟一样交往已经很长时间了，从来未曾批评过我的行为。他不过是一个只想保有俸禄，尸位素餐的人，哪里能对君主有所补益呢？"

高纠治晏子家不得其俗迺逐之第二十九

高纠事晏子而见逐。高纠曰："臣事夫子三年，无得[①]，而卒见逐，其说何也？"晏子曰："婴之家俗有三，而子无一焉。"纠曰："可得闻乎？"晏子曰："婴之家俗，闲处从容不谈议[②]，则疏；出不相扬美，入不相削行[③]，则不与；通国事无论，骄士慢知者[④]，则不朝也。此三者，婴之家俗，今子是无一焉。故婴非特食馈之长也[⑤]，是以辞。"

注释

①无得：没有得到爵位和俸禄。

②闲处：在家闲居。谈议：谈论道义。

③削行：规劝改正过失。

④知：通"智"，智者。

⑤特：只，单单。食馈：供给生活所需。

译文

高纠侍奉晏子却被驱逐。高纠说："我侍奉先生您三年，没有得到爵位和俸禄，最终却被驱逐，这个事儿怎么说呢？"晏子说："我家的家规有三条，可是你一样也没有遵守。"高纠说："可以说来听听吗？"晏子说："我家的家规是，在家悠游闲居而不谈论道义的人，就疏远他；出外不互相宣扬美德，在家不互相规劝改正过失的人，就不赞成他；知晓国家大事却不加议论，对士人骄横对智者怠慢的人，就不见他。这三条，就是我家的家规，如今你连一条也没有做到。我不是单单供给生活所需的主人，因此辞退你。”

晏子居丧逊答家老仲尼善之第三十

晏子居晏桓子之丧[①]，粗衰[②]，斩[③]，苴绖带[④]，杖[⑤]，菅屦[⑥]，食粥，居倚庐[⑦]，寝苫，枕草。其家老曰：“非大夫丧父之礼也。”晏子曰：“唯卿为大夫[⑧]。”曾子以问孔子。孔子曰：“晏子可谓能远害矣，不以已之是驳人之非。逊辞以避咎，义也夫！”

注释

①晏桓子：晏子的父亲。

②粗衰：用粗麻布制成的丧服。

③斩：指古代的丧服不缝边，是古代丧服“五服”中最重的一种。儿子为父亲守孝时穿着。

④苴：麻。绖带：丧服中勒在头上和腰间的麻布带子。

⑤杖：服丧时拿在手中，缠着白纸或者白布的木棍儿。用来表示心情非常哀痛，无法站稳。

⑥菅屦：服丧时穿的用菅草编成的鞋子。

⑦倚庐：古人为父母守丧时居住的简陋棚屋。

⑧唯卿为大夫：只有卿才能服大夫的丧服。

译文

晏子为父亲晏桓子守孝，穿着粗麻布缝制的不缝边的丧服，头上和腰间勒着麻布带子，拄着丧杖，穿着菅草编的鞋子，吃的是粥饭，住着简陋的棚屋，睡在草苫上，用草当作枕头。他族中年老的长者说："这不是大夫丧父时应有的礼仪。"晏子说："只有卿才能服大夫的丧服。"曾子问孔子这件事情。孔子说："晏子可以称为能远离祸害了，不因为自己是正确的就反驳别人的错误。用谦逊的言辞来避开别人的责备，这就是义啊。"

卷六　内篇杂下第六

灵公禁妇人为丈夫饰不止晏子请先内勿服第一

灵公好妇人而丈夫饰者[1]，国人尽服之[2]。公使吏禁之，曰："女子而男子饰者，裂其衣，断其带。"裂衣断带相望而不止。晏子见，公问曰："寡人使吏禁女子而男子饰者，裂断其衣带，相望而不止者，何也？"晏子对曰："君使服之于内，而禁之于外，犹悬牛首于门，而卖马肉于内也。公何以不使内勿服，则外莫敢为也。"公曰："善。"使内勿服，不踰月[3]，而国人莫之服。

注释

①灵公：姜姓，名环，春秋时齐国君主。公元前581—前554年在位。丈夫：泛指男子。

②国人：国都、都城内的居民。

③踰：通"逾"，超过。

译文

灵公喜欢宫中女子穿男子的服饰，国都的女子都照着穿起来。灵公命令官吏禁止这个事情，说："凡是女子穿男子服饰的，就撕裂她的衣服，扯断她的衣带。"

撕裂衣服、扯断衣带的事情接连不断发生，但是依然无法禁止。晏子觐见的时候，灵公问："寡人让宫吏禁止女子穿男子的衣服，违反禁令的就撕裂她的衣服，扯断她的衣带，这样的事情接连不断而依然无法禁止，这是为什么呢？"晏子回答说："君主让宫内女子穿着男子服饰，却禁止宫外的女子这样穿，就好像在门口悬挂着牛头，里面却卖着马肉一样。您何不禁止宫内女子那么穿，那么宫外的人就不敢了。"灵公说："说得好。"于是下令宫内女子不许穿男子服饰，没超过一个月，国都的女子就没有人穿男子服饰了。

齐人好毂击晏子给以不祥而禁之第二

齐人甚好毂击[①]，相犯以为乐[②]，禁之不止。晏子患之，迺为新车良马，出与人相犯也，曰："毂击者不祥。臣其祭祀不顺[③]，居处不敬乎[④]？"下车弃而去之。然后国人乃不为。故曰："禁之以制[⑤]，而身不先行，民不能止。故化其心，莫若教也。"

注释

①毂：车轮中心，有洞可以插轴的部分，借指车轮或车。

②相犯：相互撞击。

③顺：当为"慎"，谨慎，小心。

④居处：日常生活，平时。

⑤制：法令。

译文

齐国人非常喜欢以相互撞击车轮的轴头的方式来取乐，多次禁止也无法平息。晏子很担心这个事情，于是准备了新车和好马，出门与其他人相互撞击。说："撞击车轮轴头的人不吉利，难道我祭祀时不谨慎，日常生活对神不尊敬吗？"下了车，丢下车就走了。从此之后，国都的人就不再做这样的事儿了。因此说，用法令来禁止某件事情，却不首先以身作则，百姓就不会停止。因此感化百姓的心，没有比以身作则更好的办法了。

景公瞢五丈夫称无辜晏子知其冤第三

景公畋于梧丘，夜犹早，公姑坐睡[①]，而瞢有五丈夫北面韦庐称无罪焉[②]。公觉，召晏子而告其所瞢。公曰："我其尝杀无罪邪？"晏子对曰："昔者先君灵公畋，有五丈夫来骇兽，故并断其头而葬之，命曰'五丈夫之丘'。此其地邪？"公令人掘而求之，则五头同穴而存焉。公曰："嘻！"令吏厚葬之。国人不知其瞢也，曰："君悯白骨，而况于生者乎！不遗余力矣！不释余知矣[③]！"故曰人君之为善易矣。

注释

①睡：打盹儿。

②瞢：通“梦”。韦庐：古代君主出行时临时搭建的行宫帐殿。

③不释余知：竭尽智力。知，通“智”。

译文

景公到梧丘打猎，夜还没有太深，景公就暂且坐在那里打盹儿，梦见有五个男子面朝北对着行宫帐殿，声称自己无罪。景公醒过来，召见晏子，把自己梦到的事情告诉他。景公说：“我曾经错杀过无罪的人吗？”晏子回答说：“以前我们的国君灵公外出打猎，有五个男子经过的时候吓跑了野兽，因此砍了他们的头然后一起埋葬，叫作‘五丈夫之丘’。这里大概就是那个地方吧？”景公让人挖地寻找，果然发现五个人头还埋在一个洞穴中。景公说：“唉！”命令官吏厚葬他们。齐国人不知道君主的梦，说：“君主连白骨都尚且怜悯，更何况活着的人呢？我们要为国家不遗余力，竭尽智力。”因此说，君主做善事是很容易的。

柏常骞禳枭死将为景公请寿晏子识其妄第四

景公为路寝之台，成，而不踊焉[①]。柏常骞曰：“君为台甚急，台成，君何为而不踊焉？”公曰：“然！有枭[②]，昔者鸣，声无不为也，吾恶之甚，是以不踊焉。”柏常骞曰：“臣请禳而去之[③]。”公曰：“何具[④]？”对曰：“筑新室，为置白茅焉。”公使为室，成，置白茅焉。柏常骞夜用事[⑤]。明日，问公曰：“今昔闻枭声乎？”公曰：“一鸣而不复闻。”使人往视之，枭当陛，布翼[⑥]，伏地而死。公曰：“子之道若此其明也，亦能益寡人之寿乎？”对曰：“能。”公曰：“能益几何？”对曰：“天子九，诸侯七，大夫五。”公曰：“子亦有征兆之见乎？”对曰：“得寿，地且动。”公喜，令百官趣具骞之所求[⑦]。柏常骞出，遭晏子于涂，拜马前，辞。骞曰：“为君禳枭而杀之。君谓骞曰：‘子之道若此其明也，亦能益寡人之寿乎？’骞曰：‘能。’今且大祭，为君请寿，故将往，以闻。”晏子曰：“嘻！亦善矣！能为君请寿也。虽然，吾闻之，维以政与德而顺乎神，为可以益寿。今徒祭，可以益寿乎？然则福兆有见乎？”对曰：“得寿，地将动。”晏子曰：“骞！昔吾见维星绝[⑧]，枢星散[⑨]，地其动，汝以是乎？”柏常骞俯有间，仰而对曰：“然。”晏子曰：“为之无益，不为无损也。汝薄敛，毋费民，且无令君知之。”

注释

①踊：上，登上。

②枭：一种类似于猫头鹰的猛禽。

③禳：祭名。祈祷消除灾殃、去邪除恶之祭。

④何具：要准备什么东西。

⑤用事：谓有所事。指行祭祀之事。

⑥布翼：张着翅膀。

⑦趣：通“趋”，赶快。

⑧维星：北斗七星中斗柄上的三颗星，即玉衡、开阳、摇光。

⑨枢星：北斗七星中的天枢星。

译文

景公修筑路寝台，修好之后，景公却不去登台。柏常骞说：“国君修筑路寝台非常急，现在修好了，您为什么不登台呢？”景公说：“是这样，有只枭晚上在那里叫，它的叫声要多难听就有多难听，我非常讨厌它，所以不登台。”柏常骞说：“我请您允许我举行禳祭把它赶跑。”景公说：“需要准备些什么东西？”柏常骞说：“修筑一间新的屋子，在里面放上白色的茅草。”景公让人修筑一件新的房子，修好之后，在里面放上白色的茅草。柏常骞晚上举行禳祭。第二天，问景公说：“昨天晚上听到枭的叫声了吗？”景公说：“只听到它叫了一声，之后就再也没听到过。”让人去看，发现那只枭在台阶上，张着翅膀，趴在地上死了。景公说：“先生的道术如此高明，也能增加我的寿命吗？”柏常骞回答说：“能。”景公说：“能增加几年？”柏常骞回答说：“天子能增加九年，诸侯可以增加七年，大夫可以增加五年。”景公说：“先生你增加我的寿命有什么征兆可以看到吗？”柏常骞回答说：“得到增加的寿命，大地就会震动。”景公很高兴，命令百官赶快准备柏常骞所要的东西。柏常骞出来，在路上遇到了晏子，要在马前向晏子下拜，被晏子制止了。柏常骞说：“我前面为国君禳除枭而把它杀了，国君就对我说：‘先生的道术如此高明，也能增加我的寿命吗？’我说：‘能。’如今将要举行大祭，为国君祈求增寿，将要去了，向您汇报这个事情。”晏子说：“啊！能够为国君祈求增加寿命，也是好事情啊！虽然是这样，但是我听说，只有用政治和德行来顺从神灵才能增加寿命，如今只是举行祭祀，可以增加寿命吗？而且有什么福兆可以见到吗？”柏常骞回答说：“得到寿命的话，大地将会震动。”晏子说：“柏常骞，夜里我看到北斗七星中维星隐而不见，枢星也散乱不明，这就是大地将会震动的征兆，你觉得是吗？”柏常骞低头想了一会儿，抬起头回答说：“是的。”晏子说：“祈祷也没有好处，不祈祷也没有什么坏处。希望你征收赋敛少一些，不要让百姓破费钱财，而且不要让国君知道。”

景公成柏寝而师开言室夕晏子辨其所以然第五

景公新成柏寝之台，使师开鼓琴。师开左抚宫，右弹商[1]，曰：“室夕[2]。”公曰：“何以知之？”师开对曰："东方之声薄，西方之声扬。"公召大匠曰[③]："立室何为夕？"大匠曰："立室以宫矩为之[④]。"于是召司空曰[⑤]："立宫何为夕？"司空曰："立宫以城矩为之。"明日，晏子朝公，公曰："先君太公以营丘之封立城[⑥]，曷为夕？"晏子对曰："古之立国者，南望南斗[⑦]，北戴枢星，彼安有朝夕哉！然而以今之夕者，周之建国，国之西方，以尊周也。"公蹴然曰[⑧]："古之臣乎！"

注释

①宫、商：最古的音阶仅用五音，即宫、商、角、徵、羽。古人通常以宫、商作为音阶的第一级和第二级音，多指代音乐。

②夕：西。下同。

③大匠：负责修筑土木建筑的工匠之长。

④矩：规矩，规则。

⑤司空：古代官名，古代中央政府中掌管工程的长官。

⑥封：边缘，边界。

⑦南斗：即斗宿，二十八星宿之一。

⑧蹴然：恭敬的样子。

译文

景公新修成了柏寝台，让乐师开弹琴。乐师开左手抚宫调，右手弹商调，说："房子朝向偏西了。"景公问："你是怎么知道的？"乐师开回答说："东方的琴声低沉，西方的琴声高亢。"景公召大匠说："房屋为什么朝向偏西？"大匠说："建设房屋是根据宫殿的规则做的。"于是景公又召司空说："建设宫殿为什么朝向偏西呢？"司空说："建设宫殿是根据城墙的规矩做的。"第二天，晏子来朝见景公，景公说："先君太公依据营丘的边界修筑了城墙，为什么朝向偏西呢？"晏子回答说："古代建立国家的人，向南可以望见南斗星，北边正对着北斗七星中的天枢星，他们哪里有偏东、偏西的概念啊。然而如今城墙朝向偏西，是因为周国建设的都城在齐国西方，以此来表示尊敬周朝。"景公恭敬地说："晏子真是古代的贤臣啊！"

景公病水瞢与日斗晏子教占瞢者以对第六

景公病水[①]，卧十数日，夜瞢与二日斗，不胜。晏子朝，公曰："夕者吾瞢与二日斗，而寡人不胜。我其死乎？"晏子对曰："请召占瞢者[②]。"立于闺[③]，使人以车迎占瞢者。至，曰："曷为见召？"晏子曰："夜者公瞢与二日斗，不胜，恐必死也。故请君占瞢，是所为也。"占瞢者曰："请反具书[④]。"晏子曰："毋反书。公所病者，阴也。日者，阳也。一阴不胜二阳，公病将已。以是对。"占瞢者入，公曰："寡人瞢与二日斗而不胜，寡人死乎？"占瞢者对曰："公之所病，阴也。日者，阳也。一阴不胜二阳，公病将已。”居三日，公病大愈。公且赐占瞢者。占瞢者曰：“此非臣之力，晏子教臣也。”公召晏子且赐之，晏子曰：“占瞢者以臣之言对，故有益也。使臣言之，则不信矣。此占瞢者之力也，臣无功焉。”公两赐之，曰：“以晏子不夺人之功，以占瞢者不蔽人之能。”

注释

①病水：患了水肿病。

②占瞢：解说、解释梦的吉凶、意义。瞢，通“梦”。

③闺：宫中的小门。

④反具书：翻阅占梦方面的书。反，通“翻”，查阅，翻阅。具，当为“其”字之误。

译文

景公得了水肿病，卧床不起十几天，晚上梦见自己与两个太阳相斗，没有获胜。晏子朝见景公，景公说：“晚上我梦见自己与两个太阳相斗，没有获胜。我快要死了吗？”晏子回答说：“请召占梦的人来吧。”晏子从宫中小门出来，让人用车去接占梦的人。占梦的人来到了，说：“为什么要召见我呢？”晏子说：“晚上，国君梦见自己与两个太阳相斗，没有获胜。国君说：‘我快要死了吗？’因此请你为国君占梦。就是这样的事情。”占梦的人说：“让我翻看一下这方面的书。”晏子说：“不要去翻书了。

国君生的病，属阴。太阳，属阳。一阴斗不过二阳，因此病快要好了。你就这么对国君说吧。”占梦的人入见。景公说：“寡人梦见与两个太阳相斗而没有获胜，我要死了吗？”占梦的人回答说：“国君生的病，属阴。太阳，属阳。一阴斗不过二阳，您的病快要好了。”过了三天，景公的病痊愈了。景公准备赏赐占梦人。占梦的人说：“这不是我的功劳，是晏子教我那么说的。”景公召见晏子，准备奖赏他。晏子说：“占梦的人用占梦的话回答您，所以才会有益。如果是我说这些话，您就不会信服了。这是占梦的人的功劳，我没有功劳。”景公同时赏赐了两个人，说：“这是因为晏子不侵夺别人的功劳，占梦的人不隐瞒别人的才能。”

景公病疡晏子抚而对之迺知群臣之野第七

景公病疽在背[①]。高子、国子请公曰[②]：“职当抚疡[③]。”高子进而抚疡。公曰：“热乎？”曰：“热。”“热何如？”曰：“如火。”“其色何如？”曰：“如未熟李。”“大小何如？”曰：“如豆[④]。”“堕者何如[⑤]？”曰：“如屦辨[⑥]。”二子者出，晏子请见。公曰：“寡人有病，不能胜衣冠以出见夫子[⑦]。夫子其辱视寡人乎？”晏子入，呼宰人具盥，御者具巾，刷手温之，发席[⑧]，傅荐[⑨]，跪请抚疡。公曰：“其热何如？”曰：“如日。”“其色何如？”曰：“如苍玉。”“大小何如？”

曰："如璧。""其隋者何如？"曰："如珪[10]。"晏子出，公曰："吾不见君子，不知野人之拙也。"

注释

①疽：痈疽，一种毒疮。

②高子、国子：即高氏和国氏。当时齐国的两家贵族。

③疡：疮、痈、疽、疖等的通称，创伤。

④豆：古代一种盛放食物的高脚器皿。

⑤隋：毒疮处下陷的地方。

⑥辨：皮革断裂、裂开的样子。

⑦不胜衣冠：委婉的说法，即无法穿戴整齐衣帽。

⑧发席：离开自己的位置。

⑨傅荐：靠近国君的床位。

⑩珪：同"圭"，古代帝王或诸侯在举行典礼时拿的一种玉器，上圆（或尖）下方。

译文

景公背上生了毒疮。高子、国子去探望景公时，对景公说："按照职分我们应当为您按摩毒疮。"高子进前为景公按摩毒疮，景公说："伤口热吗？"高子说："热。"景公说："热到什么程度？"高子说："像火一样。"景公说："毒疮颜色怎么样？"高子说："像还没有成熟的李子。""毒疮的大小怎么样？"高子说："像盛放食物的豆一样。"景公说："疮口开裂情况怎么样？"高子说：

"像鞋子上裂开的纹路。"高子和国子出去后，晏子请见。景公说："寡人生病了，无法穿戴整齐出来见你，委屈你进来看我吧。"晏子进去后，让侍者拿来洗手盆，拿来毛巾，晏子把手洗干净并暖热了，离开自己的位置，靠近景公躺的地方，跪着请求为景公按摩毒疮。景公说："毒疮的热度怎么样？"晏子说："像太阳一样。"景公说："它的颜色怎么样？"晏子说："像苍玉一样。"景公说："它的大小怎么样？"晏子说："像玉璧一样。"景公说："它开裂的情况怎么样？"晏子说："像玉圭一样。"晏子出去后，景公说："我没有见到君子之前，不知道粗鄙的人的笨拙啊。"

晏子使吴吴王命傧者称天子晏子详惑第八

晏子使吴。吴王谓行人曰[①]："吾闻晏婴，盖北方辩于辞，习于礼者也。命摈者曰[②]：'客见，则称天子请见。'"明日，晏子有事，行人曰："天子请见。"晏子蹴然[③]。行人又曰："天子请见。"晏子蹴然。又曰："天子请见。"晏子蹴然者三。曰："臣受命敝邑之君，将使于吴王之所。以不敏而迷惑[④]，入于天子之朝。敢问吴王恶乎存？"然后吴王曰："夫差请见。"见之以诸侯之礼。

注释

①行人：古代负责朝觐聘问的官员。

②摈：通“傧”，负责引见和介绍客人的人。

③蹴然：受惊不安，迷惑犹豫的样子。

④不敏：古代谦词，愚昧，不聪明。

译文

晏子出使吴国。吴王对行人说：“我听说晏子是齐国长于辞令、熟悉礼仪的人。到时候，命令负责引导的官员行人说：‘客人觐见的时候，就说天子要接见他。’”第二天，晏子拜见吴王，行人说：“天子要接见你。”晏子表现出迷惑不安的样子。行人又说：“天子要接见你。”晏子又表现出迷惑不安的样子。行人又说：“天子要接见你。”晏子第三次表现出迷惑不安的样子。晏子说：“我听从我国君主的安排，将要出使吴王所在的地方。我因为愚昧而感到迷惑，竟走到天子的朝堂了。请问吴王还在吗？”然后吴王说：“夫差请求相见。”晏子用拜见诸侯的礼仪拜见了吴王。

晏子使楚楚为小门晏子称使狗国者入狗门第九

晏子使楚。楚人以晏子短，为小门于大门之侧而延晏子[①]。晏子不入，曰：“使狗国者，从狗门入。

今臣使楚，不当从此门入。”傧者更道从大门入[②]，见楚王。王曰：“齐无人耶？使子为使。”晏子对曰：“齐之临淄三百闾[③]，张袂成阴[④]，挥汗成雨，比肩继踵而在，何为无人？”王曰：“然则何为使子？”晏子对曰：“齐命使，各有所主，其贤者使使贤王，不肖者使使不肖王。婴最不肖，故宜使楚矣。”

注释

①延：邀请，引进。

②更道：改道。

③闾：古代二十五家为一闾。

④袂：衣袖，袖口。

译文

晏子出使楚国。楚人看晏子身材矮小，就在大门旁边开了一个小门，请晏子从小门进去。晏子不进去，说：“出使狗国的人，从狗门进去。如今我出使楚国，不应该从这个小门进去。”负责引导的傧者重新引领晏子从大门进去，拜见楚王。楚王说：“齐国没人了吗？怎么让你做使臣？”晏子回答说：“齐国的临淄城有三百闾人家，都张开了衣袖就可以遮住天，如果都挥汗的话就成为大雨，城中人肩挨着肩，脚尖碰着脚跟，怎么能说没有人呢？”楚王说：“那么为什么要派你出使呢？”晏子回答说：“齐国任命使臣，各有各的出使对象，那些贤能的人派去出使贤能的君主，能力差的人派去出使不贤能的君主。我能力最弱，所以最适合出使楚国。”

楚王欲辱晏子指盗者为齐人晏子对以橘第十

晏子将使楚。楚王闻之，谓左右曰：“晏婴，齐之习辞者也。今方来，吾欲辱之，何以也？”左右对曰：“为其来也，臣请缚一人，过王而行。王曰：‘何为者也？’对曰：‘齐人也。’王曰：‘何坐[①]？’曰：‘坐盗。’”晏子至，楚王赐晏子酒。酒酣，吏二缚一人诣王。王曰：“缚者曷为者也？”对曰：“齐人也。坐盗。”王视晏子曰：“齐人固善盗乎？”晏子避席对曰：“婴闻之，橘生淮南则为橘，生于淮北则为枳，叶徒相似，其实味不同。所以然者何？水土异也。今民生长于齐不盗，入楚则盗，得无楚之水土使民善盗耶？”王笑曰：“圣人非所与熙也[②]，寡人反取病焉。”

注释

①坐：犯……罪。

②熙：通“嬉”，玩笑，嬉笑。

译文

晏子将要出使楚国。楚王听说之后，对身边人说：“晏婴，是齐国善于辞令的人。现在他快要来了，我想羞辱他，用什么方法呢？”身边的人说：“等到他来的时候，请把一个人绑了从您面前经过。您说：‘这是个干什么的人？’回答说：‘齐国人。’您又说：‘他犯了什么罪？’回答说：‘他犯了偷窃罪。’”晏子到了，楚王设宴招待晏子，酒喝到兴头上的时候，两个官吏绑着一个人来到楚王面前。楚王说：“被绑的这个人是做什么的？”官吏回答说：“他是齐国人，犯了偷窃罪。”楚王看着晏子说：“齐国人本来就善于偷盗吗？”晏子离开坐席回答说：“我听说，橘树长在淮河以南就能产橘子，长在淮河以北就只能生枳，叶子虽然相似，但是它的果实味道却完全不同。这是什么原因造成的呢？淮河南北水土不一样。如今百姓生活在齐国就不偷窃，到了楚国就偷窃，难道是楚国的水土让百姓善于偷盗吗？”楚王笑着说：“圣明的人是不可以和他开玩笑的，我反而自讨没趣了。”

楚王飨晏子进橘置削晏子不剖而食第十一

景公使晏子于楚。楚王进橘，置削[①]，晏子不剖而并食之[②]。楚王曰：“橘当去剖。”晏子对曰：“臣闻之，赐人主之前者，瓜桃不削，橘柚不剖。今者万乘之主无教令，臣故不敢剖。不然，臣非不知也。”

注释

①削：小刀。

②剖：剥开，剖开。

译文

景公让晏子出使楚国。楚王让人给晏子端来了橘子，旁边放了一把小刀。晏子没有剥开橘子就连皮一起吃了。楚王说："橘子应该剥开吃的。"晏子回答说："我听说，在君主面前接受赏赐的东西，瓜和桃不削皮，橘子和柚子不剥皮。如今大国君主没有让我剥皮的命令，我因此不敢剥皮。如果不是这个原因的话，我不是不知道吃橘子要剥皮。"

晏子布衣栈车而朝田桓子侍景公饮酒请浮之第十二

景公饮酒，田桓子侍①，望见晏子，而复于公曰②："请浮晏子③。"公曰："何故也？"无宇对曰："晏子衣缁布之衣④，麋鹿之裘，栈轸之车⑤，而驾驽马以朝，是隐君之赐也。"公曰："诺。"晏子坐，酌者奉觞进之，曰："君命浮子。"晏子曰："何故也？"田桓子曰："君赐之卿位以显其身，宠之百万以富其家。群臣之爵莫尊于子，禄莫重于子。今子衣缁布之衣，麋鹿之裘，栈轸之车，而驾驽马以朝，则是隐君之赐也。故浮子。"晏子避席曰："请饮而后辞乎？其辞而后饮乎？"公曰："辞然后饮。"晏子曰："君赐之卿位以显其身，婴非敢为显受也，为行君令也；宠以百万以富其家，婴非敢为富受也，为通君赐也⑥。臣闻古之贤君，臣有受厚赐而不顾其国族，则过之；临事守职，不胜其任，则过之。君之内隶⑦，臣之父兄，若有离散在于野鄙⑧，此臣之罪也。君之外隶，臣之所职，若有播亡在于四方⑨，此臣之罪也。兵革之不完，战车之不修，此臣之罪也。若夫弊车驽马以朝，意者非臣之罪乎？且臣以君之赐，父之党无不乘车者，母之党无不足于衣食者，妻之党无冻馁者，国之简士待臣而后举火者数百家⑩。如此者，为彰君赐乎？为隐君赐乎？”公曰：“善！为我浮无宇也。”

注释

①田桓子：又称陈桓子，名无宇，谥桓子。

②复：禀告，回复。

③浮：用满杯酒罚人。

④缁布：黑色的布。

⑤栈轸：用竹木编成而不张设皮革的车厢。

⑥通：传达。

⑦内隶：臣民。

⑧野鄙：离城较远的地方。

⑨播亡：逃亡。

⑩简士：没有官位和职业的士人。

译文

景公喝酒，田桓子在旁边侍从，望见晏子来了，就禀告景公说："请君主您罚晏子一满杯酒。"景公说："什么原因呢？"田桓子说："晏子穿着黑布衣服，披着麋鹿皮袄，坐着竹木做成的简陋的车子，驾着驽钝的马来朝见您。这是隐藏了您对他的赏赐。"景公说："好的。"晏子坐下后，倒酒的人捧着一觞酒送了过来，说："国君命令罚你一满杯酒。"晏子说："什么原因呢？"田桓子说："国君赐给你卿位以让你的身份荣显，赐给你百万钱财以让你的家庭富裕，满朝臣子的爵位都没有比你更尊显的，俸禄没有比你更多的，如今你穿着黑布衣服，披着麋鹿皮袄，坐着竹木做成的简陋的车子，驾着驽钝的马来朝见国君，这是隐藏国君对你的赏赐。所以罚你一满杯酒。"晏子离开坐席说："那么我是先喝再解释呢，还是先解释再喝呢？"景公说："先解释再喝吧。"晏子说："国君您赐给我卿位以让我的身份尊显，我不是为了自己身份尊显而接受的，是为了推行国君的政令；赐给我百万钱财以让我的家庭富裕，我不是为了自己家庭富裕而接受的，是为了普施国君的赏赐而接受的。我听说古代的贤臣，如果接受了丰厚的赏赐，却不照顾他的邻里乡亲，就要责备他；如果遇到事情履行职责，却不能胜任职责的，就要责备他。国君您的宫内侍臣，臣下我的父辈和兄弟，如果有流离失所流亡在乡野的，这就是我的罪过。国君您的外朝官吏，臣下我的属吏，如果有四处逃亡的，这就是我的罪过；如果国家兵器不完备，战车未修理，这就是我的罪过。如果坐着破烂的车，驾着驽钝的马来朝见，我想这不是我的罪过吧？况且臣下我用国君的赏赐，让父亲一族没有不乘车的，母亲一族没有不衣食充足的，妻子一族没有挨冻受饿的，国内没有职业的士人等着我生火做饭维持生活的有数百家。像这样子，是彰显国君的赏赐呢？还是隐瞒国君的赏赐呢？”景公说：“说得好。替我罚田桓子一满杯酒。”

田无宇请求四方之学士晏子谓君子难得第十三

田桓子见晏子独立于墙阴，曰：“子何为独立而不忧？何不求四乡之学士可者而与坐？”晏子曰：“共立似君子，出言而非也。婴恶得学士之可者而与之坐？且君子之难得也，若华山然。名山既多矣，松柏既茂矣，望之相相然[①]，尽日不知厌，而世有所美焉，固欲登彼相相之上，仡仡然不知厌[②]。小人者与此异。若部娄之未登[③]，善；登之无蹊，维有楚棘而已[④]。远望无见也，俛就则伤要[⑤]。婴恶能无独立焉？且人何忧？静处远虑，见岁若月，学问不厌，不知老之将至，安用从酒[⑥]？”田桓子曰：“何谓从酒？”晏子曰：“无客而饮，谓之从酒。今若子者，昼夜守尊，谓之从酒也。”

注释

①相相然：高的样子。

②仡仡：用力。

③部娄：小山丘。

④楚棘：荆棘。

⑤俛：通“俯”。要：通“腰”。

⑥从酒：纵酒，恣意饮酒。

译文

田桓子看到晏子独自一个人站在墙的阴影里面，说：“先生为什么一个人站着却不忧愁呢？为什么不寻求四方优秀的学士们一起坐而论道呢？”晏子说：“人们共同站在一起，看起来像是君子，但是一说话却不是了。我从哪里找到优秀的学士和我一起坐而论道呢？况且君子难以寻求，就好像是优美的山一样。天下的名山已经很多了，松柏已经很茂盛了，看上去高耸的样子，用尽目力却不知满足。而世间都赞美它，本来就想登上那高耸的山，奋力攀登也不知疲倦。小人就与此不同了。就好像没有攀登过的小山丘，没登前固然好，攀登的时候却没有小路，只有荆棘而已。这些荆棘远远看着看不见，俯下身子就会伤到身体。我怎么能不独自一人站着呢？况且人要忧虑什么呢？安静地待着，思虑深远的道理，经历一年就好像一个月那样短暂，勤学好问，不知疲倦，不知道年老已经到来，哪里用得着纵酒呢？”田桓子问：“什么叫纵酒呢？”晏子说：“没有客人却喝酒，叫作纵酒。如今就像你一样，一天到晚守着酒樽，就叫作纵酒。”

田无宇胜栾氏高氏欲分其家晏子使致之公第十四

栾氏、高氏欲逐田氏、鲍氏①，田氏、鲍氏先知而遂攻之。高强曰：“先得君，田、鲍安往？”遂攻虎门②。二家召晏子，晏子无所从也。从者曰：“何为不助田、鲍？”晏子曰：“何善焉，其助之也？”“何为不助栾、高？”曰：“庸愈于彼乎？”门开，公召而入。栾、高不胜而出，田桓子欲分其家，以告晏子。晏子曰：“不可！君不能饬法③，而群臣专制，乱之本也。今又欲分其家，利其货，是非制也。子必致之公。且婴闻之，廉者，政之本也；让者，德之主也。栾、高不让，以至此祸，可毋慎乎！廉之谓公正，让之谓保德。凡有血气者，皆有争心，怨利生孽④，维义为可以长存。且分争者不胜其祸，辞让者不失其福，子必勿取。”桓子曰：“善。”尽致之公，而请老于剧⑤。

注释

①栾氏：齐国大夫。名栾施，字子旗。高氏：齐国大

夫。名高强，字子良。田氏：齐国大夫。名无宇，谥号桓子。鲍氏：齐国大夫。名国，谥号文子。

②虎门：宫门。

④饬法：整顿法律。

④怨利：积聚钱财。怨，通“蕴”，聚集，积聚。

⑤据：齐国地名。

译文

栾氏和高氏想驱逐田氏和鲍氏，田氏和鲍氏先知道了消息，就率先进攻栾氏和高氏。高强说：“如果我们先劫持了国君，田氏和鲍氏还能往哪里跑？”于是就一起进攻虎门。争斗的双方都召唤晏子支持他们，但是晏子哪一方也不帮。晏子的随从说：“您为什么不帮助田氏和鲍氏呢？”晏子说：“他们有什么好的，我要去帮助他们？”随从又说：“那您为什么不帮助栾氏和高氏呢？”晏子说：“这两个人比他们好吗？”虎门打开，景公召唤晏子入朝。栾氏和高氏没能取胜，就逃亡国外了。田桓子想瓜分他们的家产，并告诉了晏子。晏子说：“不可！国君不能整顿法律，而群臣专制，这就是祸乱的根源。如今你又想瓜分他们的家产，贪图他们的钱财，这不符合制度。你一定要把他们的家产送给国君。而且我听说，廉洁，是政治的根本；谦让，是德行的主体。栾氏和高氏不谦让，以至于遭受此祸患，可以不谨慎吗？廉洁叫作公正，谦让叫作保德。但是有血气的人，都会有争夺之心，积聚财货就会招致灾祸，只有仁义可以保持长久。况且分抢争夺的人会有无尽的祸患，辞谢谦让的人不会失去他们的福祉。你一定不要拿走他们的家产。”田桓子说：“说得好！”于是把栾氏和高氏的所有家产都送给了景公，自己请求告老回到据城。

子尾疑晏子不受庆氏之邑晏子谓足欲则亡第十五

庆氏亡[①]，分其邑。与晏子邶殿[②]，其鄙六十，晏子勿受。子尾曰[③]：“富者，人之所欲也，何独弗欲？”晏子对曰：“庆氏之邑足欲，故亡。吾邑不足欲也，益之以邶殿，迺足欲；足欲，亡无日矣。在外不得宰吾一邑。不受邶殿，非恶富也，恐失富也。且夫富，如布帛之有幅焉[④]，为之制度，使无迁也。夫民生厚而用利，于是乎正德以幅之，使无黜慢[⑤]，谓之幅利。利过则为败，吾不敢贪多，所谓幅也。”

注释

①庆氏：庆封，字子嘉。齐国大夫。

②邶殿：春秋时期齐国的别都。

③子尾：名虿，字子尾。齐惠公之孙，故又称公孙虿。

④幅：宽度。

⑤黜慢：放任傲慢。

译文

庆封逃亡之后，齐国瓜分了他的封邑，分给晏子邶殿，共有六十个邑。晏子不肯接受。子尾问晏子说："财富是每个人都想要的，为什么独独你一个人不想要呢？"晏子回答说："庆氏的封邑满足了欲望，所以他逃亡了。我的封邑还不满足我的欲望，如果加上邶殿，就满足了我的欲望，满足了欲望，逃亡很快就会来了。如果我在外逃亡，就会一个封邑也掌管不了。我不接受邶殿，不是厌恶财富，而是害怕因此失去财富。况且财富，就像布帛有一定宽度一样，给它规定标准，使它不能随意变化。人们生活富裕就会见利忘义，于是用正确的道德标准来限制他们，让他们不要放任傲慢，这就叫作有限制的利益。利益过多就会招致失败，我因此不敢贪多，这就是所说的限制。"

景公禄晏子平阴与棠邑晏子愿行三言以辞第十六

景公禄晏子以平阴与棠邑[①]，反市者十一社[②]。晏子辞曰："吾君好治宫室，民之力弊矣；又好盘游玩好，以饬女子[③]，民之财竭矣；又好兴师，民之死近矣。弊其力，竭其财，近其死，下之疾其上甚矣！

此婴之所为不敢受也。”公曰：“是则可矣。虽然，君子独不欲富与贵乎？”晏子曰：“婴闻为人臣者，先君后身，安国而度家，宗君而处身，曷为独不欲富与贵也？”公曰：“然则曷以禄夫子？”晏子对曰：“君商渔盐，关市讥而不征④；耕者十取一焉；弛刑罚，若死者刑，若刑者罚，若罚者免。若此三言者，婴之禄，君之利也。”公曰：“此三言者，寡人无事焉，请以从夫子。”公既行若三言，使人问大国，大国之君曰：“齐安矣。”使人问小国，小国之君曰：“齐不我加矣⑤。”

注释

①平阴、棠邑：齐国地名。

②反市：在集市上贩卖。

③饬：通“饰”，装饰。

④讥：查问，稽查。

⑤加：凌驾，欺凌。

译文

景公把平阴和棠邑赐给晏子，其中从事商业贸易的就有十一社。晏子辞谢说：“我的国君喜欢修建宫室，百姓的体力已经疲惫了；又喜欢外出打猎，赏玩珍宝，装扮宫中女子，百姓的财力枯竭了；又喜欢发动战争，百姓临近死亡了。百姓体力疲惫，财力枯竭，临近死亡，百姓憎恶上层已经非常剧烈了。这就是我不敢接受赏赐的原因。”景公说：“这样说的话是可以的。虽然如此，难道君子独不想富贵吗？”晏子说：“我听说做人臣的人，先考虑君主然后再考虑自己，先考虑安定国家然后再考虑自己居家，先尊崇君主而后自己安身，怎么会是独不想富贵呢？”景公说：“然而我该用什么东西赏赐给先生您呢？”晏子回答说：“希望国君对待商贩、打渔、制盐的人，在关隘和市场只稽查货物而不征税；希望国君对耕田的人按照他们收获的十分之一征税；希望国君放宽刑罚，如果该处死的人就处以刑罚，该处以刑罚的人就处以惩罚，该处以惩罚的人就赦免罪过。这三条，就是我的俸禄，国君的好处。”景公说：“这三个方面，寡人没有做到，愿意听从先生您的意见。”景公施行这三条，派人去问大国，大国的国君说：“齐国安定了”；派人去问小国，小国的国君说：“齐国不再欺凌我们了。”

梁丘据言晏子食肉不足景公割地将封晏子辞第十七

晏子相齐三年，政平民说。梁丘据见晏子中食[①]，而肉不足，以告景公。旦日，封晏子以都昌[②]。晏子辞而不受，曰：“富而不骄者，未尝闻之。贫而不恨者，婴是也。所以贫而不恨者[③]，以若为师也。今封，易婴之师，师已轻，封已重矣。敢辞。”

注释

①中食：普通的饮食。

②都昌：齐国地名。

③恨：愤恨，遗憾。

译文

晏子担任齐国国相三年，政治清平，百姓高兴。梁丘据发现晏子吃的是普通的饮食，肉食不够，就禀告给景公。第二天，景公就把都昌封给晏子作为封邑。晏子辞谢而不接受，说："富贵而不骄奢的人，还没有听说过。贫穷而不怨恨，我就是这样的人。之所以能够贫穷而不怨恨，是把这个作为老师。如今我如果接受封邑，就是改变了我的老师；既然老师已经被看轻，那么封邑就太重了。请允许我辞谢封邑。"

景公以晏子食不足致千金而晏子固不受第十八

晏子方食，景公使使者至。分食食之，使者不饱，晏子亦不饱。使者反，言之公。公曰："嘻！晏子之家，若是其贫也。寡人不知，是寡人之过也。"使吏致千金与市租[①]，请以奉宾客，晏子辞。三致之，终再拜而辞，曰："婴之家不贫。以君之赐，泽覆三族[②]，延及交游，以振百姓，君之赐也厚矣！婴之家不贫也。婴闻之，夫厚取之君而施之民，是臣代君君民也，忠臣不为也。厚取之君而不施于民，是为筐箧之藏也，仁人不为也。进取于君，退得罪于士，身死而财迁于它人，是为宰藏也[③]，智者不为也。夫十总之布[④]，一豆之食，足于中免矣[⑤]。”景公谓晏子曰：“昔吾先君桓公，以书社五百封管仲[⑥]，不辞而受。子辞之何也？”晏子曰：“婴闻之，圣人千虑，必有一失；愚人千虑，必有一得。意者管仲之失[⑦]，而婴之得者耶？故再拜而不敢受命。”

注释

①市租：市场上出售货物所缴的税。

②三族：父族、母族和妻族。

③宰藏：负责收藏的管家。

④十总：指最普通的纺织物。总，量词，八十根丝为一总。

⑤免：免于饥寒。

⑥书社：古代二十五人为一社，登记相关信息在册簿上。

⑦意者：表示测度。大概，或许，恐怕。

译文

晏子正在吃饭的时候，景公派的使者到了。晏子把自己的食物分给使者吃，结果使者没有吃饱，晏子自己也没有吃饱。使者返回后，把这件事告诉了景公。景公说:“嘻！晏子家竟然这样穷，我不知道，这是我的过错。”派官吏送千金和市场租税给晏子，供他招待宾客，晏子辞谢了。三次送过来，晏子都是行再拜礼而辞谢了。晏子说:“我家并不贫穷。凭着国君的赏赐，恩泽覆盖父、母、妻三族，恩泽扩大到朋友，还用来救济百姓，国君的赏赐已经很丰厚了。我家并不贫穷。我听说，从国君那里获得很多而施舍给百姓，这是臣子代替君主统治百姓，这是忠臣不做的事情。从国君那里获得很多却不施舍给百姓，就像收藏财物的筐箧一样了，这是仁人不做的事情。在朝廷上从国君那里获得很多财物，回来后去得罪士人，自己死了以后所有的钱财都转移到别人手中，这是负责收藏财物的管家，是智者不做的事情。普通的布，简单的食物，都足以让人免除饥寒。”景公对晏子说:“以前先君齐桓公，把书社五百家封给管仲，管仲没有推辞就收下了。你为什么要拒绝呢？”晏子说:“我听说，圣人千虑，必有一失；愚人千虑，必有一得。大概管仲这样的圣人千虑中的一失，正好是我这样的愚人千虑中的一得吧？因此只能再次行礼，而不敢接受赏赐。”

景公以晏子衣食弊薄使田无宇致封邑晏子辞第十九

晏子相齐，衣十升之布[①]，食脱粟之食[②]，五卯[③]、苔菜而已。左右以告公，公为之封邑，使田无宇致台与无盐。晏子对曰："昔吾先君太公受之营丘，为地五百里，为世国长④，自太公至于公之身，有数十公矣。苟能说其君以取邑，不至公之身，趣齐搏以求升土⑤，不得容足而寓焉。婴闻之，臣有德益禄，无德退禄，恶有不肖父为不肖子，为封邑以败其君之政者乎？"遂不受。

注释

①十升之布：经线为八百缕的麻布，泛指粗布。古代布以经线八十缕为一升。

②脱粟之食：仅仅去壳的粟米。

③五卵：各种禽蛋。一说为颗粒状的粗盐。

④世国：世代承袭的诸侯国。

⑤趣：通"趋"，快跑。

译文

晏子担任齐国国相，穿的是普通衣服，吃的是糙米、禽蛋和蔬菜。景公身边的人把这个情况告诉了景公，景公为晏子增加封邑，派田桓子把台和无盐两地给晏子。晏子回答说："以前我们的先君太公受封于营丘，地方方圆五百里，身为各诸侯国的首领。从太公到了您这一代，已经数十位国君了。如果说能愉悦国君的人就可以取得封邑，那么不到您这一代，那些跑到齐国来谋求土地的人，连立足栖身之地都没有了。我听说，臣子有德行就增加封邑，没有德行就退还俸禄，哪里有没德行的父亲为没德行的儿子为了封邑的事情而败坏他的君主的政治的呢？”于是没有接受封邑。

田桓子疑晏子何以辞邑晏子答以君子之事也第二十

景公赐晏子邑，晏子辞。田桓子谓晏子曰：“君欢然与子邑，必不受以恨君[①]，何也？”晏子对曰：“婴闻之，节受于上者[②]，宠长于君；俭居于处者，名广于外。夫长宠广名，君子之事也。婴独庸能已乎？”

注释

①恨：通“狠”，违背，违反。

②节：节制。

译文

景公赐给晏子封邑，晏子辞谢拒绝了。田桓子对晏子说：“国君高高兴兴地给你封邑，你坚决不接受而违背君主的意愿，为什么呢？”晏子回答说：“我听说，从国君那里接受赏赐有节制的人，能够长期得到君主的宠信；生活俭朴的人，外面到处都是他的好名声。长久地受到宠信，美名广泛传颂，这就是君子所做的事情。

我怎么能独自不这么做呢？”

景公欲更晏子宅晏子辞以近市得求讽公省刑第二十一

景公欲更晏子之宅，曰：“子之宅近市湫隘[①]，嚣尘不可以居，请更诸爽垲者[②]。”晏子辞曰：“君之先臣容焉，臣不足以嗣之，于臣侈矣。且小人近市，朝夕得所求，小人之利也。敢烦里旅[③]！”公笑曰：“子近市，识贵贱乎？”对曰：“既窃利之，敢不识乎！”公曰：“何贵何贱？”是时也，公繁于刑，有鬻踊者。故对曰：“踊贵而屦贱。”公愀然改容。公为是省于刑。君子曰：“仁人之言，其利博哉！晏子一言，而齐侯省刑。诗曰：‘君子如祉，乱庶遄已。[④]’其是之谓乎。”

注释

①湫隘：低洼潮湿狭小的地方。

②爽垲：干爽宽敞的地方。

③里旅：里中百姓。

④君子如祉，乱庶遄已：见于《诗经·小雅·巧言》。君子做对国家和百姓有利的事情，国家的祸乱很快就会消失。

译文

景公想更换晏子的住宅，说："先生的住宅靠近市场，低洼潮湿，地方狭小，喧嚣声和灰尘太大无法居住，想把你的住宅更换到干爽通风、地方宽敞的地方。"晏子辞谢说："我的先人就住在这里，我还不够格来继承他们，对于我来说这里已经很奢侈了。况且小人住在靠近市场的地方，早晚都能得到需求的东西，这是小人住在这里的好处。不敢惊动四邻乡亲。"景公笑着说："先生住的地方靠近市场，知道市场上什么贵，什么贱吗？"晏子回答说："我既然私下以为从这里能得到好处，怎么会不知道呢？"景公说："那么市场上什么贵，什么贱呢？"那个时候，景公刑罚使用频繁，有在市场上卖假腿的人。因此晏子回答说："市场上假腿贵，草鞋便宜。"景公听了神色严肃，变了脸色。景公为此减省刑罚。君子说："仁人的话，好处是很大的。晏子一句话，齐侯就减省了刑罚。《诗经》说：'君子如祉，乱庶遄已。'说的就是这个事情吧。"

景公毁晏子邻以益其宅晏子因陈桓子以辞第二十二

晏子使鲁，景公为毁其邻以益其宅。晏子反，闻之，待于郊，使人复于公曰："臣之贪顽而好大室也，乃通于君，故君大其居。臣之罪大矣！”公曰：“夫子之乡恶，而居小，故为夫子为之。欲夫子居之，以歉寡人也[①]。”晏子对曰：“先人有言曰：‘毋卜其居[②]，而卜其邻舍。’今得意于君者，慊其居则毋卜。已没氏之先人卜与臣邻吉[③]，臣可以废没氏之卜乎？夫大居而逆邻归之心，臣不愿也。请辞。”卒复其旧宅。公弗许。因陈桓子以请，迺许之。

注释

①歉：当如下文作“慊”，满足。

②卜：选择。

③没氏：过逝。吉：善。

译文

晏子出使鲁国的时候，景公毁坏了晏子邻居的房屋以扩建晏子的住宅。晏子返回齐国，听说了这件事，就停在郊外，派人禀告景公说：“我的内心贪婪，品行顽劣，喜好大宅子，这个想法让国君知道了，因此国君扩建了我的住宅。我的罪过大了。”景公说：“先生您住的地方环境不好，房子又小，因此才为先生扩建了住宅。希望先生住在里面，也让我心中满意啊。”晏子回答说：“先人曾经说过：‘不要选择建造房屋的地方，而要选择与之共处的四周的邻居。’如今如果我顺从了您的意愿，就是满足于宽大居所而不选择四周的邻居。已经过世的先人曾经为我选择了这样的好邻居，我可以违背先人的选择吗？扩大自己的住宅却使邻居无法共处，我不愿意这么做。”最后还是复原了原来的住宅。景公不允许这么做。晏子托田桓子向景公请求，景公才答应了这件事。

景公欲为晏子筑室于宫内晏子称是以远之而辞第二十三

景公谓晏子曰：“寡人欲朝夕见，为夫子筑室于闺内可乎[①]？”晏子对曰：“臣闻之，隐而显[②]，近而结[③]，维至贤耳。如臣者，饰其容止[④]，以待承令，犹恐罪戾也[⑤]。今君近之，是远之也。请辞。”

注释

①闺内：宫门内，宫中。

②隐而显：品行稳健而不张扬却声名日显。

③近而结：交往亲密却能有所制约。

④容止：容貌行止。

⑤罪戾：罪过，错误。

译文

景公对晏子说：“寡人我想随时都能够见到你，打算为你在宫内建造房子可以吗？”晏子回答说：“我听说，品行稳健而不张扬却声名日显，交往很亲密却能有所约束，只有特别贤能的人才能做到。像我这样的人，虽然只是修饰容貌行止，以等待承接国君的命令，依然担心会犯错。如今国君您让我住得离您很近，其实会让我们的关系疏远。请允许我辞谢这个事情。”

景公以晏子妻老且恶欲内爱女晏子再拜以辞第二十四

景公有爱女，请嫁于晏子，公迺往燕晏子之家[①]，饮酒，酣，公见其妻曰：“此子之内子邪[②]？”晏子对曰：“然，是也。”公曰：“嘻！亦老且恶矣。寡人有女少且姣[③]，请以满夫子之宫[④]。”晏子违席而对曰[⑤]：“乃此则老且恶，婴与之居故矣，故及其少而姣也。且人固以壮托乎老，姣托乎恶，彼尝托，而婴受之矣。君虽有赐，可以使婴倍其托乎？”再拜而辞。

注释

①燕：通“宴”，举办宴席。

②内子：对别人妻子的尊称。

③姣：容貌娇美。

④满夫子之宫：把女儿嫁给别人的委婉说法。

⑤违席：即避席。古人席地而坐，离开坐席，以表尊重和郑重。

译文

景公有一个非常疼爱的女儿，想嫁给晏子。于是，景公到晏子家赴宴，喝酒喝到兴头上，景公见到晏子的妻子，说："这个人是你的妻子吗？"晏子回答说："是的。"景公说："嘻！她又老又丑。寡人有一个女儿，年轻又漂亮，希望能够嫁给你。"晏子离开坐席回答说："虽然她年老貌丑，我已经和她很长时间了，当然也经历了她年纪轻、相貌美的时候。况且女子本来就在年轻的时候托付终身到年老的时候，在相貌美的时候托付终身到相貌丑的时候。她曾经托付给我，我也接受了。现在国君虽然有赏赐，可以让我背弃她的托付吗？"晏子行再拜礼，辞谢了这件事。

景公以晏子乘弊车驽马使梁丘据遗之三返不受第二十五

晏子朝，乘弊车，驾驽马。景公见之曰："嘻！夫子之禄寡邪？何乘不任之甚也[1]？"晏子对曰："赖君之赐，得以寿三族[2]，及国游士[3]，皆得生焉。臣得暖衣饱食，弊车驽马，以奉其身，于臣足矣。"晏子出，公使梁丘据遗之辂车乘马[4]，三返不受。公不说，趣召晏子。晏子至，公曰："夫子不受，寡人亦不乘。"晏子对曰："君使臣临百官之吏[5]，臣节其衣服饮食之养，以先齐国之民，然犹恐其侈靡而不顾其行也。今辂车乘马，君乘之上，而臣亦乘之下，民之无义，侈其衣服饮食而不顾其行者，臣无以禁之。”遂让不受。

注释

①不任：不胜任，不相称。

②寿：保有，保护。

③游士：四处谋生的士人。

④辂车：国君乘坐的大车。乘马：四匹马。

⑤临：管理，治理。

译文

晏子上朝的时候，乘坐着简陋破旧的马车，驾着脚力不济的劣马。景公见到了说：“嘻！先生的俸禄少吗？为什么你坐的车和驾的马那么不堪呢？”晏子回答说：“有赖于国君的赏赐，我得以保全父族、母族和妻族，国内尚未有职业的士人都得以生存。我能够穿得暖吃得饱，用破旧的马车和驽钝的马来满足自己的需要，对于我来说已经很满足了。”晏子出去后，景公派梁丘据送给晏子大车和四匹马，往返三次，晏子都不接受。景公感到不高兴，就急速召见晏子。晏子到了之后，景公说：“先生不接受赏赐的车马，寡人也不再坐了。”晏子回答说：“国君您让我统管百官，我节制衣服饮食，尽力为齐国人民做表率，然而还是担心百姓会奢侈浪费而不注意品行修养。现在辂车乘马本来就是君主才能乘坐的车子，您却让臣下也乘坐它，如果以后有不遵守道义，在衣服饮食方面奢侈浪费而不注重品行修养的人，我就没有资格加以管教和禁止了。”于是辞谢而不接受。

景公睹晏子之食菲薄而嗟其贫晏子称有参士之食第二十六

晏子相景公，食脱粟之食，炙三弋[①]，五卵、苔菜耳矣。公闻之，往燕焉，睹晏子之食也。公曰：“嘻！夫子之家如此其贫乎！而寡人不知，寡人之罪也。”晏子对曰：“以世之不足也。免粟之食饱，士之一乞也；炙三弋，士之二乞也；苔菜、五卵，士之三乞也。婴无倍人之行[②]，而有参士之食[③]，君之赐厚矣！婴之家不贫。”再拜而谢。

注释

①弋：用带绳子的箭射鸟。

②倍人之行：别人品行的两倍。

③参：即三。

译文

晏子做景公的相国，日常吃的是只脱了壳的粗粮，炙烤一些禽鸟，加上禽蛋和蔬菜而已。景公听说了，去晏子家赴宴，看到了晏子的日常饮食。景公说："嘻！先生家如此贫穷啊！寡人却不知道，这是我的过错。"晏子回答说："这是因为百姓饮食供应不足啊。只脱了壳的粗粮能够吃饱，这是士人的第一个乞求；能够吃一些烧烤的射下来的禽鸟，这是士人的第二个乞求；能够经常吃蔬菜、禽蛋，这是士人的第三个乞求。我的品行和贡献没有比别人多一倍，却有士人乞求的三种食物。君主您的赏赐已经很丰厚了。我的家不贫穷。"晏子行再拜礼，辞谢了景公的赏赐。

梁丘据自患不及晏子晏子勉据以常为常行第二十七

梁丘据谓晏子曰："吾至死不及夫子矣！"晏子曰："婴闻之，为者常成，行者常至。婴非有异于人也，常为而不置[①]，常行而不休者，故难及也。"

注释

①置：停止，终止。

译文

梁丘据对晏子说："我到死也赶不上先生你啊！"晏子说："我听说，坚持不懈做事情的人，一定能取得成功；坚持不懈前进的人，一定能到达目的地。我不是和别人有什么不同，只是坚持不懈地去做而不停止，坚持不懈地前进而不休息，所以普通人难以赶上罢了。”

晏子老辞邑景公不许致车一乘而后止第二十八

晏子相景公，老，辞邑。公曰：“自吾先君定公至今[①]，用世多矣，齐大夫未有老辞邑者。今夫子独辞之，是毁国之故，弃寡人也。不可！”晏子对曰：“婴闻古之事君者，称身而食；德厚而受禄，德薄则辞禄。德厚受禄，所以明上也[②]；德薄辞禄，可以洁下也[③]。婴老薄无能，而厚受禄，是掩上之明，污下之行。不可。”公不许，曰：“昔吾先君桓公，有管仲恤劳齐国[④]，身老，赏之以三归[⑤]，泽及子孙。今夫子亦相寡人，欲为夫子三归，泽至子孙，岂不可哉？”对曰：“昔者管子事桓公，桓公义高诸侯，德备百姓。今婴事君也，国仅齐于诸侯，怨积乎百姓，婴之罪多矣，而君欲赏之，岂以其不肖父为不肖子厚受赏以伤国民义哉？且夫德薄而禄厚，智惛而家富[⑥]，是彰污而逆教也。不可。”公不许。晏子出。异日朝，得间而入邑，致车一乘而后止。

注释

①定公：齐国无定公，或当为丁公。

②明上：彰显君主的恩德。

③洁下：使百官廉洁。

④恤劳：不辞辛劳。

⑤三归：三处家产。

⑥智惛：才智低下。

译文

晏子做景公的相国，年纪很大了，向景公提出退还采邑。景公说："自从我的先君丁公到现在，时间已经很久了，齐国从来没有一个大夫因为年纪大而退还采邑的。如今先生您独自退还采邑，是破坏齐国固有的制度，抛弃寡人而不顾。不可以。"晏子回答说："我听说，古代侍奉君主的人，根据自身的能力而获得俸禄，德行深厚的时候就接受俸禄，德行浅薄的时候就退还俸禄。德行深厚的时候接受俸禄，是为了彰显君主的英明和恩德；德行浅薄的时候就退还俸禄，可以以此让百官廉洁。如今晏婴已经年老体弱，不能为国办事，还接受那么多的俸禄，就是掩蔽君主的英明和恩德，使臣下的行为受污。这样做不可以啊。"景公不同意，说："以前先君桓公的时候，管仲不辞辛劳，殚精竭虑地治理齐国，年龄老的时候，赏给他三处家产，恩泽延续到他的子孙。如今夫子也辅佐我治理齐国，也想赐给先生您三处家产，恩泽延续到子孙，难道不可以吗？"晏子回答说："以前管仲侍奉桓公，桓公仁义高于诸侯，德行遍施于百姓。如今我侍奉您，齐国仅能与其他诸侯国齐平，怨气蓄积于百姓之中，我的罪过多了，而您却要奖赏我，难道让不肖的父亲为了不肖的儿孙接受丰厚的奖赏，并伤害国家与百姓之间的道义吗？再说德行浅薄而俸禄丰厚，才能低下而家庭富裕，是彰显污浊而违背教化的。这样做是不可以的。”景公还是不允许晏子退还采邑。晏子就离开了。后来上朝的时候，晏子找到机会退还了封邑，还退还了一辆马车，事情才结束。

晏子病将死妻问所欲言云毋变尔俗第二十九

晏子病，将死，其妻曰：“夫子无欲言乎？”晏子曰：“吾恐死而俗变①，谨视尔家②，毋变尔俗也。”

注释

①俗：规矩。

②视：照看，照顾。尔：这个。

译文

晏子生病，将要死了，他的妻子说：“你不想说些什么吗？”晏子说：“我担心我死了我们家的规矩会变。希望你谨慎地看管这个家，不要改变我们家的规矩。”

晏子病将死凿楹纳书命子壮而示之第三十

晏子病，将死，凿楹纳书焉[①]，谓其妻曰："楹语也，子壮而示之。"及壮，发书。书之言曰："布帛不可穷，穷不可饰；牛马不可穷，穷不可服[②]；士不可穷，穷不可任；国不可穷，穷不可窃也[③]。"

注释

①楹：柱子。

②服：拉车。

③窃：读为践。保有，统治。

译文

晏子生病，快要死了，让人在柱子上凿了洞，把遗言放了进去，对他的妻子说："柱子里面的遗言，等孩子长大了给他们看。"等到孩子长大了，打开遗书看上面的话说："布帛不可以缺少，缺少了就无衣可穿；牛马不可以缺少，缺少了就无法拉车；士人不可让他们穷困，穷困了国家就无人可用；国家不可以穷困，穷困了就不能保有国家。"

卷七　外篇重而异者第七

景公饮酒命晏子去礼晏子谏第一

景公饮酒数日而乐，去冠披裳[①]，自鼓盆瓮[②]，谓左右曰："仁人亦乐是乎？"梁丘据对曰："仁人之耳目，亦犹人也。夫奚为独不乐此也？"公曰："趣驾迎晏子。"晏子朝服而至，受觞，再拜。公曰："寡人甚乐此乐，欲与夫子共之，请去礼。"晏子对曰："君之言过矣！群臣皆欲去礼以事君，婴恐君之不欲也。今齐国五尺之童子，力皆过婴，又能胜君，然而不敢乱者，畏礼义也。上若无礼，无以使其下；下若无礼，无以事其上。夫麋鹿维无礼，故父子同麀。人之所以贵于禽兽者，以有礼也。婴闻之，人君无礼，无以临邦；大夫无礼，官吏不恭；父子无礼，其家必凶；兄弟无礼，不能久同。《诗》曰：'人而无礼，胡不遄死。[③]'故礼不可去也。"公曰："寡人不敏，无良左右淫蛊寡人[④]，以至于此。请杀之。"晏子曰："左右何罪？君若无礼，则好礼者去，无礼者至；君若好礼，则有礼者至，无礼者去。"公曰："善。请易衣革冠，更受命。"晏子避走立乎门外。公令人粪洒[⑤]，改席[⑥]，召晏子，衣冠以迎。晏子入门，三让[⑦]，升阶，用三献礼焉[⑧]，嗛酒尝膳[⑨]，再拜，告餍而出[⑩]。公下拜，送之门，反，命撤酒去乐，曰："吾以彰晏子之教也。"

注释

①裳：古代指遮蔽下体的衣裙，男女均穿。此处泛指衣服。

②鼓：敲打。

③人而无礼，胡不遄死：此句见于《诗经·鄘风·相鼠》。大意是：人如果不守礼仪，为什么还不快去死。

④淫蛊：惑乱，蛊惑。

⑤粪洒：打扫。

⑥改席：改换座席。对客人表示尊敬的行为。

⑦三让：古代的相见礼节。主人揖请三次，宾客谦让三次。

⑧三献：献酒三次。

⑨嗛：同"衔"，用嘴含着。

⑩餍：饱。

译文

景公一连喝了好几天酒，非常开心，脱去帽子，披着衣服，自己敲击着盆瓮，对身边的人说："仁人也喜欢这样子吗？"梁丘据说："仁人的耳朵和眼睛，也和平常人是一样的。他们怎么会单单不喜欢这样子呢？"景公说："赶快驾车去接晏子。"晏子穿着朝服来了，接过敬酒的酒杯，行再拜礼。景公说："寡人非常喜欢这样快乐的事情，想和你一起共享，你就不要拘礼了。"晏子回答说："您的话错了。群臣都想抛弃礼仪来侍奉君主，我担心国君您不希望这样啊。如今齐国五尺高的小孩子，力气都能超过我，又都能胜过您，然而他们不敢犯上作乱的原因，就是畏惧礼仪啊。君主如果不守礼仪，就无法驾驭臣民；臣民如果不守礼仪，就无法侍奉君上。麋鹿就是因为没有礼仪，才会父子共同占有一匹母鹿。人之所以比禽兽高贵的原因，就是因为人有礼仪。我听说，君主不守礼仪，就无法统治他的国家；大夫不守礼仪，官吏就会对他不恭敬；父子不守礼仪，他的家必定会遭遇凶险；兄弟不守礼仪，就无法长期共处。《诗经》上说：'人而无礼，胡不遄死！'因此礼仪不可以免除啊。"景公说："寡人不聪明，身边那些无良的人整天蛊惑我，我才会走到这一步。请让我杀了他们。"晏子说："身边的人有什么罪！君主如果不守礼仪，那么爱好礼仪的人就会离去，不爱好礼仪的人就会来到身边；君主如果遵守礼仪，那么遵守礼仪的人就会来到身边，不守礼仪的人就会离去。"景公说："说得好！请让我更换衣服和帽子，重新听您的教诲。"晏子回避出去，站在门外。景公命人打扫场地，改换座位，召见晏子，自己衣冠整齐地迎接。晏子进门之后，行三让相见礼，登上台阶，行三献礼，品尝了酒食，行再拜礼，然后禀告已经吃饱，最后离开。景公走下台阶拜送，把晏子送到门口，返回后命令人撤去酒席和乐舞，说："我以这种方式来彰显晏子对我的教诲。”

景公置酒泰山四望而泣晏子谏第二

景公置酒于泰山之上，酒酣，公四望其地，喟然叹，泣数行而下，曰：“寡人将去此堂堂国而死乎！”左右佐哀而泣者三人，曰：“臣细人也，犹将难死，而况公乎？弃是国也而死，其孰可为乎？”晏子独搏其髀[①]，仰天而大笑曰：“乐哉！今日之饮也。”公怫然怒曰[②]：“寡人有哀，子独大笑，何也？”晏子对曰：“今日见怯君一，谀臣三，是以大笑。”公曰：“何谓谀、怯也？”晏子曰：“夫古之有死也，令后世贤者得之以息，不肖者得之以伏。若使古之王者如毋有死，自昔先君太公至今尚在，而君亦安得此国而哀之？夫盛之有衰，生之有死，天之分也。物有必至，事有常然，古之道也。曷为可悲？至老尚哀死者，怯也。左右助哀者，谀也。怯谀聚居，是故笑之。”公惭而更辞曰：“我非为去国而死哀也。寡人闻之，彗星出其所向之国，君当之。今彗星出而向吾国，我是以悲也。”晏子曰：“君之行义回邪[③]，无德于国，穿池沼，则欲其深以广也；为台榭，则欲其高且大也；赋敛如拗夺[④]，诛僇如仇雠。自是观之，茀又将出[⑤]。彗星之出，庸可惧乎！”于是公惧，迺归。窴池沼[⑥]，废台榭，薄赋敛，缓刑罚，三十七日而彗星亡。

注释

①髀：大腿。

②怫然：愤怒的样子。

③回邪：邪僻。

④抝夺：掠夺。

⑤茀：通“孛”，一种预示着灾祸的彗星。

⑥寘：同“填”，填埋。

译文

景公在泰山之上摆设酒席，喝到兴头上的时候，四面眺望齐国土地，喟然而叹，流下了几行眼泪，说：“寡人将要离开这堂堂的国家而死去吗？”身边的人跟着悲哀到哭泣的有三个人，他们说：“我们都是地位卑微的人，尚且害怕死亡，更何况是国君啊！抛弃这样的国家而死，谁愿意这样做啊！”晏子独自拍着大腿，仰天大笑说：“今天的宴饮真开心啊！”景公勃然大怒，说：“寡人有哀伤的事情，你却独自大笑，这是为什么？”晏子回答说：“今天见到一个怯君，三个谀臣，因此大笑。”景公说：“什么叫作谀和怯？”晏子说：“自古有死亡这件事情，是为了让后世贤能的人得以休息，能力低劣的人也得以停歇。如果让古代的君王长生不死的话，那么先君太公到现在尚存人世，您哪里能拥有这个国家并为舍弃这样的国家去死而悲哀呢？有盛就有衰，有生就有死，这都是自然的安排；有必然要到来的事情，有经常发生的事情，这是自古以来的规律。这些有什么可悲哀的？年龄大了而为将要死亡而哀伤，这就是胆怯；身边的人帮着哀伤不已，这就是谄谀。胆怯的人和谄谀的人聚在一起，我因此大笑。”景公感到惭愧而改口说：“我并不是为离开国家而死感到哀伤。我听说，彗星出现，它所指向的国家，国君要担当祸害。如今彗星出现而指向我国，我因此而感到哀伤。”晏子说：“国君您的行为邪僻，对国家没有恩德，挖掘池塘沼泽，就希望它又深又广；建造台榭，就希望它又高又大；征收赋税就像是掠夺，诛杀百姓就像是对待仇人。从这些行为看来，孛星又要出现了。彗星的出现，有什么好恐惧的？”于是景公感到恐惧，就停止酒宴返回了，填埋了池沼，停止修建台榭，减省赋税，放宽刑罚，三十七天后彗星消失了。

景公瞢见彗星使人占之晏子谏第三

景公瞢见彗星。明日，召晏子而问焉，曰：“寡人闻之，有彗星者，必有亡国。夜者，寡人瞢见彗星。吾欲召占瞢者使占之。”晏子对曰：“君居处无节[①]，衣服无度，不听正谏，兴事无已，赋敛无厌，使民如将不胜，万民怼怨[②]。茀星又将见瞢，奚独彗星乎？”

注释

①居处：日常生活。

②怼怨：怨恨。

译文

景公梦见了彗星。第二天，景公召晏子问这件事，说："我听说，有彗星出现，必定会有灭亡的国家。昨天晚上，我梦见彗星出现。我想召见占梦的人让他占卜一下。"晏子回答说："君主您日常生活没有节制，衣着服饰不合礼仪，不听从正确的进谏，兴建宫室没有休止，征收赋税没有满足，驱使百姓而他们将不能承受，国内百姓对您充满怨恨。茀星又将要在梦里出现了，何止是彗星啊！"

景公问古而无死其乐若何晏子谏第四

景公饮酒，乐。公曰："古而无死，其乐若何？"晏子对曰："古而无死，则古之乐也，君何得焉？昔爽鸠氏始居此地①，季萴因之②，有逢伯陵因之③，蒲姑氏因之④，而后太公因之。古若无死，爽鸠氏之乐，非君所愿也。"

注释

①爽鸠氏：古代氏族名，传说中为少皞氏的司寇，居住在以营丘为中心的地域。

②季萴：传说中虞、夏时的诸侯，接替爽鸠氏居住在以营丘为中心的地域。

③逢伯陵：逢国君主，商朝时的诸侯，居住在以营丘为中心的地域。

④蒲姑氏：又作“薄姑氏”，商周之际的诸侯，居住在以营丘为中心的地域。

译文

景公喝酒，喝得很高兴。景公说：“如果自古就没有死亡，那快乐该是什么样子啊？”晏子回答说：“如果自古以来就没有死亡，那就是古代的快乐，君主你怎么会得到呢？以前爽鸠氏最早居住在齐国这个地方，之后相继占有这块儿地方的有季萴、逢伯陵、蒲姑氏，然后是太公占有了这块地方。如果自古就没有死亡，那么爽鸠氏的快乐，就不是君主您希望的了。”

景公谓梁丘据与己和晏子谏第五

景公至自畋[①]，晏子侍于遄台，梁丘据造焉[②]。公曰：“维据与我和夫！”晏子对曰：“据亦同也，焉得为和？”公曰：“和与同异乎？”对曰：“异。和如羹焉，水、火、醯[3]、醢、盐、梅[4]，以烹鱼肉，燀之以薪[5]，宰夫和之[6]，齐之以味[7]，济其不及[8]，以泄其过[9]。君子食之，以平其心。君臣亦然。君所谓可，而有否焉，臣献其否，以成其可；君所谓否，而有可焉，臣献其可，以去其否。是以政平而不干，民无争心。故《诗》曰：‘亦有和羹，既戒且平；鬷嘏无言，时靡有争。[10]’先王之济五味，和五声也，以平其心，成其政也。声亦如味：一气，二体，三类，四物，五声，六律，七音，八风，九歌，以相成也[11]；清浊，大小，短长，疾徐，哀乐，刚柔，迟速，高下，出入，周疏，以相济也。君子听之，以平其心，心平德和。故《诗》曰：‘德音不瑕[12]。’今据不然，君所谓可，据亦曰可；君所谓否，据亦曰否。若以水济水，谁能食之？若琴瑟之专一，谁能听之？同之不可也如是。”公曰：“善。”

注释

①至自：从……地方回来。

②造：到。

③醯：醋。

④梅：梅子。古代取其酸味，用来调剂食物味道。

⑤燀chǎn：炊，烧。

⑥宰夫：古代负责掌管膳食的官员，厨师。

⑦齐：通“剂”，调节，调配。

⑧济：增加，补益。

⑨泄：减少。

⑩亦有和羹，既戒且平；鬷嘏无言，时靡有争：出自《诗经·商颂·烈祖》。大意是：也有调制好的肉羹，五味俱全而且味道适中。祷告神灵庄严肃穆，那个时候没有争抢。

⑪一气，二体，三类，四物，五声，六律，七音，八风，九歌：一气指空气。二体指与音乐相配合的文体和武体两种舞蹈。三类指《诗经》中的风、雅、颂。四物指来自于四面八方的制作乐器的原材料。五声指宫、商、角、徵、羽。六律泛指音乐的阳声六律（黄钟、太簇、姑洗、蕤宾、夷则、无射）和阴声六吕（大吕、应钟、南吕、林钟、小吕、夹钟）。七音指宫、商、角、徵、羽和变宫、变徵七种音阶。八风指八方之风，即东北为条风，东方为明庶风，东南为清明风，南方为景风，西南为凉风，西方为阊阖风，西北为不周风，北方为广莫风。九歌指可以歌唱水、火、木、金、土、谷、正德、利用、厚生等九功之德。

⑫德音不瑕：见于《诗经·豳风·狼跋》。此句大意是：美好的声音没有瑕疵。

译文

景公从打猎的地方回来，晏子在遄台随侍，梁丘据也到了。景公说："只有梁丘据与我相处很和谐啊！"晏子回答说："梁丘据也不过是同而已，哪里说得上是和呢？"景公说："和与同有差别吗？"晏子回答说："有差别。和就像做肉羹，用水、火、醋、酱、盐、梅来烹调鱼和肉，用柴火烧煮，厨师调配味道，把味道调和到恰到好处，味道不够就加一些，味道过重就减一些。君子吃了这种肉羹，用来平和心性。国君和臣下的关系也是这样。国君认为可以做的事情，其中也可能有不可以做的，臣下要指出不可以做的，让可以做的事情做好；国君认为不可以做的事情，其中也可能有可以做的，臣下要指出其中可以做的，去掉那些不可以做的。正因为如此，政事平和而不互相冒犯，百姓没有争斗之心。所以《诗经》说：'亦有和羹，既戒且平；鬷嘏无言，时靡有争。'先王调和五味，协调五声，用来平和心性，成就政事。音乐的道理也像味道一样，由一气、二体、三类、四物、五声、六律、七音、八风、九歌各方面相配合而成，由清浊、小大、短长、疾徐、哀乐、刚柔、快慢、高下、出入、周疏各方面相调节而成。君子听了这样的音乐，可以平和心性。心性平和，德行就能协调。所以，《诗经》说：'德音不瑕。'现在梁丘据不是这样。国君认为可以的，他也说可以；国君认为不可以的，他也说不可以。如果用水来调和水，谁能吃下去？如果用琴瑟老弹一个音调，谁听得下去？同不可以持久，正像这样。”景公说：“说得好。”

景公使祝史禳彗星晏子谏第六

齐有彗星，景公使祝禳之。晏子谏曰：“无益也，祇取诬焉。天道不谄[①]，不贰其命[②]，若之何禳之也！且天之有彗，以除秽也。君无秽德，又何禳焉？若德之秽，禳之何损？《诗》云：‘维此文王，小心翼翼，昭事上帝，聿怀多福，厥德不回，以受方国。[③]’君无违德，方国将至，何患于彗？《诗》曰：‘我无所监，夏后及商，用乱之故，民卒流亡。[④]’若德回乱，民将流亡。祝史之为，无能补也。”公说。乃止。

注释

①谄：欺骗。

②不贰其命：不会改变自己的命令和意愿。

③维此文王，小心翼翼，昭事上帝，聿怀多福，厥德不回，以受方国：见于《诗经·大雅·大明》。大意是：只有文王，小心翼翼地治国领民，光明正大地侍奉上帝，以求上帝赏赐很多福气，他的德行正直不邪僻，因此能受到四方诸侯国的归附。

④我无所监，夏后及商，用乱之故，民卒流亡：此句不见于现行《诗经》。大意是：我没有什么事情可以借鉴，夏桀和商纣的事情就是借鉴。他们就是因为德行混乱的缘故，最终导致百姓流亡，国家覆灭。

译文

齐国有彗星出现，景公让祝官举行禳祭来驱除它。晏子进谏说："举行禳祭也没有用处，只不过自欺欺人罢了。天道不可怀疑，也不会改变自己的命令，为什么要去举行禳祭呢！况且上天有彗星，是为了消除污秽。君主如果没有污秽的德行，举行禳祭又要驱除什么呢？如果德行污秽，举行禳祭又有什么用呢？《诗经》说：'维此文王，小心翼翼，昭事上帝，聿怀多福，厥德不回，以受方国。'君主如果没有违背道德的德行，四方诸侯国自然就会来到，又何必担心彗星呢？《诗经》说：'我无所监，夏后及商，用乱之故，民卒流亡。'如果德行邪僻，百姓将四处流亡，祝官和史官的行为，也不能补救的。"景公听了很高兴，就打消禳祭的想法。

景公有疾梁丘据裔款请诛祝史晏子谏第七

景公疥遂痁[①]，期而不瘳[②]。诸侯之宾，问疾者多在。梁丘据、裔款言于公曰："吾事鬼神，丰于先君有加矣。今君疾病，为诸侯忧。是祝史之罪也。诸侯不知，其谓我不敬，君盍诛于祝固、史嚚以辞宾。”公说，告晏子。晏子对曰：“日宋之盟[3]，屈建问范会之德于赵武[4]。赵武曰：‘夫子家事治，言于晋国，竭情无私，其祝史祭祀，陈信不愧；其家事无猜，其祝史不祈。’建以语康王[5]。康王曰：‘神人无怨，宜夫子之光辅五君[6]，以为诸侯主也。’”公曰：“据与款谓寡人能事鬼神，故欲诛于祝史，子称是语何故[7]？”对曰：“若有德之君，外内不废，上下无怨，动无违事，其祝史荐信，无愧心矣。是以鬼神用飨，国受其福，祝史与焉。其所以蕃祉老寿者[8]，为信君使也，其言忠信于鬼神。其适遇淫君，外内颇邪，上下怨疾，动作辟违[9]，从欲厌私[10]，高台深池，撞钟舞女[11]，斩刈民力，输掠其聚[12]，以成其违，不恤后人，暴虐淫纵，肆行非度，无所还忌，不思谤讟[13]，不惮鬼神，神怒民痛，无悛于心。其祝史荐信，是言罪也；其盖失数美，是矫诬也；进退无辞，则虚以求媚，是以鬼神不飨，其国以祸之，祝史与焉。其所以夭昏孤疾者[14]，为暴君使也，其言僭嫚于鬼神[15]。”公曰：“然则若之何？”对曰：“不可为也。山林之木，衡鹿守之[16]；泽之萑蒲[17]，舟鲛守之[18]；薮之薪蒸，虞候守之[19]；海之盐蜃，祈望守之[20]。县鄙之人[21]，入从其政；逼尔之关[22]，暴征其私；承嗣大夫[23]，彊易其贿；布常无艺[24]，征敛无度；宫室日更，淫乐不违；内宠之妾肆夺于市，外宠之臣僭令于鄙；私欲养求，不给则应[25]。民人苦病，夫妇皆诅。祝有益也，诅亦有损。聊摄以东，姑尤以西，其为人也多矣！虽其善祝，岂能胜亿兆人之诅？君若欲诛于祝史，修德而后可。”公说，使有司宽政，毁关，去禁，薄敛，已责[26]，公疾愈。

注释

①痁shān：疟疾。

②期而不瘳：一年了也没有痊愈。

③日：先前。

④屈建：字子木。楚国令尹。范会：晋国大夫，以贤德闻名。赵武：晋国大夫。

⑤康王：楚康王。本名熊招，楚共王之子。公元前559—前545年在位。

⑥光辅五君：荣耀地辅佐晋国文公、襄公、灵公、成公和景公等五位君主。

⑦称：引用。

⑧蕃祉：多福。

⑨辟违：邪僻背理。

⑩从欲厌私：放纵欲望，满足私欲。

⑪撞钟舞女：纵情声色，恣意行乐。

⑫输掠：掠夺，掠取。

⑬谤讟dú：怨恨诽谤。

⑭夭昏孤疾：早夭，昏聩，孤独，患病。

⑮僭嫚：欺诈轻辱。

⑯衡鹿：亦作“衡麓”，守护山林的官吏。

⑰萑蒲：萑，芦苇一类植物。蒲，多年生的一种水草，根茎可食，叶可编制扇子和席子。

⑱舟鲛：古代掌管薮泽的官吏。

⑲虞候：古代负责守护山泽的官吏。

⑳祈望：古代负责海洋出产的官吏。

㉑县鄙：设置在距离国都或者城市较远的行政区划单位。

㉒逼尔：即逼迩，近处。

㉓承嗣：世袭。

㉔布常：颁布法令。艺：法度，准则。

㉕不给则应：所求取的东西不满足，就加以罪责刑罚。

㉖已责：免除债务。责，通“债”。

译文

景公生了疥疮，后来又患了疟疾，过了一年还没有痊愈。各国诸侯派来慰问的使者都待在齐国都城。梁丘据和裔款对景公说：“我们侍奉鬼神，祭品比先君时增加了很多。如今国君长时间生病而不愈，让各国诸侯担忧，这都是祝、史的罪过。诸侯中不聪明的，说是因为我们侍奉鬼神不虔诚。君主何不杀了祝固、史嚚来答谢各国的使者呢？”景公听了很高兴，把这件事情告诉晏子。晏子回答说："昔日在宋国会盟的时候，楚国的屈建向晋国的赵武询问范会的德行如何。赵武回答说：'范会先生的家事治理得井井有条，在晋国说话，竭尽情理而毫无私心，祝、史在祭祀的时候，对上帝祖先祷告祈福而毫无愧疚之心。他的家事没有什么可猜疑的事情，他的祝、史也不祈祷祈求什么。'屈建把这些话禀告给楚康王。楚康王说：'神和人对他都没有怨恨，他荣耀地辅佐晋国文、襄、灵、成、景五位国君，成为诸侯的盟主，是理所当然的事情。'"景公说："梁丘据和裔款说寡人能侍奉鬼神，所以打算杀了祝官和史官，你为什么要引用这些话呢？"晏子回答说："如果是有德行的君主，宫内宫外都没有废置之事，上上下下都没有怨恨之情，举动不违背事理，那么他的祝官、史官向鬼神祷告的话诚实不欺，没有愧疚之心。因此鬼神也安心地享用祭品，国家享有降赐的福祉，祝官和史官也因此得到福报。他们之所以能够福祉绵长，高寿长龄，是因为他们是君主诚信的使者，他们对鬼神讲的话忠诚可信。如果他们恰巧遇到了荒淫的君主，宫内宫外的事做得乖僻和邪恶，上上下下充满了抱怨和痛恨，行为举动违背事理，放纵欲望以满足私心，修筑高台深池，纵情声色，恣意行乐，耗费百姓财力物力，掠夺他们的积蓄，以完成自己违背事理的私欲，不体恤后人，残忍暴虐，荒淫放纵，肆意行事违背法度，肆无忌惮，不顾忌怨恨诽谤的话，不敬畏鬼神，神鬼愤怒，百姓痛恨，依然不思悔改。他们的祝官和史官如果在向鬼神祈祷时据实禀告，就是禀告君主的罪过；他们如果掩盖君主的过失，对鬼神祷告时说君主的好话，那么就是欺骗鬼神。这些祝官和史官进退两难，只能用虚言套话谄媚地向鬼神祈福。这样的话，鬼神不会享用祭品，国家将遭受祸乱，祝官和史官也因此获罪。他们之所以早夭、昏聩、孤独、患病，是因为他们是暴虐君主的使者，他们的言行欺诈和羞辱了鬼神。”景公说：“如果这样的话，那该怎么办呢？”晏子回答说：“不可以杀祝官和史官。山林中的树木，衡鹿负责守着；湖塘边长的芦苇和蒲草，舟鲛负责看管着；沼泽里的薪柴，虞候负责看管着；海里的鱼盐蛤蜊，祈望负责看管着。边境和偏远地方的百姓，要到都城来服徭役；靠近国都的关卡，强征关税；世袭的大夫，强买强卖货物；颁布法令没有法度，征敛赋税没有限度；居住的宫室每天更换，荒淫的音乐每天不停；宫内被宠的佞臣在市场上肆意掠夺财物，宫外受宠的大臣在偏远的地方假传君主的命令；私欲不断增长，求取无度，如果百姓不能供给就予以治罪。百姓痛苦不堪，男男女女都在诅咒。如果祷告有帮助的话，那么诅咒也会有损害。聊、摄以东，姑、尤以西的地区人口众多。祝官和史官即使善于祷告求福，哪里能胜过亿万百姓的诅咒呢？君主您如果想杀了祝官和史官的话，也要等修行德政之后才能做。”景公听了很高兴，让官吏放宽政令，废毁关卡，去除禁令，减轻征敛，免除债务。很快，景公的病就痊愈了。

景公见道殣自惭无德晏子谏第八

景公赏赐及后宫，文绣被台榭[①]，菽粟食凫雁[②]。出而见殣，谓晏子曰："此何为而死？"晏子对曰："此馁而死。"公曰："嘻！寡人之无德也甚矣。"对曰："君之德著而彰，何为无德也？"景公曰："何谓也？"对曰："君之德及后宫与台榭，君之玩物，衣以文绣；君之凫雁，食以菽粟；君之营内自乐[③]，延及后宫之族，何为其无德！顾臣愿有请于君：由君之意，自乐之心，推而与百姓同之，则何殣之有？君不推此，而苟营内好私，使财货偏有所聚，菽粟币帛腐于囷府[④]，惠不遍加于百姓，公心不周乎万国，则桀纣之所以亡也。夫士民之所以叛，由偏之也。君如察臣婴之言，推君之盛德，公布之于天下，则汤武可为也，一殣何足恤哉！"

注释

①文绣：有花纹的丝织品。

②菽粟：豆子和小米。泛指粮食。食：喂。凫雁：鸭和鹅。

③营内自乐：为宫内谋取利益，供自己享乐。

④囷府：收藏粮食和财货的仓库。

译文

景公赏赐施及后宫姬妾，台榭上披挂着绣有花纹的丝绸，用粮食喂养供观赏和游玩的鸭和鹅。景公外出见到被饿死的人，对晏子说："这人是怎么死的？"晏子回答说："这个人是饿死的。"景公说："嘻！寡人也太没有恩德了吧！"晏子回答说："君主的恩德明显而光大，怎么会没有恩德呢？"景公说："这话是什么意思？"晏子回答说："君主您的恩德施及后宫姬妾和台榭楼阁，您的玩好之物都披着有花纹的丝绸，您的鸭子和鹅都喂着粮食，君主您谋求私利，自己享乐，也施及后宫姬妾的家族，怎么能说您没有恩德呢？然而我有事想向您请求：从君主您的意愿出发，将自己享乐的想法推广开来，与百姓一起享乐，那么怎么会有饥馑呢？君主您如果不推广开来惠及百姓，却依然谋取私利，寻欢作乐，使百姓的财货过分集中到您这里，粮食布帛在仓库中腐烂，恩惠却不遍及国内百姓，公正之心不遍及天下诸侯，这就是桀、纣亡国的原因。士人和百姓之所以背叛君主，是由于君主偏私的缘故。君主您如能细察我的话，推广君主的盛大恩德，将其遍及天下百姓，那么成为成汤、周武那样的圣明君主也是可以的，一个饿死的人有什么好怜悯的！"

景公欲诛断所爱櫹者晏子谏第九

景公登箐室而望[①]，见人有断雍门之櫹者[②]。公令吏拘之，顾谓晏子趣诛之。晏子默然不对。公曰：“雍门之櫹，寡人所甚爱也，比见断之，故令夫子诛之。默然而不应，何也？”晏子对曰：“婴闻之，古者人君出，则辟道十里[③]，非畏也；冕前有旒[④]，恶多所见也；纩纮充耳[⑤]，恶多所闻也；泰带重半钧[⑥]，舄履倍重[⑦]，不欲轻也。刑死之罪，日中之朝，君过之，则赦之。婴未尝闻为人君而自坐其民者也[⑧]。”公曰：“赦之。无使夫子复言。”

注释

①箐室：齐国公室名称。

②櫹：古同“楸”，楸树。

③辟道：古代君王出行，先在道路上摒除行人，以防冒犯。

④旒：古代君王礼帽前后悬垂的玉串。

⑤纩纮：古时君王冠冕左右悬垂耳侧的带子。

⑥泰带：即大带，束衣用的玉带。半钧：此处指半斤。

⑦舄履：鞋子。

⑧坐：定罪。

译文

景公登上箐室远眺，看到有人在砍雍门外的楸树。景公命令官吏把那个人拘捕起来，回过头对晏子说要赶快杀了他。晏子听了之后，默不作声。景公说：“雍门外的楸树，是寡人非常喜欢的。眼见着有人在砍它，因此让先生杀了那个人。先生却默不作声不回应，是什么原因？”晏子回答说：“我听说，古代的君王出行，清道十里，不是因为害怕百姓；冠冕前有旒，是不想看到太多东西；冠冕左右带子上的玉石堵住耳朵，是不想听到太多声音；身上的玉带重达半斤，鞋子比平常的鞋子重一倍，是不想轻易举动。被判决了死刑的罪犯在市朝上准备行刑，君主经过的时候就赦免他。我没有听说过身为人君却自己为百姓定罪的事情。”景公说：“赦免那个人吧。不要让先生再说了。”

景公坐路寝曰谁将有此晏子谏第十

景公坐于路寝，曰：“美哉室！其谁将有此乎？”晏子对曰：“其田氏乎？田无宇为埠矣[①]。”公曰：“然则奈何？”晏子对曰：“为善者，君上之所劝也[②]，岂可禁哉？夫田氏，国门击柝之家[③]，父以托其子，兄以托其弟，于今三世矣。山木如市，不加于山；鱼盐蚌蜃，不加于海；民财为之归。今岁凶饥，蒿种芼敛不半[4]，道路有死人。齐旧四量，四升而豆，豆四而区，区四而釜，釜十而钟。田氏四量，各加一焉。以家量贷，以公量收，则所以籴，百姓之死命者泽矣。今公家骄汰，而田氏慈惠，国泽是将焉归？田氏虽无德，而有施于民。公厚敛，而田氏厚施焉。《诗》曰：'虽无德与汝，式歌且舞。[5]'田氏之施，民歌舞之也。国之归焉，不亦宜乎！"

注释

①垾：古同"岸"。

②劝：勉励，鼓励。

③击柝：敲梆子打更巡夜。

④蒿、芼：两种可供食用的野菜。

⑤虽无德与汝，式歌且舞：见于《诗经·小雅·车辖》。此句大意是：虽然对你没有恩德，但是依然载歌载舞很欢乐。

译文

景公坐在路寝，说："多么好的宫室啊！谁将会占有它呢？"晏子回答说："大概是田氏吧！田无宇已经在做为民除害兴利的事情了。"景公说："那该怎么办呢？"晏子回答说："做善事，是君主所勉励的事情，怎么可以禁止呢！田氏做善事，就像是看守国门打更巡夜的人家，父亲传给儿子，兄长传给弟弟，到目前已经有三代了。山林中树木运到市场上，价格不比山中贵；鱼盐蚌蜃等海产品运到市场上，价格不比海边贵。百姓的财货都归到了他那边。今年年成不好发生饥荒，连收获的蒿、芼等野菜也不到往年的一半，道路上有饿死的人。齐国以前有四种量器，四升为一豆，四豆为一区，四区为一釜，十釜为一钟。田氏有四种量器，从豆到釜都各增加了一份。田氏用私家容器借贷，用公家容器回收，他买进粮食的原因，是为了那些快要饿死的百姓都得到恩惠。如今公室骄恣放纵，而田氏仁慈恩惠，除了他，国家还能归谁所有呢？田氏虽然没有什么大的德行，但是施恩于百姓，君主横征暴敛而田氏却厚施于民。《诗经》说：‘虽无德与汝，式歌且舞。’田氏对百姓的恩惠，百姓为之载歌载舞。国家归于田氏，不是很合适吗？”

景公台成盆成适愿合葬其母晏子谏而许第十一

景公宿于路寝之宫。夜分，闻西方有男子哭者，公悲之。明日朝，问于晏子曰：“寡人夜者闻西方有男子哭者，声甚哀，气甚悲，是奚为者也？寡人哀之。”晏子对曰：“西郭徒居布衣之士盆成适也。父之孝子，兄之顺弟也。又尝为孔子门人。今其母不幸而死，祔柩未葬[①]，家贫，身老，子孺[②]，恐力不能合祔[③]，是以悲也。”公曰：“子为寡人吊之，因问其偏祔何所在[④]？”晏子奉命往吊，而问偏祔之所在。

盆成适再拜，稽首而不起，曰："偏祔寄于路寝。得为地下之臣拥札掺笔[⑤]，给事宫殿中右陛之下，愿以某日送，未得君之意也。穷困无以图之，布唇枯舌[⑥]，焦心热中。今君不辱而临之，愿君图之。"晏子曰："然。此人之甚重者也，而恐君不许也。"盆成适蹶然曰[⑦]："凡在君耳！且臣闻之，越王好勇[⑧]，其民轻死；楚灵王好细腰[⑨]，其朝多饿死人；子胥忠其君[⑩]，故天下皆愿得以为臣。孝己爱其亲[⑪]，故天下皆愿得以为子。今为人子而离散其亲戚，孝乎哉？足以为臣乎？若此而得祔，是生臣而安死母也；若此而不得，则臣请挽尸车而寄之于国门外宇溜之下[⑫]，身不敢饮食，拥辕执辂[⑬]，木干鸟栖，袒肉暴骸，以望君愍之。贱臣虽愚，窃意明君哀而不忍也。"晏子入，复乎公，公忿然作色而怒曰："子何必患若言，而教寡人乎？"晏子对曰："婴闻之，忠不避危，爱无恶言。且婴固以难之矣。今君营处为游观，既夺人有，又禁其葬，非仁也；肆心傲听，不恤民忧，非义也。若何勿听？"因道盆成适之辞。公喟然太息曰："悲乎哉！子勿复言。"迺使男子袒免，女子髽者以百数[⑭]，为开凶门[⑮]，以迎盆成适。适脱衰绖，冠条缨[⑯]，墨缘[⑰]，以见乎公。公曰："吾闻之，五子不满隅，一子可满朝，非迺子耶？"盆成适于是临事不敢哭，奉事以礼。毕，出门，然后举声焉。

注释

①祔：祭祀名，安葬新死者之前祭告于祖庙。

②孺：同“孺”，幼弱。

③合祔：合葬。

④偏祔：偏亲的灵柩。

⑤拥、掺：持，拿。

⑥布唇枯舌：唇舌干枯。

⑦蹶guì然：急急忙忙的样子。

⑧越王：越王勾践。公元前497—前465年在位。

⑨楚灵王：春秋时期楚国君主。公元前540—前529年在位。

⑩子胥：春秋时楚国大夫伍员。他为了报复楚平王，逃亡到吴国，帮助吴国攻入楚国都城，掘了楚平王的墓，鞭尸三百下以泄愤恨。

⑪孝己：商代君主武丁的儿子，以孝顺著称。

⑫宇溜：屋檐。溜，通“霤”，屋檐滴水的地方。

⑬辂：古代车辕上用来挽车的横木。

⑭髽zhuā：古代妇女服丧时用麻扎成的发髻。

⑮凶门：运送灵柩的门。

⑯条缨：用丝编成的带子。

⑰墨缘：染黑丧服的边缘。

译文

景公外宿在路寝之宫，半夜的时候，听到西边有个男子在哭泣，景公感到很悲伤。第二天上朝的时候，景公对晏子说："寡人昨天晚上听到西边有个男子在哭泣，声音非常哀伤，叹息非常悲痛，是什么样的人啊？我很哀悯他。"晏子回答说："那个人居住在城西，是未出仕的士人盆成适。他是父亲孝顺的儿子，是兄长顺从的弟弟。他曾经做过孔子的学生。现在他的母亲不幸死了，正在祭祀灵柩，还没有下葬，家里贫穷，年龄老了，子女还幼弱，担心凭个人之力无法完成父母合葬，因此非常悲伤。"景公说："先生代我去慰问他，顺便问问他家亲人的灵柩埋在什么地方。"晏子奉命去慰问，并询问他家亲人的灵柩埋在什么地方。盆成适行再拜礼，长时间稽首不起，说："亲人的灵柩暂寄在路寝之下，得以成为君主地下之臣，抱着书札，拿着笔，恭候在宫殿中间偏右的台阶之下。我想在某一天把母亲的灵柩送过去合葬，但是没有得到君主的同意。我自己又穷困潦倒没有办法可想，唇干舌燥，心中焦热。如今先生你不惜辱没身份来到这里，希望您帮我想想办法。"晏子说："我知道了。合葬是人非常看重的事情，但我担心君主不同意。"盆成适急忙说："这事全靠先生您了。我听说，越王喜好勇武，他的百姓就看轻死亡；楚灵王喜欢腰细的女子，他的朝堂之上就有很多饿死的人；伍子胥忠诚于他的君主，因此天下诸侯都愿意得到他作为自己的臣子；孝己孝敬自己的亲人，因此天下的人都愿意让他做自己的儿子。如今作为人子，却让亲戚离散，这样孝顺吗？可以作为臣子吗？如果母亲的灵柩得到合葬，才能使我生存下去，使死去的母亲入土为安；如果做不到，那么我就要拉着灵车寄居在城门外的屋檐底下，自己不敢进食，抱着车辕，握着车上的横木，就像木头已经干了，鸟儿已然可以落在上面，袒露出身体，以此希望君主怜悯我。地位低贱的我虽然愚昧，私下以为圣明的君主肯定会哀怜我而不忍心看着我那样做。”晏子入朝，把情况禀告给景公。景公勃然大怒，变了脸色，说：“先生何必担心这件事而来指教我？”晏子回答说：“我听说，对君主忠诚就不会躲避危险，对君主热爱的人没有坏话。况且我本来就认为这件事很困难。如今君主您在此处兴建游玩观赏的高台，既抢夺了人家原有的墓地，又禁止人家合葬，这是不仁；放纵心意，不听劝谏，不体恤百姓的忧愁，这是不义。为什么不听我把话说完呢？”于是晏子把盆成适的话转述给了景公。景公听了之后，感叹着说：“可怜啊！先生不要再说了。”于是下令让男子按照丧礼袒衣免冠，女子按照丧礼用麻绳绾着头发，一共数百人，打开供灵柩通过的门，迎接盆成适。盆成适脱掉丧服，头上勒着丝带，衣服边缘染成墨色，觐见景公。景公说：“我听说，五个不成器的儿子站不满一个角落，一个好的儿子可以誉满朝堂。莫非指的就是你吧！”盆成适于是举行合葬的时候不敢哭出声，按照礼节完成事情。结束之后，出了门，然后才放声大哭。

景公筑长庲台晏子舞而谏第十二

景公筑长庲之台。晏子侍坐，觞三行，晏子起舞曰：“岁已暮矣，而禾不获，忽忽矣若之何[①]！岁已寒矣，而役不罢，惙惙矣如之何[②]！”舞三而涕下沾襟。景公惭焉，为之罢长庲之役。

注释

①忽忽：时间飞逝的样子。

②惙惙：心中忧愁的样子。

译文

景公征发徭役兴造长庲之台。有一次晏子在旁陪坐，敬酒行了三遍，晏子起舞，唱道：“已经到年终了，庄稼却没有收获，时间飞逝啊该怎么办！天已经冷了，徭役却没有结束，心中忧愁啊该怎么办！”晏子舞了三遍，唱了三遍，眼泪都沾湿了衣襟。景公觉得很惭愧，于是停止了长庲之台的徭役。

景公使烛邹主鸟而亡之公怒将加诛晏子谏第十三

景公好弋[①]，使烛邹主鸟而亡之。公怒，召吏欲杀之。晏子曰："烛邹有罪三，请数之以其罪而杀之[②]。"公曰："可。"于是召而数之公前，曰："烛邹！汝为吾君主鸟而亡之，是罪一也；使吾君以鸟之故杀人，是罪二也；使诸侯闻之，以吾君重鸟以轻士，是罪三也。"数烛邹罪已毕，请杀之。公曰："勿杀！寡人闻命矣。"

注释

①弋：用带绳子的箭射鸟。

②数：责备，列举过错。

译文

景公喜欢用带绳子的箭射鸟，让烛邹负责射到的鸟，烛邹却让这些鸟跑掉了。景公非常生气，命令官吏杀了他。晏子说："烛邹有三宗罪，请让我列举他的过错然后杀了他。"景公说："可以。"于是把烛邹召来，在景公面前责备他说："烛邹，你为我们君主看管鸟却让鸟飞走了，这是第一宗罪；你让我们的君主为了鸟杀人，这是第二宗罪；让各国诸侯听说这件事后，认为我们的君主看重鸟却看轻士人，这是第三宗罪。”晏子列举完了烛邹的罪过，然后请求杀了他。景公说：“不要杀他了。寡人听从你的教诲。”

景公问治国之患晏子对以佞人谗夫在君侧第十四

景公问晏子曰：“治国之患，亦有常乎？”对曰：“佞人谗夫之在君侧者，好恶良臣[①]，而行与小人[②]，此治国之常患也。”公曰：“谗佞之人，则诚不善矣。虽然，则奚曾为国常患乎？”晏子曰：“君以为耳目而好谋事，则是君之耳目缪也[③]。夫上乱君之耳目，下使群臣皆失其职，岂不诚足患哉？”公曰：“如是乎？寡人将去之。”晏子曰：“公不能去也。”公忿然作色不说，曰：“夫子何少寡人之甚也[④]！”对曰：“臣何敢挢也[⑤]！夫能自周于君者[⑥]，才能皆非常也。夫藏大不诚于中者，必谨小；诚于外，以成其大不诚。入则求君之嗜欲能顺之，君怨良臣，则具其往失而益之；出则行威以取富。夫何密近，不为大利变，而务与君至义者也，此难见而且难知也。”公曰：“然则先圣奈何？”对曰：“先圣之治也，审见宾客，听治不留，患日不足。群臣皆得毕其诚，谗谀安得容其私！”公曰：“然则夫子助寡人止之，寡人亦事勿用矣。”对曰：“谗夫佞人之在君侧者，若社之有鼠也。

谚言有之曰：‘社鼠不可熏，去此乃治矣。’谗佞之人，隐君之威以自守也，是故难去焉。”

注释

①恶：诬陷，中伤。

②与：结交，勾结。

③缪：错误，谬误。

④少：轻视。

⑤挢 jiǎo：翘，举。此处引申为自大。

⑥周：亲密，关系深厚。

译文

景公问晏子说：“治理国家的祸患也有经常存在的吗？”晏子回答说：“在君主身边的谗佞之人，喜好中伤贤良的大臣，而又与小人相互勾结营私，这就是国家经常的祸患。”景公说：“谗佞之人，真的不是什么好人。虽然如此，他们怎么会成为国家经常的祸患呢？”晏子说：“君主把他们作为自己了解情况的耳目而喜欢与他们谋划事情，那么君主了解情况的耳目就出现了错误。他们对上扰乱君主的耳目，对下使得群臣无法履行职责，难道还不确实让人感到担忧吗？”景公说：“是这样的啊？寡人会把他们从身边撵走的。”晏子说：“君主您不可能撵走他们的。”景公勃然大怒，变了脸色，说：“先生为什么这么轻视我？”晏子回答说：“臣下哪里敢自大啊！那些能够使自己与君主关系亲密的人，他们的才能都非比寻常。把巨大的奸诈藏在心中的人，表面上必定谨慎地表现出小的忠诚，以此来实现他心中大的奸诈。他们在君主身边揣摩君主的喜好，顺从君主的心意，如果君主不满某位贤良臣子的话，他们就列举那人以往的过失来增加君主的不满；外出就假借君主的名义作威作福，掠夺钱财以求取富贵。那些和君主关系那么亲密的人，谁能不为了大的利益而动心，而一心一意为君主做仁义之事呢？这些人是难以见到也难以知道的。”景公说：“那么以前圣明的君王都是怎么做的呢？”晏子回答说：“以前圣明的君王治理国政，审慎地接见宾客，处理政事不拖延，唯恐时间不够用，群臣都能竭尽忠诚，谄谀之人哪里能实现他们的私心呢？”景公说：“那么先生你帮助我杜绝这些人，我也不再任用他们了。”晏子回答说：“在君主身边的谗佞之人，就像是社庙中的老鼠。有谚语说：‘社庙里的老鼠不能用烟火熏，离开那里就可以除掉它们了。’谗佞之人躲藏在君主的权威之下以自保，因此难以清除他们。”

景公问后世孰将践有齐者晏子对以田氏第十五

景公与晏子立于曲潢之上，望见齐国，问晏子曰：“后世孰将践有齐国者乎？”晏子对曰：“非贱臣之所敢议也。”公曰：“胡必然也？得者无失，则虞、夏常存矣。”晏子对曰：“臣闻见足以知之者，知也；先言而后当者，惠也[1]。夫知与惠，君子之事，臣奚足以知之乎？虽然，臣请陈其为政：君强臣弱，政之本也；君唱臣和，教之隆也；刑罚在君，民之纪也。今夫田无宇二世有功于国，而利取分寡[2]，公室兼之，国权专之，君臣易施[3]，而无衰乎？婴闻之，臣富主亡。由是观之，其无宇之后为几，齐国田氏之国也？婴老不能待公之事，公若即世[4]，政不在公室。”公曰：“然则奈何？”晏子对曰：“维礼可以已之。其在礼也，家施不及国，民不懈，货不移，工贾不变，士不滥，官不谄，大夫不收公利。”公曰：“善。今知礼之可以为国也 。”对曰：“礼之可以为国也久矣，与天地并立。君令臣忠，父慈子孝，兄爱弟敬，夫和妻柔，姑慈妇听[5]，礼之经也。君令而不违，臣忠而不二，父慈而教，子孝而箴[6]，兄爱而友，弟敬而顺，夫和而义，妻柔而贞，姑慈而从，妇听而婉[7]，礼之质也。”公曰：“善哉！寡人迺今知礼之尚也。”晏子曰：“夫礼，先王之所以临天下也，以为其民，是故尚之。”

注释

①惠：通“慧”，智慧。

②取：通“聚”，聚集。

③易施：易位。

④即世：去世，离世。

⑤姑：古代指丈夫的母亲。

⑥箴：规劝，劝谏。

⑦听：顺从。

译文

景公和晏子站在曲潢之上，远远地望见了齐国都城，景公问晏子说："今后谁将占有齐国？"晏子回答说："这可不是我这个地位低贱的臣子所敢议论的话题。"景公说："为什么一定要这样呢？如果得到君位就不失去的话，虞、夏将永远存在了。"晏子回答说："我听说，见到事物的征兆就能知道事物的全部，这叫作聪明；先有预言然后有事实应验，这叫作智慧。聪明和智慧是君子才能做到的事情，我怎么能够知道谁将占有齐国呢？虽然是这样，请您允许我陈述如何治国的道理：君主势力强大而臣子势力弱小，这是为政治国的根本；君主倡导于前臣子呼应于后，这是教化昌隆的表现；刑罚的决定权在君主，这是治理百姓的纲纪。如今田无宇已经两代对国家有功，聚集的钱财都分给孤寡贫穷的百姓，兼有公室的利益，专擅国家的权力，君臣应有的作为发生了颠倒，公室能不衰败吗？我听说，臣子富有，君主就要衰亡。由此看来，大概在田无宇之后不久，齐国就会是田氏的国家吧。晏婴我年老了，不能再为您处理政事。君主您如果离世的话，政权就不再为公室所有了。"景公说："那么该怎么办呢？"晏子回答说："只有遵行礼仪才能制止这样的事发生。按照礼仪规定，大夫施恩不能遍及全国，百姓劳作不懈怠，财货不转移，工匠和商人不改变职业，士人不失职，官吏不隐瞒，大夫不侵占公家的权利。"景公说："好！今天知道遵守礼仪可以治理国家了。"晏子回答说："礼仪可以治理和维持国家的道理由来已久，是与天地共存的。君主圣明臣子忠诚，父亲慈祥儿子孝顺，兄长友爱弟弟恭敬，丈夫和悦妻子柔顺，婆婆慈祥媳妇顺从，这是礼仪的基本准则。君主圣明不违背道义，臣子忠诚不怀二心，父亲慈祥而能教诲子女，儿子孝顺而能劝谏父过，兄长友爱而能和睦相处，弟弟恭敬而能顺从兄长，丈夫和悦而能遵守道义，妻子柔顺而能坚守贞洁，婆婆慈祥而能听从意见，媳妇顺从而能性格温婉，这就是礼仪的实质。"景公说："好啊！今天知道礼仪的重要性了。"晏子说："礼仪，是先王用来治理天下、教化百姓的，所以尊崇它。"

晏子使吴吴王问君子之行晏子对以不与乱国俱灭第十六

晏子聘于吴，吴王问："君子之行何如？"晏子对曰："君顺怀之[①]，政治归之[②]，不怀暴君之禄，不居乱国之位。君子见兆则退，不与乱国俱灭，不与暴君偕亡。"

注释

①君顺怀之：君主行事遵循道义就亲近他。

②政治归之：君主政事治理得好就归顺他。

译文

晏子出使访问吴国。吴王问晏子说："君子的行为是什么样子呢？"晏子回答说："君主行事遵循道义就亲近他，政事治理得好就归顺他，不贪恋暴君的俸禄，不身居动乱国家的官位。君子看到征兆就隐退，不与动乱的国家一同毁灭，不与暴虐的君主一起灭亡。"

吴王问齐君僈暴吾子何容焉晏子对以岂能以道食人第十七

晏子使吴。吴王曰："寡人得寄僻陋蛮夷之乡，希见教君子之行[①]，请私而无为罪。"晏子蹴然辟位[②]。吴王曰："吾闻齐君盖贼以僈[③]，野以暴。吾子容焉，何甚也？"晏子遵循而对曰[④]："臣闻之，微事不通，粗事不能者必劳；大事不得，小事不为者必贫；大者不能致人，小者不能至人之门者必困。此臣之所以仕也。如臣者，岂能以道食人者哉？"晏子出，王笑曰："嗟乎！今日吾讥晏子，犹倮而訾高撅者也[⑤]。"

注释

①希：很少。见教：谦词，指别人给予自己指教。

②辟位：离开座位。

③贼以僈：残忍又傲慢。

④遵循：即“逡巡”，迟疑、犹豫的样子。

⑤倮：同“裸”，裸体。訾：责备，非议。撅：撩起衣服。

译文

晏子出使吴国。吴王说：“寡人居住在地方偏僻、孤陋寡闻的蛮夷之地，很少有机会请教君子的行为，请允许我非正式地问几个问题，请不要见怪。”晏子惶恐地离开了自己的席位。吴王说：“我听说齐国国君既残忍又傲慢，既粗野又凶暴。先生您却容身于他，这不是太过分了吗？”晏子犹豫不决地回答说：“我听说，精细的事情不懂得、粗笨的事情做不来的人一定很辛劳；大的事情做不来、小的事情不愿做的人一定很贫穷；从大的方面说不能招揽人才为己所用、从小的方面说自己才疏学浅不能为人所用的人一定很困窘。这就是我之所以出仕为官的原因。像我这样的人，怎么会是能用道义来教导别人的人呢？”晏子出去后，吴王说：“哎呀！今天我讥笑晏子，就像是裸体的人却责备把衣服高高撩起的人一样。”

司马子期问有不干君不恤民取名者乎晏子对以不仁也第十八

司马子期问晏子曰[①]："士亦有不干君[②]，不恤民，徒居无为而取名者乎？"晏子对曰："婴闻之，能足以赡上益民而不为者，谓之不仁。不仁而取名者，婴未得闻之也。"

注释

①司马子期：楚平王的公子结，字子期，官职为司马。

②干：谋求，追求。

译文

司马子期问晏子说："士人中有不向君主求取官职，不体恤黎民百姓，无业闲居什么都不做却获得好名声的吗？"晏子回答说："我听说，才能足以辅佐君主、造福百姓却不作为的行为，叫作不仁。不仁却能获得好名声的人，晏婴我没有听说过。"

高子问子事灵公庄公景公皆敬子晏子对以一心第十九

高子问晏子曰："子事灵公、庄公、景公，皆敬子。

三君之心一耶？夫子之心三也？”晏子对曰：“善哉问！事君，婴闻一心可以事百君，三心不可以事一君。故三君之心非一也，而婴之心非三心也。且婴之于灵公也，尽复而不能立之政[①]，所谓仅全其四支以从其君者也[②]。及庄公陈武夫，尚勇力，欲辟胜于邪，而婴不能禁，故退而野处[③]。婴闻之，言不用者，不受其禄；不治其事者，不与其难。吾于庄公行之矣。今之君，轻国而重乐，薄于民而厚于养，藉敛过量，使令过任，而婴不能禁，庸知其能全身以事君乎！”

注释

①复：回复，禀告。

②四支：即四肢，此处代指身体。支，通“肢”。

③野处：辞官闲居。

译文

齐国大夫高子问晏子说：“先生侍奉灵公、庄公、景公，他们都很尊敬您。那么，是三位君主的心思一样呢？还是先生的心思有三种呢？”晏子回答说：“问得好啊！关于侍奉君主，我听说一个心思可以侍奉百位君主，三种心思却无法侍奉一位君主。因此，三位君主的心思不一样，而我侍奉君主的心思却没有三种。况且我辅佐灵公时，全部禀告了自己的想法却无法变为政令得以推行，只是保全自身而侍奉君主啊。到了庄公的时候，重用武夫，崇尚勇力，私欲炽盛，行为乖僻，超过一般的邪恶，而我不能制止他，因此辞官闲居。我听说，如果言行不被君主采用，就不贪求君主的俸禄；不负责为君主治理政事，就不与他共同承担灾难。我对庄公就是这么做的。如今的国君，轻视国事而贪图享乐，对百姓需求非常刻薄而对自身的奉养却很丰厚，征收赋税过量，发布命令超过了百姓的承担能力，而我却不能禁止，哪里知道能否保全自身以侍奉君主啊？”

晏子再治东阿上计景公迎贺晏子辞第二十

晏子治东阿，三年，景公召而数之曰：“吾以子为可，而使子治东阿。今子治而乱，子退而自察也。寡人将加大诛于子。”晏子对曰：“臣请改道而行，而治东阿三年。不治，臣请死之。”景公许之。于是明年上计[①]，景公迎而贺之曰：“甚善矣！子之治东阿也。”晏子对曰：“前臣之治东阿也，属托不行[②]，货赂不至，陂池之鱼以利贫民。当此之时，民无饥者，君反以罪臣。今臣后之治东阿也，属托行，货赂至，并重赋敛，仓库少内[③]，便事左右，陂池之鱼入于权宗。当此之时，饥者过半矣，君迺反迎而贺臣。臣愚不能复治东阿，愿乞骸骨[④]，避贤者之路。”再拜，便辟[⑤]。景公乃下席而谢之曰：“子强复治东阿[⑥]。东阿者，子之东阿也，寡人无复与焉。”

注释

①上计：先秦和汉代时，地方官在每年年终将境内户口、赋税、盗贼、狱讼等项编造计簿，遣吏逐级上报，奏呈朝廷，借资考绩，叫作上计。

②属托：嘱咐，请托。

③内：通“纳”，收纳。

④乞骸骨：古代年老的官员自己主动请求辞职的委婉表达。

⑤便辟：马上离开。

⑥强：勉强，勉为其难。

译文

晏子治理东阿，三年之后，景公召见并责备他说：“我原以为你能力尚可，因此让你治理东阿。如今你治理东阿而东阿混乱，你回去好好自我反思。我将要狠狠地惩罚你。”晏子回答说：“臣请求改变目前的治理办法来行政，再治理东阿三年。如果三年后东阿还得不到有效的治理，我请求处以死罪。”景公答应了他。第二年进京述职的时候，景公迎接晏子并祝贺他说：“你治理东阿治理得非常好啊！”晏子回答说：“之前我治理东阿的时候，私下嘱咐请托的事情行不通，送礼行贿的事情没人做，池塘沼泽中的鱼用来分给贫穷的百姓。在那个时候，东阿没有忍饥挨饿的百姓，君主您反而怪罪我。我后来治理东阿的时候，私下嘱咐请托的事情行得通，送礼行贿的事情行得通，加重对百姓的赋敛，纳入仓库的钱财却很少，对君主身边的人做事给予方便，池塘中的鱼都进了权贵豪门的家中。这个时候，东阿忍饥挨饿的百姓超过一半，君主您却反而迎接并祝贺我。我很愚昧，不能再治理东阿了，希望能够辞退官职，给贤能的人让路。”晏子行再拜礼，便退出了。景公于是离开自己的席位并道歉说：“还是请您不辞辛劳治理东阿吧。东阿是你的东阿，寡人不再干涉你了。”

太卜绐景公能动地晏子知其妄使卜自晓公第二十一

晏公问太卜曰[①]：“汝之道何能？”对曰：“臣能动地。”公召晏子而告之曰：“寡人问太卜曰：‘汝之道何能？’对曰：‘能动地。’地可动乎？”晏子默然不对。出，见太卜曰：“昔吾见钩星在四心之间[②]，地其动乎？”太卜曰：“然。”晏子曰：“吾言之，恐子之死也；默然不对，恐君之惶也。子言，君臣俱得焉。忠于君者，岂必伤人哉！”晏子出，太史走入见公[③]，曰：“臣非能动地，地固将动也。”陈子阳闻之，曰：“晏子默而不对者，不欲太卜之死也；往见太卜者，恐君之惶也。晏子，仁人也，可谓忠上而惠下也。”

注释

①太卜：古代负责占卜的官员。

②钩星：星的名字。四心：即房宿、心宿之间的四颗星。据说，钩星出现在这个位置，就会发生地震。

③太史：据文义，当作“太卜”。

译文

景公问太卜说：“你的道术可以做什么？”太卜回答说：“我能让大地震动。”景公召来晏子告诉他这件事，说：“寡人问太卜说：‘你的道术可以做什么？’太卜回答说：‘我能让大地震动。’人真的能让大地震动吗？”晏子沉默不语，没有回答。晏子出来后，见到太卜说：“夜里我看到钩星在四心之间，大地要发生地震吧？”太卜说：“是的。”晏子说：“我在君主面前说这些话，担心你会被处死；沉默不语没有回答，担心君主会惊惶恐惧。你去对君主说出实情，国君和你都会有所得。忠诚于君主的人，难道就一定要伤害别人吗？”晏子出去之后，太卜跑着进宫对景公说：“我不能让大地震动，而是大地本来即将发生地震了。”陈子阳听说了这件事，说：“晏子沉默而不回答，是不想看到太卜因此而死；去见太卜，是担心君主会惊惶恐惧。晏子，真是仁德的人啊，可以说是对上忠诚而对下慈惠。”

有献书谮晏子退耕而国不治复召晏子第二十二

晏子相景公，其论人也[1]，见贤而进之，不同君所欲；见不善则废之，不辟君所爱[2]；行己而无私[3]，直言而无讳。有纳书者曰："废置不周于君前，谓之专；出言不讳于君前，谓之易。专易之行存，则君臣之道废矣。吾不知晏子之为忠臣也。"公以为然。晏子入朝，公色不说，故晏子归，备载[4]，使人辞曰："婴故老悖无能，毋敢服壮者事。"辞而不为臣，退而穷处，东耕海滨，堂下生藜藿，门外生荆棘。七年，燕、鲁分争，百姓惛乱[5]，而家无积。公自治国，权轻诸侯，身弱高、国。公恐，复召晏子。晏子至，公一归七年之禄，而家无藏。晏子立，诸侯忌其威，高、国服其政，燕、鲁贡职，小国时朝。晏子没而后衰。

注释

①论人：选用人才。

②辟：通"避"，回避。

③行己：立身行事。

④备载：物品装载整齐。

⑤惛乱：纷乱，秩序混乱。

译文

晏子做景公的相国，他选拔人才，看到贤能的人就提拔，不求与君主想提拔的人相同；见到不贤能的人就罢黜，不回避君主喜欢的人；立身行事从无私情，秉直而言毫无避讳。有人给景公上书说："提拔和罢黜官员而不与君主协商，叫作专权；在君主面前说话毫无避讳，叫作轻慢。专权和轻慢的行为存在，君臣之道就废弃了。我不认为晏子是个忠臣。"景公认为他说得有道理。晏子上朝时，景公露出不高兴的脸色，因此晏子回家之后，把东西装载整齐，让人对景公辞行说："我本来就年老糊涂又没有能力，不敢担当青年人的事情。"于是辞职不做景公的臣子，隐居不仕，在东边的海滨耕种度日，堂下长满了藜、藿等各种野草，门外长满了荆棘。之后的七年间，燕国和鲁国都与齐国互相争斗，百姓秩序混乱，家中没有积蓄。景公自己治理国家，导致齐国权威轻于各诸侯，自身势力弱于高氏和国氏。景公感到害怕，重新召回了晏子。晏子到了之后，景公一次给了他七年的俸禄，可晏子家中没有保存任何财物。晏子重新主持国政之后，诸侯都忌惮他的威望，高氏、国氏服从他的政令，燕国和鲁国前来进贡，小国也按时前来朝见。晏子死了之后，齐国就没落了。

晏子使高纠治家三年而未尝弼过逐之第二十三

晏子使高纠治家，三年而辞焉。傧者谏曰[①]："高纠之事夫子三年，曾无以爵禄而逐之，敢请其罪。"晏子曰："若夫方立之人[②]，维圣人而已。如婴者，仄陋之人也[③]。若夫左婴右婴之人，不举四维[④]，四维将不正。今此子事吾三年，未尝弼吾过也[⑤]。吾是以辞之。"

注释

①傧：负责引见宾客的人。此处泛指随从仆人。

②方立：以道义立身。

③仄陋：见识短浅。

④四维：处身立世的四项基本价值，即礼、义、廉、耻。

⑤弼：辅佐，帮助。

译文

晏子让高纠治理家中事务，三年之后辞退了他。有个随从进谏说："高纠侍奉先生三年，没有获得爵禄却被辞退了，斗胆请问他的罪过是什么？"晏子说："能够以道义立身的人，只有圣人而已。像我这样，只是一个见识短浅的人。在我身边的人，如果不能按照礼、义、廉、耻的要求来辅助我，那么礼、义、廉、耻在我这里就会出现偏差。如今高纠侍奉我三年，未尝帮助我改正错误。我就是因为这个才辞退了他。”

景公称桓公之封管仲益晏子邑辞不受第二十四

景公谓晏子曰：“昔吾先公桓公，予管仲狐与谷，其县十七，著之于帛①，申之以策②，通之诸侯③，以为其子孙赏邑。寡人不足以辱而先君，今为夫子赏邑，通之子孙。”晏子辞曰：“昔圣王论功而赏贤，贤者得之，不肖者失之，御德修礼，无有荒怠。今事君而免于罪者，其子孙奚宜与焉？若为齐国大夫者必有赏邑，则齐君何以共其社稷④，与诸侯币帛⑤？婴请辞。”遂不受。

注释

①著：书写。

②申：申明。

③通：通告，通报。

④共：通“供”，供给。

⑤币帛：古代用于祭祀、馈赠、进贡所用的礼物。

译文

景公对晏子说：“以前我的先君桓公，赏赐给管仲狐和谷两个地方，那里有十七个县，这些事都书写在帛书上，再用简册予以申明，并通告给各诸侯，将其作为赏赐他的子孙的封邑。寡人不能封赏先生的先人，如今打算赏赐给先生封邑，并将其传给你的子孙后代。”晏子辞谢说：“以前圣明的君王评定功劳的大小，然后赏赐贤能的人，贤能的人得到赏赐，才能低劣的人失去赏赐，修养德行，奉行礼仪，政事不敢有所荒废和懈怠。如今我侍奉君主只是免于罪责而已，我的子孙后代哪里适合得到封邑呢？如果做齐国大夫的人一定会有赏赐的封邑，那么齐国君主又拿什么充当祭祀社稷所需的祭品，拿什么充当与诸侯交往所需的礼物呢？我请求辞谢这些封赏。”晏子最终没有接受这些赏赐的封邑。

景公使梁丘据致千金之裘晏子固辞不受第二十五

景公赐晏子狐之白裘①，玄豹之茈②，其赀千金③。使梁丘据致之，晏子辞而不受，三反。公曰：“寡人有此二，将欲服之。今夫子不受，寡人不敢服。与其闭藏之，岂如弊之身乎？”晏子曰：“君就赐，使婴修百官之政。君服之上，而使婴服之于下，不可以为教。”固辞而不受。

注释

①狐之白裘：或当为“狐白之裘”，用狐狸腋下的白毛做成的裘衣。

②玄豹之茈：黑色的豹皮做成的衣襟。茈，一说通“訾”，释为衣襟；一说为“冠”之误。

③赀：同“资”，价值。

译文

景公赏赐给晏子一件用狐狸腋下的白毛做成的裘衣，衣襟用的是黑色的豹皮，价值千金。景公让梁丘据把裘衣送给晏子，晏子辞谢而不接受，期间往返三次。景公说：“寡人有两件这样的衣服，本来打算穿上它的。如今先生您不接受，寡人也不敢穿了。与其把这些东西封存收藏起来，还不如让它在穿着中损坏吧？”晏子说：“承蒙君主的赏赐，让我管理百官的政事。君主在上穿着这样的裘衣，而让我在下也穿着这样的裘衣，这样就无法教导和管理百官了。”晏子坚决拒绝，没有接受赏赐。

晏子衣鹿裘以朝景公嗟其贫晏子称有饰第二十六

晏子相景公，布衣鹿裘以朝[①]。公曰：“夫子之家，若此其贫也，是奚衣之恶也？寡人不知，是寡人之罪也。”晏子对曰：“婴闻之，盖顾人而后衣食者[②]，不以贪味为非；盖顾人而后行者，不以邪僻为累。婴不肖，婴之族又不如婴也，待婴以祀其先人者五百家。婴又得布衣鹿裘而朝，于婴不有饰乎？”再拜而辞。

注释

①鹿裘：用鹿皮做的裘衣。在古代属于粗劣的衣服。

②顾：看，观察。

译文

晏子担任景公的相国，上朝的时候穿的是麻布衣服和鹿皮皮衣。景公说：“先生你的家，居然穷到这个地步，为什么穿的衣服那么差呢？寡人却不知道这个情况，这是寡人的过错。”晏子回答说：“我听说，先看别人的饮食穿着再决定自己的饮食穿着的人，就不会贪恋美味而做错误的事情；先看别人的行为再决定自己行为的人，就不会做出邪僻的行为而受到伤害。我才能低劣，我的家族中的人能力还不如我，指望着我的俸禄以祭祀先人的有五百家。我能够穿着麻布衣服和鹿皮皮衣来上朝，对我来说不是已经很好了吗？”晏子行再拜礼，辞谢了景公的赏赐。

仲尼称晏子行补三君而不有果君子也第二十七

仲尼曰："灵公污，晏子事之以整齐；庄公壮，晏子事之以宣武；景公奢，晏子事之以恭俭。晏子，君子也！相三君而善不通下，晏子细人也[①]。"晏子闻之，见仲尼曰："婴闻君子有讥于婴[②]，是以来见。如婴者，岂能以道食人者哉！婴之宗族待婴而祀其先人者数百家，与齐国之简士待婴而举火者数百家，臣为此仕者也。如婴者，岂能以道食人者哉？"晏子出，仲尼送之以宾客之礼，再拜其辱。反，命门弟子曰："救民之姓而不夸[③]，行补三君而不有，晏子果君子也。"

注释

①细人：见识短浅的人。

②讥：指责，非议，批评。

③姓：通"生"，生命，性命。

译文

孔子说："齐灵公污秽不堪，晏子以庄严肃穆来侍奉他；齐庄公崇尚勇力，晏子以疏散武事来侍奉他；齐景公爱好奢侈，晏子以恭敬节俭来侍奉他。晏子，是个君子啊！可是晏子做三位君主的相国，善政却不能推广开来，惠及百姓，又是一个见识短浅的人。”晏子听说之后，去见孔子，说：“我听说君子对我有批评意见，所以我来见您。像我这样的人，哪里是一个能以道义来辅佐君主的人啊！我的家族中依靠我的俸禄祭祀先人的有数百家，齐国没有职位的士人等着我的俸禄生活下去的有数百家，我就是因为这些才出仕为官的。像我这样的人，哪里是能够以道义来辅佐君主的人啊！”晏子离开出门的时候，孔子用宾客之礼为他送行，对他的到来行再拜礼。孔子返回后，对弟子们说：“拯救百姓的性命却不夸耀，行为补益三位君主却不居功，晏子真是一个君子啊！”

卷八　外篇不合经术者第八

仲尼见景公景公欲封之晏子以为不可第一

仲尼之齐，见景公。景公说之，欲封之以尔稽，以告晏子。晏子对曰：“不可。彼浩裾自顺[①]，不可以教下；好乐缓于民[②]，不可使亲治；立命而怠事[③]，不可使守职；厚葬破民贫国，久丧循哀费日[④]，不可使子民[⑤]；行之难者在内，而儒者无其外[⑥]，故异于服，勉于容[⑦]，不可以道众而驯百姓[⑧]。自大贤之灭，周室之卑也，威仪加多[⑨]，而民行滋薄；声乐繁充，而世德滋衰。今孔丘盛声乐以侈世，饰弦歌鼓舞以聚徒，繁登降之礼以示仪[⑩]，务趋翔之节以观众[⑪]，博学不可以仪世，劳思不可以补民，兼寿不能殚其教[⑫]，当年不能究其礼[⑬]，积财不能赡其乐，繁饰邪术以营世君[⑭]，盛为声乐以淫愚民[⑮]。其道也，不可以示世；其教也，不可以导民。今欲封之以移齐国之俗，非所以导众存民也。”公曰：“善。”于是厚其礼，留其封，敬见而不问其道，仲尼乃行。

注释

①浩裾自顺：傲慢不恭，自以为是。

②缓：放松，放纵。

③立命：修身养性，安于天命。

④久丧循哀：长时间服丧，哀痛不已。

⑤子民：治理百姓。

⑥无：通“妩”，媚，姿态美好。

⑦勉：劝勉，勉励。

⑧道：通“导”，教导。

⑨威仪：行事的礼节和仪式。

⑩登降：进退，上下。登阶下阶，进退揖让之礼。

⑪趋翔：形容步趋中节。古时进行朝拜、晋谒时，行走必须符合一定的节奏。

⑫兼寿：寿命增加一倍。

⑬当年：壮年。

⑭营：迷惑。

⑮淫：迷惑。

译文

孔子到齐国去觐见齐景公。齐景公非常喜欢他，准备把尔稽之地封给他，并把这个想法告诉了晏子。晏子说：“这个事不可以。那个人傲慢不恭，自以为是，不能教导百姓；喜好音乐，对百姓放纵，不能让他亲自治理百姓；修养心性，对政事懈怠，不能让他担任官职；主张厚葬，使百姓破产，国家贫困，长时间服丧，哀痛不已，耗费时日，不能让他管理百姓；最难做的事情是改变人们的思想，而儒者却只注重华丽的外表，因此让服装标新立异，致力于修整容貌行为，不能让他们引导和教化百姓。自从大贤过世，周王室衰微以来，行事的礼节和仪式越来越多，可是百姓的行为却越来越轻薄；音乐日益繁多，充斥于世间，可是世人的道德却越来越衰微。如今孔丘倡导音乐而使世风奢靡，使用音乐舞蹈来招聚生徒；把进退上下的礼节搞得非常繁复来显示威仪，追求步趋奔走符合节奏来自显于百姓；学问渊博却不能做世间的表率，冥思苦想却不能对百姓有所补益。人的寿命增加一倍也学不完他的东西，学到壮年也弄不懂他的礼仪，积聚再多钱财也无力承担礼乐的费用。他繁复地整理邪僻的学说来迷惑当世君主，大肆地制作音乐来愚惑百姓。他的主张无法施行于世，他的学说不能教导百姓。如今您想把尔稽之地封给他，以此来改变齐国的风俗，这可不是教导百姓、保有人民的做法啊。”景公说：“说得好。”于是景公赠送给孔子丰厚的礼物而没有给他封邑，很恭敬地接见他而没有请教他的学说，于是孔子就走了。

景公上路寝闻哭声问梁丘据晏子对第二

景公上路寝，闻哭声，曰：“吾若闻哭声，何为者也？”梁丘据对曰：“鲁孔丘之徒鞠语者也。明于礼乐，审于服丧，其母死，葬埋甚厚，服丧三年，哭泣甚疾。”公曰：“岂不可哉？”而色说之。晏子曰：

"古者圣人，非不知能繁登降之礼，制规矩之节，行表缀之数以教民[①]，以为烦人留日，故制礼不羡于便事[②]；非不知能扬干戚，钟鼓竽瑟以劝众也，以为费财留工[③]，故制乐不羡于和民；非不知能累世殚国以奉死，哭泣处哀以持久也，而不为者，知其无补死者而深害生者，故不以导民。今品人饰礼烦事[④]，羡乐淫民，崇死以害生。三者，圣王之所禁也。贤人不用，德毁俗流，故三邪得行于世。是非、贤不肖杂，上妄说邪，故好恶不足以导众。此三者，路世之政[⑤]，单事之教也[⑥]。公曷为不察，声受而色说之？"

注释

①表缀：表率，榜样。

②羡：超过。

③留：迟滞，拖延，搁置。

④品人：众人，常人。

⑤路世：衰败时期。

⑥单事：败坏事情。单，通"瘅"，病。

译文

景公在路寝台上听到哭声，就说："我好像听到了哭声，这是怎么一回事儿？"梁丘据回答说："哭的人是鲁国孔丘的弟子鞠语。他熟悉礼乐，详知服丧制度，他的母亲死了，他送葬和入葬都很隆重，为母亲服丧三年，哭泣非常哀痛。”景公说：“这难道不可以吗？”脸上随之表现出赞许的神色。晏子说：“古代的圣人，不是不知道使用繁复的进退上下的礼仪、制定制度规范礼仪、树立一些表率来教导百姓，而是认为这些会烦扰世人，耽搁时日，因此制定礼仪不超过便于行事的范围；不是不知道用干戚、钟鼓、琴瑟等来劝勉百姓，而是认为这样做会浪费钱财，虚耗人工，因此制定礼乐不超过使百姓和睦的程度；不是不知道耗尽数代积累、竭尽全国钱财来供奉丧事，长时间处于哀痛之中，痛哭不已，之所以不这么做，是因为知道这样做对死的人没有补益，却深深地损害活着的人，因此不用来教导百姓。如今常人把礼仪弄得很复杂而妨碍日常事情，过度推崇音乐而使百姓奢靡，看重丧事却妨害活人。这三种情况，都是圣明的君王所禁止的。如今贤能的人不被任用，世间节俭的品德被抛弃，奢侈的风俗流行起来，因此这三种邪事才得以大行于世。对与错、贤德与不肖混杂，君主思想迷惘，喜欢邪说，因此君主的好恶不足以用来教导百姓。这三种情况，是国家衰败时期的政治，是败坏世风的教化。君主您为何不细察深思，却接受这样的学说，并对此表现出赞赏的神色呢？”

仲尼见景公景公曰先生奚不见寡人宰乎第三

仲尼游齐，见景公。景公曰：“先生奚不见寡人宰乎[1]？”仲尼对曰：“臣闻晏子事三君而得顺焉，是有三心，所以不见也。”仲尼出，景公以其言告晏子。晏子对曰：“不然！非婴为三心，三君为一心故。三君皆欲其国家之安，是以婴得顺也。婴闻之，是而非之，非而是之，犹非也。孔丘必据处此一心矣。”

注释

①宰：古官名。辅佐国君执政的百官之长。此处指晏子所担任的齐国相国之职。

译文

孔子到齐国游历，见到了齐景公。景公说：“先生为什么不去见见我的相国呢？”孔子回答说：“我听说晏子侍奉三位君主都能顺从他们，这是有三种心思，所以我不想见他。”孔子离开后，景公把孔子的话告诉了晏子。晏子回答说：“不是这样的。不是我有三种心思，而是因为三位君主都是同一种心思。三位君主都想让齐国安定，因此我才能顺从他们的心意。我听说，应该赞扬的却去批评它，应该批评的却去赞扬它，都是不对的。孔子必定是属于其中一种。”

仲尼之齐见景公而不见晏子子贡致问第四

仲尼之齐，见景公而不见晏子。子贡曰：“见君不见其从政者，可乎？”仲尼曰：“吾闻晏子事三君而顺焉。吾疑其为人。”晏子闻之，曰：“婴则齐之世民也[1]，不维其行，不识其过，不能自立也。婴闻之，有幸见爱，无幸见恶，诽誉为类，声响相应，见行而从之者也。婴闻之，以一心事三君者，所以顺焉；以三心事一君者，不顺焉。今未见婴之行，而非其顺也。婴闻之，君子独立不惭于影，独寝不惭于魂。孔子拔树削迹[2]，不自以为辱；身穷陈、蔡[3]，不自以为约[4]。非人不得其故，是犹泽人之非斤斧[5]，山人之非网罟也[6]。出之其口，不知其困也。始吾望儒而贵之，今吾望儒而疑之。”仲尼闻之，曰：“语有之：‘言发于尔[7]，不可止于远也；行存于身，不可掩于众也。’吾窃议晏子而不中夫人之过，吾罪几矣[8]！丘闻君子过人以为友，不及人以为师。今丘失言于夫子，夫子讥之，是吾师也。”因宰我而谢焉[9]。然仲尼见之。

注释

①世民：世代为民。

②孔子拔树削迹：指孔子周游列国时，到达宋国，率领弟子在一棵大树下演习礼仪，宋国的司马桓魋想杀了孔子，就把那棵大树拔掉了。

③身穷陈、蔡：指孔子周游列国时，在陈国和蔡国之间，被匡人围困，绝粮七天。

④约：贫困。

⑤斤斧：斧头。

⑥罟：捕鱼或者捕鸟兽的工具。

⑦尔：通“迩”，近处。

⑧几：接近。

⑨因宰我而谢：通过宰我去向晏子道歉。因，凭借，依靠，通过。宰我，孔子弟子，姓宰，名予，字子我。谢，谢罪，道歉。

译文

孔子到了齐国，见了齐景公却没有拜见晏子。子贡说：“见君主而不见执政大臣，这样子可以吗？”孔子说：“我听说晏子侍奉三位君主却都能顺从，我怀疑他的为人。”晏子听说了，说：“我世代都是齐国百姓，不能保持自己的品行而不变，不能认识自己的过错而改正，就无法自立于齐国而保有家室。我听说，有幸得到宠爱，不幸遭到厌恶。诽谤和赞誉各从其类，就好像声音和回响一样，都是跟随自己的行为而来的。我听说，用一种心思侍奉三位君主的人，就能顺从；用三种心思侍奉一位君主，就不能顺从。如今孔子没有看到我的行为，就指责我顺从三位君主的事情。我听说，君子独自站立不会对着自己的影子感到惭愧，独自就寝不会对着自己的灵魂感到惭愧。孔子在宋国大树下演习礼仪，却被人拔掉大树，不得不离开，自己并不觉得受到了侮辱；自身在陈国和蔡国断粮绝食，遭遇困窘，自己不觉得遭遇困窘。责怪他人却不明白事情原委，就好像湖泽边上的人抱怨斧头无用，山林中的人抱怨渔网无用一样。话从口中说出来，却不知道自己的无知。以前我看到儒者而尊敬他们，如今我见到儒者就怀疑他们。”孔子听说之后，说：“有句俗话说：‘在近处说出口的话，不能禁止它传到远处；行为存在于自身，不能把它在众人面前掩藏起来。’我私下里议论晏子却没有切中他的过失，这是我的过错。我听说君子德行超过他人就把他当作朋友，德行不如他人就把他当作老师。如今我针对晏子说错了话，他批评了我，他就是我的老师啊。”于是先通过宰我去向晏子道歉。然后孔子去拜见了晏子。

景公出田顾问晏子若人之众有孔子乎第五

景公出田[①]，寒，故以为浑[②]，犹顾而问晏子曰：“若人之众，则有孔子焉乎？”晏子对曰：“有孔子焉则无有，若舜焉则婴不识。”公曰：“孔子之不逮舜为间矣[③]！曷为‘有孔子焉则无有，若舜焉则婴不识。’？”晏子对曰：“是乃孔子之所以不逮舜。孔子，行一节者也[④]，处民之中，其过之识，况处君子之中乎！舜者处民之中，则自齐乎士；处君子之中，则齐乎君子；上与圣人，则固圣人之林也。此乃孔子之所以不逮舜也。”

注释

①田：通“畋”，打猎。

②浑：通“温”，温暖。

③间：远。

④一节：一部分。

译文

景公外出打猎，天气寒冷，景公却故意做出温暖的样子，还回头问晏子说：“这么多人中，有像孔子那样的人吗？”晏子回答说：“像孔子那样的人是没有的，有没有像舜那样的人，我就看不出了。”景公说：“孔子和舜相比差远了。那什么叫‘像孔子那样的人是没有的，有没有像舜那样的人，我就看不出了’呢？”晏子回答说：“这就是孔子比不上舜的地方了。孔子只能做到舜的一部分，处在普通人之中，他过人的品行就显现出来了，更何况处于君子之中呢？舜，处于普通人之中，就和普通人一样；处于君子之中，就和君子一样；处于圣人之中，他本来就是圣人中的一员了。这就是孔子比不上舜的地方。”

仲尼相鲁景公患之晏子对以勿忧第六

仲尼相鲁，景公患之，谓晏子曰：“邻国有圣人，敌国之忧也[①]。今孔子相鲁若何？”晏子对曰：“君其勿忧。彼鲁君，弱主也。孔子，圣相也。君不如阴重孔子[②]，设以相齐。孔子强谏而不听，必骄鲁而有齐，君勿纳也。夫绝于鲁，无主于齐，孔子困矣。”居期年，孔子去鲁之齐，景公不纳，故困于陈蔡之间。

注释

①敌国：势力相当的国家。

②阴：暗中，私下。

译文

孔子做了鲁国的相国，景公为此感到担忧，对晏子说：“邻国有圣人，是势力相当的国家的忧患啊。如今孔子做了鲁国的相国，我们该怎么办？”晏子回答说：“君主您不用为此担忧。那鲁国国君，是一个柔弱的君主。孔子，是一个贤能的相国。君主你不如暗中尊崇孔子，许诺让他担任齐国相国。孔子极力劝谏鲁国君主而不被采用，必然对鲁国君主表示不满而投奔齐国，到那个时候，你不要接纳他就是了。他断绝了与鲁国的关系，又不能在齐国担任官职，必定会陷入困窘之中。”孔子在鲁国待了一年，果然离开鲁国到齐国去，景公不接受他，因此才被困在陈国和蔡国之间。

景公问有臣有兄弟而强足恃乎晏子对不足恃第七

景公问晏子曰："有臣而强，足恃乎[1]？"晏子对曰："不足恃。""有兄弟而强，足恃乎？"晏子对曰："不足恃。"公忿然作色曰："吾今有恃乎？"晏子对曰："有臣而强，无甚如汤；有兄弟而强，无甚如桀。汤有弑其君，桀有亡其兄[2]。岂以人为足恃可以无亡也！"

注释

①恃：依靠，依赖。

②亡：流放。

译文

景公问晏子说："有势力强大的大臣，可以依靠吗？"晏子回答说："不可以依靠。"景公又问："有势力强大的兄弟，可以依靠吗？"晏子回答说："不可以依靠。"景公生气地变了脸色，说："我如今有什么可以依靠吗？"晏子回答说："势力强大的臣子，没有比得上商汤的；势力强大的兄弟，没有比得上夏桀的。商汤有弑杀君主的行为，夏桀有流放兄长的行为。君主怎能认为某些人可以依靠而再也不会亡国呢？"

景公游牛山少乐请晏子一愿第八

景公游于牛山，少乐，公曰："请晏子一愿。"晏子对曰："不[①]。婴何愿？"公曰："晏子一愿。"对曰："臣愿有君而见畏[②]，有妻而见归[③]，有子而可遗[④]。"公曰："善乎！晏子之愿也。载一愿[⑤]。"晏子对曰："臣愿有君而明，有妻而材[⑥]，家不贫，有良邻。有君而明，日顺婴之行；有妻而材，则使婴不忘[⑦]；家不贫，则不愠朋友所识[⑧]；有良邻，则日见君子。婴之愿也。"公曰："善乎！晏子之愿也。载一愿。"晏子对曰："臣愿有君而可辅，有妻而可去，有子而可怒。"公曰："善乎！晏子之愿也。"

注释

①不：即"否"。

②见畏：被敬畏。

③归：女子出嫁。

④遗：赠送。此处当为继承，传承。

⑤载：通"再"。

⑥材：有才能。

⑦忘：通"妄"。

⑧愠：怨恨。

译文

景公到牛山游玩，玩了一会儿，就说："请晏子说个心愿吧！"晏子回答说："没有啊，我有什么心愿呢？"景公说："晏子说一个心愿吧！"晏子回答说："我希望有个值得敬畏的君主，有妻子嫁给我，有儿子可以继承我。"景公说："晏子的心愿好啊！再说一个心愿吧！"晏子回答说："我希望有个贤明的君主，有个有才能的妻子，家不贫穷，有好邻居。有贤明的君主，每天都能顺从君主的意愿行事；有个贤惠的妻子，让我不会肆意妄为；家不贫穷，就可以救济朋友和认识的人而不引来愠怒；有好邻居，就可以每天都见到君子。这就是我的心愿。"景公说："好啊，晏子的心愿！再说一个心愿吧！"晏子回答说："我希望有君主可以辅佐，有妻子可以将其赶走，有儿子可以对他发怒。"景公说："好啊，晏子的心愿。"

景公为大钟晏子与仲尼柏常骞知将毁第九

景公为大钟，将县之[①]。晏子、仲尼、柏常骞三人朝，俱曰："钟将毁。"冲之[②]，果毁。公召三子者而问之。晏子对曰："钟大，不祀先君而以燕，非礼，是以曰钟将毁。"仲尼曰："钟大而县下，冲之，其气下回而上薄[③]，是以曰钟将毁。"柏常骞曰："今庚申，雷日也。音莫胜于雷，是以曰钟将毁也。”

注释

①县：通“悬”，悬挂。

②冲：撞击。

③回：回旋。薄：迫近，接近。

译文

景公铸造了一口大钟，打算把它悬挂起来。晏子、孔子和伯常骞三个人朝见景公，都说：“大钟将要坏了。”撞钟的时候，大钟果然坏掉了。景公召见他们三个人来询问这件事情。晏子回答说：“钟这么大，不用来祭祀以往的君主却用来宴饮娱乐，这不符合礼制。所以说钟将要坏了。”孔子说：“钟这么大却悬挂得很低，撞钟的时候，气浪在下面回旋然后往上冲击，所以说钟将要坏了。”伯常骞说：“今天是庚申日，也就是雷日，声音没有比雷声更大的了，所以说钟将要坏了。”

田无宇非晏子有老妻晏子对以去老谓之乱第十

田无宇见晏子独立于闺内[①]，有妇人出于室者，发班白[②]，衣缁布之衣而无里裘[③]。田无宇讥之曰：“出于室何为者也？”晏子曰：“婴之家也。”无宇曰：“位为中卿，食田七十万[④]，何以老妻为？”对曰：“婴闻之，去老者谓之乱；纳少者谓之淫。且夫见色而忘义，处富贵而失伦，谓之逆道。婴可以有淫乱之行，不顾于伦，逆古之道乎？”

注释

①闺内：内室。

②班白：斑白。班，通“斑”。

③缁布：黑布。

④食田：大夫的食邑。此处当指食邑产的粮食。

译文

田无宇看到晏子独自站在内室，有个妇人从屋内走出来，头发斑白，穿着粗布衣服而里面没有裘衣。田无宇讥笑晏子说：“从室内出来的那个人是谁啊？”晏子回答说：“那是我的妻子。”田无宇说：“您位列中卿，食邑的粮食有七十万，为什么还要这么老的妻子呢？”晏子回答说：“我听说，抛弃年老的妻子叫作乱，迎娶年轻的妻子叫作淫。而且见了美色就忘记道义，处于富贵就忘记人伦，这叫作违背道义。我可以有淫乱的行为，不顾及人伦，违逆自古以来的道义吗？”

工女欲入身于晏子晏子辞不受第十一

有工女托于晏子之家者[①]，曰：“婢妾，东廓之野人也[②]。愿得入身，比数于下陈焉[③]。”晏子曰：“乃今而后自知吾不肖也！古之为政者，士农工商异居，男女有别而不通，故士无邪行，女无淫事。今仆托国主民，而女欲奔仆，仆必色见而行无廉也。”遂不见。

注释

①工女：出身于工匠家庭的女子。

②东廓：即东郭。

③下陈：本义是古代殿堂下陈放礼品、站列婢妾的地方。此处泛指姬妾。

译文

有个出身于工匠家庭的女子想托身于晏子，说：“婢妾我是住在东郭的乡野之人，想投身到您家，在您的妻妾之中充个数。”晏子说：“如今我才知道我的不贤德啊。古代治国从政的人，让士、农、工、商居住在不同的地方，男女之间有区别而不随意互相往来，因此男子没有邪僻的行为，女子没有淫乱的事情。如今我受国君之托，治理国家，教导百姓，却有女子要私奔于我，我必定是有好色的表现而行为不廉正了。”于是不见那个女子。

景公欲诛羽人晏子以为法不宜杀第十二

景公盖姣[①]，有羽人视景公僭者[②]。公谓左右曰：

"问之，何视寡人之僭也？"羽人对曰："言亦死，而不言亦死，窃姣公也。"公曰："合色寡人也[3]？杀之！"晏子不时而入见，曰："盖闻君有所怒羽人？"公曰："然。色寡人，故将杀之。"晏子对曰："婴闻拒欲不道，恶爱不祥。虽使色君，于法不宜杀也。"公曰："恶！然乎，若使沐浴，寡人将使抱背。"

注释

①姣：美好。此处指容貌漂亮，体格高大。

②羽人：古官名，掌管征集羽翮作旌旗、车饰之用。僭：超越本分，不尊敬，冒犯。

③色：以色心对待，淫视，亵狎。

译文

景公体格健壮，容貌俊朗，有一个羽人很不尊敬地看着景公。景公对身边的人说："去问问他，为什么看寡人的眼神那么不尊敬。"羽人回答说："说是死，不说也是死，我是私下认为君主容貌俊朗，体格健壮。"景公说："可以用色心猥亵寡人吗？杀了他！"晏子听说之后，不待上朝就入见景公，说："听说您对羽人发怒了？"景公说："是的。他用色心猥亵寡人，因此将要杀了他。"晏子回答说："我听说，拒绝别人的欲望是不合道义的，厌恶别人的爱慕是不吉利的。即使他用色心对您不敬，依法律来说不该杀了他。"景公说："可恶！这样的话，如果寡人洗澡的时候，还得让他抱寡人的后背啊！”

景公谓晏子东海之中有水而赤晏子详对第十三

景公谓晏子曰：“东海之中，有水而赤，其中有枣，华而不实[①]，何也？”晏子对曰：“昔者秦缪公乘龙舟而理天下[②]，以黄布裹烝枣[③]，至东海而捐其布[④]。彼黄布，故水赤；烝枣，故华而不实。”公曰：“吾详问子[⑤]，何为对？”晏子对曰：“婴闻之，详问者，亦详对之也。”

注释

①华而不实：只开花不结果。华，通“花”。

②秦缪公：即秦穆公。春秋时秦国国君，名任好。公元前659—前621年在位。

③烝：通“蒸”。

④捐：抛弃，丢弃。

⑤详：通“佯”，假装。

译文

景公对晏子说：“东海之中，有红色的水，其中有枣树，只开花不结果，这是为什么呢？”晏子回答说：“以前秦缪公乘坐着龙舟治理天下，用黄布包着蒸熟的枣子，到了东海就把黄布扔到了海里。布是黄色的，所以海水是红色的；因为是蒸熟的枣子，所以只开花不结果。”景公说：“我是用假话问你，你为什么要回答呢？”晏子回答说：“我听说，用假话来提问，就用假话来回答。”

景公问天下有极大极细晏子对第十四

景公问晏子曰：“天下有极大物乎？”晏子对曰：“有。北溟有鹏，足游浮云，背凌苍天[①]，尾偃天间[②]，跃啄北海，颈尾咳于天地[③]。然而漻漻乎不知六翮之所在[④]。”公曰：“天下有极细者乎？”晏子对曰：“有。东海有虫，巢于蟁睫[⑤]，再乳再飞，而蟁不为惊。臣婴不知其名，而东海渔者命曰焦冥。”

注释

①凌：接近，靠近。

②偃：倒垂。

③咳：通“阂”，隔开。

④漻漻：即寥寥，空旷辽远的样子。六翮：鸟类双翅中的正羽。代指鸟的两只翅膀。

⑤蟁：同“蚊”。

译文

景公问晏子说：“天下有最大的东西吗？”晏子回

答说:“有。北海中有大鹏鸟,脚踏着浮云,背顶着苍天,尾巴拖在天地之间,在北海跳跃着啄食,脖子和尾巴就隔开了天地。但是在空旷辽远的天宇中,它的翅膀还不知道在什么地方呢。”景公说:“天下有最小的东西吗?”晏子回答说:“有。东海中有一种小虫,在蚊子的睫毛上做巢,不断地孵出小虫子,不断地飞动,蚊子也不会被惊动。我不知道它的名字,在东海上打鱼的人把它叫作焦冥。”

庄公图莒国人扰绐以晏子在乃止第十五

庄公阖门而图莒[①],国人以为有乱也,皆操长兵而立于衢间[②]。公召睢休相而问曰[③]:“寡人阖门而图莒,国人以为有乱,皆操长兵而立于衢间,奈何?”休相对曰:“诚无乱而国人以为有,则仁人不存。请令于国,言晏子之在也。”公曰:“诺。”以令于国:“孰谓国有乱者,晏子在焉。”然后皆散兵而归。君子曰:“夫行不可不务也。晏子存而民心安,此非一日之所为也,有所以见于前信于后者。是以晏子立人臣之位,而安万民之心。”

注释

①阖门:关闭着官门。

②衢间:街道里巷的大门。

③睢休相：人名。

译文

庄公关着宫门谋划攻打莒国的事情，都城的百姓以为宫中发生了变乱，都拿着长兵器站在街道里巷的门口。庄公召见睢休相问道："寡人关着宫门谋划攻打莒国的事情，都城的百姓却以为宫中发生了变乱，都拿着长兵器站在街道里巷的门口。这可怎么办呢？"睢休相回答说："没有发生变乱而都城的人却认为事实上有，这是仁德的人不在这里啊。请您对都城的百姓发布命令，就说晏子就在这里。"庄公说："好的。"于是传令都城，说："谁说都城发生了变乱？晏子还在这里呢。"于是都城的人都收起兵器回去了。君子评论说："德行不能不努力追求啊。晏子在，百姓就安定，这不是一朝一夕可以做到的，而是人们之前看到了晏子的所作所为，然后才会相信他。因此晏子处于人臣的位置，却能使百姓的心得以安定。"

晏子死景公驰往哭哀毕而去第十六

景公游于菑，闻晏子死，公乘侈舆服繁驵驱之[①]。自以为迟，下车而趋；知不若车之遬[②]，则又乘。比至于国者，四下而趋。行哭而往，至，伏尸而号，曰："子大夫日夜责寡人，不遗尺寸，寡人犹且淫泆而不收，怨罪重积于百姓。今天降祸于齐，不加于寡人，而加于夫子，齐国之社稷危矣！百姓将谁告夫！”

注释

①乘侈舆：应作“侈乘舆”，即催促着备车备马。侈，通“趋”。服繁驵：驾着快马。服，驾。繁驵，良马名。

②遬：即“速”。

译文

景公在菑地游玩，听说晏子死了，景公催促着备车备马，驾着快马往回赶。一路上，景公自己觉得车马太慢，就下车跑步前进；发现不如车马快，就又乘上车。等到了都城的时候，景公已经先后四次下车跑步前进，一边哭着一边往晏子家跑，趴在晏子的尸体上号啕大哭，说：“先生您时时刻刻都在批评寡人的过失，事无巨细都不遗漏。就这样，寡人还是骄奢淫逸而不能收敛，在百姓中积累了深重的怨恨和罪孽。如今上天给齐国降下灾祸，不降在寡人的身上，却降在先生身上，齐国的社稷危险了啊！今后百姓有难该向谁诉说啊！”

晏子死景公哭之称莫复陈告吾过第十七

晏子死，景公操玉加于晏子尸上而哭之，涕沾襟。

章子谏曰："非礼也。"公曰："安用礼乎？昔者吾与夫子游于公阜之上，一日而三不听寡人[1]。今其孰能然乎！吾失夫子则亡，何礼之有？"免而哭[2]，哀尽而去。

注释

①听：顺从。

②免：免冠，脱掉帽子。

译文

晏子死了，景公拿着玉放在晏子尸体上大哭，眼泪沾湿了衣襟。章子劝他说："这不符合礼制。"景公说："哪里还需要用礼制？以前寡人和先生一起在公阜游玩，一天之内三次不顺从寡人的意见。如今谁还能这么做！寡人失去了先生就像死了一样，哪里还有什么礼制？"景公脱掉帽子大哭，竭尽哀痛之情后才离开。

晏子没左右谀弦章谏景公赐之鱼第十八

晏子没十有七年，景公饮诸大夫酒。公射，出质[1]，堂上唱善若出一口。公作色太息，播弓矢[2]。弦章入，公曰："章！自吾失晏子，于今十有七年矣，未尝闻吾不善。今射出质，而唱善者若出一口。"弦章对曰："此诸臣之不肖也。知不足以知君之不善[3]；勇不足以犯君之颜色[④]。然而有一焉。臣闻之，君好之则臣服之，君嗜之则臣食之。夫尺蠖食黄则其身黄[⑤]，食苍则其身苍。君其犹有谄人言乎？”公曰：“善。今日之言，章为君，我为臣。”是时，海人入鱼。公以五十乘赐弦章。章归，鱼乘塞涂[⑥]，抚其御之手，曰：“曩之唱善者，皆欲若鱼者也。昔者晏子辞赏以正君[⑦]，故过失不掩。今诸臣谄谀以干利[⑧]，故出质而唱善如出一口。今所辅于君，未见于众，而受若鱼，是反晏子之义，而顺谄谀之欲也。”固辞鱼不受。君子曰：“弦章之廉，乃晏子之遗行也[⑨]。”

注释

①质：箭靶。

②播：丢弃，抛弃。

③知不足：智慧不够（指责君主过失）。知，通“智”，智慧。

④颜色：尊严，威严。

⑤尺蠖：尺蠖蛾的幼虫，体柔软细长，屈伸而行，如同用尺量布一样。

⑥涂：通“途”，道路。

⑦赏：赏赐。

⑧干利：求取利益。

⑨遗行：前人传下的品行。

译文

晏子死了十七年之后，景公宴请诸位大夫一起饮酒。席间，景公射箭，未射中箭靶，堂上的人齐声叫好，如出一人之口。景公变了脸色，叹息一声，扔掉了弓箭。弦章进来了，景公说："弦章！自从我失去晏子，到现在已经十七年了，没有听到有人说寡人有做得不对的事情。今天射箭脱离了箭靶，而叫好的人就像是出于一人之口。"弦章回答说："这是各位大臣不贤德。他们的才智不足以知道君主做得不对的地方，勇气不足以冒犯君主的尊严。然而有一件事情(值得一讲)。我听说，君主喜欢什么样的衣服，臣下就穿什么样的衣服；君主喜欢吃什么样的食物，臣下就吃什么样的食物。尺蠖吃黄色的东西身体就是黄色的，吃青色的东西身体就是青色的。君主大概还喜欢谄媚之人的话吧？"景公说："好！今天这场对话，弦章是君主，说得对的我要听从；寡人是臣子，做错了事情要改正。"那个时候，海边的人刚好进贡了海鱼。景公把五十车海鱼赐给了弦章。弦章回到家，赏赐给他的装着海鱼的车堵塞了道路，他拍着车夫的手说："之前那些叫好的人，都是想得到像这些鱼一样的赏赐。以前晏子辞谢君主的赏赐来纠正君主的过失，因此能够不遮掩君主的过失。如今的臣子阿谀奉承以求取利益，因此君主射箭脱了箭靶却一起叫好，如同出自一人之口。如今我辅佐君主，还没有让大家看到成效，接受这些鱼的话，就是违反了晏子的道义，却顺从了阿谀奉承的欲望。”因此坚决辞谢而不接受这些赏赐的鱼。君子说：“弦章的廉洁，正是晏子遗留下来的好品德啊。”

图书在版编目（CIP）数据

晏子春秋译注 /（春秋）晏子著；李新城，陈婷珠译注．
—北京：北京联合出版公司，2015.7（2023.8重印）
ISBN 978-7-5502-4094-0

Ⅰ.①晏… Ⅱ.①晏… ②李… ③陈… Ⅲ.①先秦哲学②《晏子春秋》-译文③《晏子春秋》-注释
Ⅳ.①B22

中国版本图书馆CIP数据核字（2015）第143166号

晏子春秋译注

作　　者：（春秋）晏子
译　　注：李新城　陈婷珠
出 品 人：赵红仕
选题策划：梁明德　邵鹏军
责任编辑：王　巍
特约编辑：苑浩泰
封面设计：格林文化
版式设计：格林文化

北京联合出版公司出版
（北京市西城区德外大街83号楼9层　100088）
天津丰富彩艺印刷有限公司　新华书店经销
字数170千字　960毫米×640毫米　1/16　印张25
2015年9月第1版　2023年8月第3次印刷
ISBN 978-7-5502-4094-0
定价：58.00元